北京市教育科学"十三五"规划重点课题 "幼儿园教师专业胜任力的诊断标准与发展模型研究"（项目号 AAFA17016）

# 当代
# 西方教育学理论

*The contemporary western education theory*

霍力岩 高宏钰 ◎ 编著

华东师范大学出版社

# 目录

从夸美纽斯《大教学论》的发表算起，至今西方教育学理论已经走过近 400 年的发展历程。其间流派的兴盛、范式的变迁与观点的斗争，构成了西方教育学理论发展异彩纷呈的多重变奏格局。多元的理论蕴藏着丰富的教育智慧，是人类智慧的结晶，也深刻地影响了中国教育理论的形成与发展，与当代中国教育改革存在着千丝万缕的联系。任何关注、关心与研究中国教育的人都有必要了解一些当代西方的教育理论。

自 1949 年中华人民共和国诞生之日起，我国教育已走过整整60 多年的风雨历程。60 多年来，我国教育发生了若干次教育理念的重大转变和教育实践的历史突破，在全球文化碰撞交融的时代背景下，这种转变和突破既来自我国教育界孜孜不倦的理论研究和实践探索，也得益于外国教育思潮的传播和影响。在新的时代背景下，本书以"当代西方教育理论"为叙述视角，一方面从时间的维度，顺着教育发展的历史渊源和行进轨迹，使读者从新的角度体察了解不同教育理论的视野、智慧和影响深远的教育观点；另一方面，从中国教育改革与发展的维度，从更深的层次反思与探索世界各国教育思想和中国教育实际融合碰撞的历史经验与深刻教训，通过这种思考，我们不仅希望达到在新的历史时期更好地学习、借鉴各国教育家教育智慧的目的，更希望教育界在学习和借鉴西方教育理论的同时积极创新、自我建设，形成有中国特色、中国风格的教育理论和实践模型。因此，从某种意义上来说，这本《当代西方教育理论》是一部我国教育改革与发展的理论参考书。

在梳理教育理论的过程中，我们发现，教育学理论按照地域可以划分为中国的或民族的教育理论与外国的或外域的教育理论；按照时间分，有古代、近现代与当代的教育理论。本书所研究的教育理论主要是当代的西方教育理论，即世界进入 20 世纪 50 年代以来诞生的或产生了重要影响的各种先进的教育理论。按照这一基本思路，本书从纷繁复杂的教育学理论中选择了曾经或目前正在对西方教育甚至是世界教育产生较大影响的理论流派——永恒主义教育理论、要素主义教育理论、人本主义教育理论、建构主义教育理论、解放教育理论、多元智能理论、过程哲学理论、主体间性教育理论、后现代主义理论、终身教育理论等 10 个理论流派作为主要对象进行分析。

在章节结构安排上，"聆听经典"部分选择以相应理论的代表性名言或以对该理论的经典评价为导入，启发读者的阅读兴趣；在主体部分，则分别分析了 10 个不同理论流派的产生背景、主要代表人物及其教育主张，并对不同理论对教育学科发展所产生的影响进行了讨论；课后"思考题"部分，采用案例分析的方式，结合当下我国教育改革与发展中的突出问题和典型现象,如"国学热"、"高考独木桥"等,通过漫画、表格、新闻报道等多种形式的材料,引导读者结合所学理论对材料进行分析,使读者深入思考、学以致用。

本书的作者分别是:高宏钰(第五章、第七章、第八章、第九章、第十章)、周彬(第一章)、孙亚男(第二章)、陈南希(第三章)、潘越(第四章)、刘璐(第六章)。全书由高宏钰统稿,最后由霍力岩审定。

由于时间较紧,水平有限,本书还存在很多疏漏与不当之处,恳请读者不吝指正。

**聆听经典**

"人性是不变的,而且本质上是始终如一的。因此,教育的性质和基本原则也是不变的、永恒的。"

——赫钦斯

"如果人是理性的动物,在全部历史时代中,其本性都是永恒不变的,那么,不管是什么文化和时代,每一种健全的教育计划都必须有某种永恒不变的特色。"

——阿德勒

永恒主义(Perennialism)亦称"新古典主义",是 20 世纪 30 年代至 50 年代在美国兴起的一种保守的教育思想流派,它以实在论的哲学观为依据,提倡古典主义教育传统,反对当时极为流行的实用主义和进步主义教育观,属于西方教育理论中的新传统流派,永恒主义提出的人性不变、教育的基本原则永恒不变等基本观点对教育领域产生了重要影响。

## 第一节　永恒主义教育理论的产生背景

### 一、思想背景——实在论和自由教育精神的复兴

永恒主义有着明确的哲学基础——欧洲古典实在论,这种实在论认为"一般"("共相")先于"个别"("具体事物")而客观存在,个别的、具体的事物及其变化发展是非本质、不真实的,一般概念才有真实性,共相才是事物的本质。永恒主义就是运用古典实在论的观点来解释教育问题的一种教育哲学思潮。

永恒主义认为,教育的重要原则是亘古不变、普遍适用的。其主要信条如下:(1)由于人性是不变的,因而立足于人性的教育的性质也应是永恒不变的;(2)理性乃是人将自己从其他动物中区分出来的特性,是人的本质力量所在,因而教育的根本目的就在于培养人们运用理智的能力;(3)由于真理是不变的,放之四海而皆准,教育应该使人掌握真理,而不应去适应当下的、稍纵即逝的眼前需要;(4)教育并不是生活本身而是对生活的准备;(5)应当让儿童学习能使他们认识精神和物质世界之永恒事物的那些基础科目,经典著作包含着所要学习的永恒真理,应是主要的学习内容。

永恒主义教育理论的思想渊源可以追溯到西方古希腊时期的自由教育传统。永恒主义者引证最多的就是亚里士多德的观点。亚里士多德把灵魂分为植物的、动物的和理性的三类,认为理性乃人之灵魂的根本特征,正是理性灵魂使人区别并超然于动物和植物。在亚里士多德看来,任何灵魂的真谛或目的就是实现其最大的潜在可能性,所以,对人的教育应当尽可能地发展和实现其理性力量。

自由教育以人的理性为发展目标,强调心智的训练,这种教育思想在西方源远流长,具有深厚的历史文化基础。古希腊时期智者派创设的"三艺"、柏拉图倡导的"四艺"、中世纪的"七艺"都是为实现自由教育而开设的科目,其影响力延续至今。尽管 19 世纪兴起的科学教育对传统的自由教育形成了巨大的冲击,但在 19 世纪末 20 世纪初,自由教育仍构成欧美中等教育的主流。20 世纪后,由于"实验教育运动"和"进步主义教育运动"的盛行,自由教育原先在教育理论和实践中的地位从根本上受到了挑战,优势不复存在。

20 世纪 30 年代,西方政治、经济危机的爆发,导致人们对居于主流地位的进步教育产生了怀疑。一些大学和学院的学者,立足人文主义立场,纷纷发表观点,声称自然主义、实用主义和科学、哲学支配学校的教育实践是不合适的。他们认为,现代社会种种危机的根源在于现代人的精神、理智的破产,即古希腊和中世纪信念的崩溃,这种崩溃是与培根等近代先驱者的出现同时产生的,又由于卢梭等个人主义者的出现而变得更甚,到杜威则达到了顶峰。补救的办法就是要进行"道德的、理智的、精神的革命",即推

倒近代的信念,恢复古希腊、中世纪的信仰,完成这种革命要依靠教育的力量。永恒主义就是这一时期从传统的自由教育精神出发,以进步教育和实用主义为对立面建构起来的教育理论。①

### 二、社会经济背景——经济危机呼吁教育改革

20世纪30年代初期,西方经济危机使大量工人失业,社会动荡,道德准则下降,犯罪率激增。一些资产阶级教育哲学家把这些现象看作是对科技主义和物质主义的痴迷造成的精神及文化堕落的结果。面对如此动荡不安的资本主义社会,人们开始怀念过去科技不发达,但社会风气和人际关系相对美好的日子。此时,永恒主义者在对职业主义教育的批判中引出了永恒的教育目的观,进一步明确了课程原则的人文化方向,确定了人文教育的核心地位及其永恒性的意义。一些高等院校的学者站在传统人文主义的立场上,呼吁人们注重古典人文主义教育,认为拯救危机的办法就是要进行"道德的、理智的、精神的革命",力图通过教育的力量恢复古希腊、古罗马以及中世纪的传统教育。②

### 三、教育背景——进步主义教育的衰落

进入20世纪后,欧美教育发展呈现加速趋势,各国纷纷采取各种教育改革措施,试图构建符合本国特点和时代精神的现代教育制度。但是,采用何种价值取向和以何种思想观念为指导去改革教育,成为教育家们首先考虑和深思的问题。于是,各种教育思潮此起彼伏,汇成了一部教育思潮的交响曲。从20世纪30年代起,围绕着进步教育思潮的争论就已产生。特别是第二次世界大战以后,欧美各国的社会政治、经济文化和社会生活均发生了巨大的变化,新的世界格局和态势显然有别于以往。人们考察教育的视角与取向也发生了微妙的变化。许多人开始怀疑占主导地位的进步教育改革是否适应新形势的需要,并提出了新的教育理念与思想。这些新的教育理论试图纠正进步教育的偏差,汲取传统教育中的思想内核,反对过分关注儿童个人的经验而忽视学校传授的系统科学文化知识。因此,相关人士开始对教育的作用、目的、过程、内容与方法,乃至教学的组织形式等进行新的探讨,从而形成了不同体系的教育思想流派。要素主义教育、永恒主义教育和新托马斯主义教育秉持着传统教育的基本精神,同时又进一步发展了传统教育的核心理念,因而被归为"新传统教育"思潮。③

由于进步教育和实用主义教育本身的缺陷,导致了社会公众开始对进步教育进行反思,对此永恒主义教育严厉批判了进步教育的种种弊端,并提出了基于古典实在论的复古教育观念,宣扬宇宙精神、人性和教育都是永恒不变的,主张恢复古希腊、古罗马以及中世纪的传统教育,复兴西方古典人文教育。④

---

① 吴式颖,任钟印主编.外国教育思想通史第九卷20世纪的教育思想(上册)[M].长沙:湖南教育出版社,2002:444—445.
② 杨捷,赵红亚,段晓明主编.外国教育史[M].开封:河南大学出版社,2010:434.
③ 杨捷,赵红亚,段晓明主编.外国教育史[M].开封:河南大学出版社,2010:431.
④ 杨捷,赵红亚,段晓明主编.外国教育史[M].开封:河南大学出版社,2010:434.

## 第二节　永恒主义教育理论的主要代表

永恒主义教育理论的主要代表人物有美国的赫钦斯(R. M. Hutchins)和阿德勒(M. J. Adler),英国的利文斯通(R. W. Livingstone)和法国的阿兰(E. C. Alain)。代表著作有赫钦斯的《美国高等教育》(1936)、《民主社会中教育的冲突》(1953),阿德勒的《教育宣言:派迪亚建议》(1982)、《教育改革:走向开放的美国精神》(1988),利文斯通的《保卫古典教育》(1916)。赫钦斯和阿德勒等人合编的《西方名著丛书》(*Great Books of the Western World*,1952)被永恒主义者称为一项标志性的"智力工程"。[1]

赫钦斯毕业于耶鲁大学,曾任芝加哥大学校长,著有《美国高等教育》、《为自由而教育》和《民主社会中教育的冲突》等著作,是永恒主义教育思潮最著名的领袖。阿德勒毕业于哥伦比亚大学,曾在芝加哥大学、圣约翰学院任教,著有《怎样读一本书》等著作,曾协助赫钦斯编辑出版《西方名著丛书》。利文斯通毕业于牛津大学,曾任贝尔法斯特女王大学副校长、牛津大学三一学院院长和伦敦古典语言协会主席,著有《保卫古典教育》和《教育的未来》等著作。阿兰原名为夏提埃(E. A. Chartier),毕业于巴黎高等师范学校,曾在里昂、巴黎的几所中学任哲学教师,著有专门论述教育问题的《教育漫话》,其他方面的著作如《幸福论》、《政治论丛》等对法国社会也有广泛影响。永恒主义强调永恒不变的真理,强调持久性、秩序性、确定性、理性和逻辑性。理想主义、现实主义和新托马斯主义是永恒主义的哲学基础。永恒主义坚信教育需要回到过去,也就是从普遍真理以及理性与信仰等绝对性中寻求支持。在永恒主义者看来,亚里士多德和阿奎那的思想是最具有普遍性的教育哲学。尽管永恒主义与新托马斯主义和罗马天主教会教育联系甚密,但也获得了世俗教育的广泛支持。[2]

永恒主义教育和要素主义教育均属于新传统教育流派,它们的基本特点是重视传统教育,强调知识学习和以教师为中心。相比较而言,永恒主义更重视古典文化知识的学习,其中又可分为世俗派和教会派(即新托马斯主义),这与要素主义有显著的差别。如果用"保守"来概括要素主义之特征的话,那么永恒主义则可用"复古"来概括其最明显的特征。永恒主义形成于20世纪30年代,因宣扬宇宙精神的"永恒"存在而得名。

### 一、赫钦斯的教育思想

罗伯特·梅纳德·赫钦斯(Robert Maynard Hutchins, 1899—1977)是美国教育家,永恒主义教育流派的代表人物。第一次世界大战后,他转入耶鲁大学学习并于1921年毕业。赫钦斯自1923年起在耶鲁大学任教,1928年担任耶鲁大学法学院院长。在耶鲁大学求学期间,他感到法学专业对学习文法、修辞和逻辑知识的严格要求能使人获得很好的训练,而这些科目正是西方传统自由教育内容的重要组成部分,自此,他对实施自由教育产生了殷切期望。

---

[1] 杨捷,赵红亚,段晓明主编.外国教育史[M].开封:河南大学出版社,2010:434.
[2] 贺国庆,于洪波,朱文富主编.外国教育史[M].北京:高等教育出版社,2009:535.

1929 年,年仅 30 岁的赫钦斯出任芝加哥大学校长,成为美国历史上最年轻的大学校长之一。在他的领导下,芝加哥大学在三四十年代进行了全面的教育改革,从办学目的到教学方法,从大学体制到课程设置,无一不在永恒主义的目的和原则下被重新规划和组织。20 世纪 30 年代后期,美国马里兰州安纳玻利斯的圣约翰学院的教育改革,也是在赫钦斯的直接影响下进行的。不仅如此,他的教育思想还影响到了 60 年代英、美两国部分大学的教育改革。

20 世纪 40 年代,赫钦斯主持编纂了由英国不列颠百科全书出版公司出版的《西方名著丛书》,该丛书共 54 卷,在西方世界颇具影响力,至 80 年代初,该丛书已重印了 90 余次。

赫钦斯的主要教育著作有:《美国高等教育》(1936 年)、《逆耳之声》(1936 年)、《为自由而教育》(1947 年)、《伟大会话》(1952 年)、《民主社会中教育的冲突》(1953 年)、《乌托邦大学》(1953 年)、《美国教育之考察》(1956 年)、《学习化社会》(1968 年)等。①

赫钦斯认为教育的最终目的就是促进人的进步,使人的本性得到充分的发展,使人真正成为自由的人。同时人是理性的动物,理性是人最重要的和永远不变的特性,教育应该是对理性的培养。②

**(一) 教育的最高宗旨——人的理性、道德和精神力量的充分实现**

赫钦斯对教育问题的批判和阐述,特别是对教育目的和教育价值的界定,无一不是基于古典实在论有关宇宙、人性和知识的见解的。赫钦斯视人的理性、道德和精神力量的充分发展为教育的最高宗旨,就是以与古典自然律思想相关的人性论为基础的。在他看来,宇宙是有秩序、有意义的,变化万端的事物背后都贯穿着决定宇宙秩序的根本原则或规律,支配事物变化的法则是永恒不变、普遍适用的。人,作为宇宙间的存在,也要受到永恒法则——自然律的支配。"自然律是以人性为基础的",它不仅意味着人类固有本性力量展开的逻辑和实现的必然,而且还具有道德的含义,即也是一种道德律,遵从这种必然性本身便具有至高无上的道德价值,两者是合二为一的事情。

赫钦斯所谓的自然律实际上指的是"人成其为人"的规律,是人的本性的展开和实现的过程。他沿用了亚里士多德常用的"属加种差"的定义法对人之本性作了形而上学的描述,认为"人是道德的、理性的、精神的存在物","人的进步意味着人的理性、道德和精神力量的最充分发展"。

赫钦斯也曾对教育目的作过其他多种表述,如:教育目的在于发展人的理性;在于帮助人寻找善的秩序和价值等级;在于引出人类本性的共同因素;在于把人联系起来并促进人类思维的发展;在于培养智慧美德;在于培养自由心智等。在上述诸多形式的表述中,始终贯穿着一个精神实质,即人作为一种区别于植物、动物的"类",其理性的、道德的和精神的、本性的充分实现,才是教育应当孜孜追求的最高目的。这一目的的实现靠的就是自由教育。

① 吴式颖,任钟印主编.外国教育思想通史第九卷 20 世纪的教育思想(上册)[M].长沙:湖南教育出版社,2002:446.
② Hutchins, R. M. The Conflict in Education in a Democratic Society [M]. New York: Harper & Borthers, 1953: 84.

由于赫钦斯把理性和道德视为人所共有的本质力量,且认为真理是有关宇宙和人性的绝对正确、永恒不变的知识,所以,他断言:"教育在任何时候、任何地方、对任何人都是相同的。"他的一个著名的三段论式命题就是:"教育意味着教学,教学意味着知识,知识是真理,真理在任何地方都是相同的。因此,教育在任何地方应当是相同的。"①

**(二) 实施全民教育——自由教育**

自由教育(亦称文科教育、文雅教育、博雅教育等)是赫钦斯教育思想的核心部分。赫钦斯对自由教育的价值作过充分的评价。首先,他认为自由教育是使人的本性得到充分发展的教育,是以人为中心,以培养人的优秀性为目的的。"凡是人,无论是普通公民,贩夫走卒,还是专家学者都应该接受这种植根于人的理性的自由教育,以便使自己成为一个真正的人——自由人"②;其次,自由教育具有促进思想交流和文化传递的价值,因为"自由艺术是交流的艺术,人类心智的伟大产物是全人类的共同遗产,这些遗产提供了一种框架,通过它,我们就能相互理解,没有它,所有的事实材料和局部研究及社会间的人与人之间的交流就是琐碎的和无用的"③。自由教育能够给予人们共同讨论问题的共同的思想、原则和信念,赋予人们进行交流所必需的技能,也正是通过自由教育,西方的这种传统文化才能延续下去。

赫钦斯主张自由教育的内容应由两大部分组成:一是那些触及了有关人性、社会和自然本质、具有永恒价值的永恒课程;二是理解基本问题或进行心智训练所必不可少的思维和学习的技能,即自由艺术。前者包括从古至今的西方经典著作和文献,从荷马史诗到联合国宪章,从古希腊、中世纪的名篇佳作到近现代包括马克思、爱因斯坦的著作在内的西方思想巨著,共80多名作家的1140部作品,既有文学作品,又有哲学、历史、心理、物理等著作;既有诗歌,又有圣经;既有经验科学方面的名著,又有历史性文献,题材极为广泛。后者主要包括文法、修辞、逻辑、数学等,这些学科是阅读经典著作、理解西方悠久文化传统的必不可少的手段,且自身就具有心智训练的作用。

经典著作的学习以"研讨班"的组织方式进行,由15—25名学生在阅读教师指定材料的基础上进行相关问题的讨论,教师不过多地进行教学或解释,其任务在于在研讨班中维持一种"会话"的气氛。在赫钦斯看来,阅读名著就是读者与著者间的思想交流,是读者与著者间的"对话",教师应采用苏格拉底式的谈话法,提出问题,引导学生讨论。此外,赫钦斯还主张设立与学习经典著作的"研讨班"相辅相成的"指导班",为学生的语言、数学、科学等学科的学习提供训练和指导。

自由教育应是全民性质的,赫钦斯认为这是现代社会自由教育对西方传统自由教育的超越,因为自由教育在赫钦斯看来具有两大特征,它既是统治者的教育,也是闲暇者的教育。这两个特征使得自由教育在以往的少数人专制的社会里,在人们还没有从繁重的生产劳动中挣脱出来时,不可避免地带有阶级的色彩,只能为少数人所享有,而

---

① 华东师范大学教育系.现代西方资产阶级教育思想流派论著选[M].北京:人民教育出版社,1980:200.
② 转引自吴式颖,任钟印主编.外国教育思想通史第九卷20世纪的教育思想(上册)[M].长沙:湖南教育出版社,2002:448.
③ 转引自吴式颖,任钟印主编.外国教育思想通史第九卷20世纪的教育思想(上册)[M].长沙:湖南教育出版社,2002:448.

在现代社会,"民主使得每个人都成了统治者,因为民主的实质就在于普选权,如果自由教育是统治者应该接受的教育(对这一点我从来未否认过——原注),那么,每个人都应当接受适合于理智地运用闲暇的教育,即自由教育;如果闲暇使得自由教育成为可能,而工业化又给每个人以闲暇,那么,工业化就使得人人接受自由教育成为可能"。[①]

**(三) 社会精英的造就——高等学术**

在普通学院四年的自由教育基础上,赫钦斯主张实施三年的大学教育,即高等学术。它既是前四年自由教育的继续和深化,具有教育的职能,又是对高深专业知识的探索,具有研究的职能,两者有机地联系在一起,"作为教育,它是对理智美德的追求,作为学术,它致力于知识的增长"。[②]

赫钦斯是 20 世纪上半叶对美国高等教育现状批评得最为激烈的教育家之一。他极力推崇注重自由教育和纯学术研究的古典大学模式。本着对欧洲大学传统精神的倾心向往,他对背离这种精神,向着实用主义、科学主义方向发展的美国高等教育提出了严厉的批评。其批评主要集中在以下几个方面:(1)美国大学的课程缺乏"理智"内容,形成了"反理智的大学",所开设的课程无聊而杂乱,从事着与培养人的理智力量无关的活动;(2)美国高等教育一味满足适应社会的需要,从事过于庞杂、以谋生为目的的职业训练工作,忘记了自己的真正职能,降低了大学的水准,使大学堕落成一个发放文凭、证明职业资格的机构;(3)美国高等教育过于追求规模与数量,而忽视了提高质量;(4)美国大学过于崇尚金钱,误把维持一所大学生存的物质条件当作竭力寻求的目标,以至于失去了自己的独立性,丧失了学术自由;(5)美国大学各科系间缺少共同的语言和思想交流的基础,高等学术沦为封闭、狭隘的职业技巧。

在赫钦斯看来,大学应是指导人类前进的智慧灯塔,而不是如实反映社会需求的镜子,大学必须为真理的目的而追求真理。现代大学应跟古代和中世纪的大学一样,成为"独立思想的中心"和"批判的中心"。按古代和中世纪大学的精神,赫钦斯不仅在理论上提出而且也在实践中推行了他的高等教育理念。在由他主持的三四十年代芝加哥大学的改革实践中,他将芝加哥大学各科系调整整合为三个学院:形而上学学院、社会科学学院、自然科学学院。形而上学学院是研究最高学问的机构,"不仅包括对第一原则的研究,且包括由它派生的学科:关于自然界变化原则的自然哲学和对人及人的艺术结晶(包括文学)的研究"[③];社会科学学院开设作为实践哲学的伦理学、政治学、经济学和法学等课程;自然科学学院以自然为研究对象。学生可在上述三类学院中选定某一类中的某一学科作为自己的专业,在学习本专业的同时兼学其他两个学院的课程,尤其是学习形而上学。"那些自身没有理智内容的专业学院"就这样被取消了,现代大学科系中那些收集材料和专业实践活动,被赫钦斯安排到位于大学附近,但不属于大学的研究所和技术中心进行。赫钦斯认为,谋生所需要的职业技术,更应该在职业岗位中通过"学徒制"去实际训练。

---

① Hutchins, R. M. The conflict in education in a democratic society [M]. Westport: Greenwood Press, 1953: 84.

② Hutchins, R. M. The higher learning in America [J]. The Journal of Higher Education, 1999(70): 524 – 532.

③ Hutchins, R. M. The higher learning in America [J]. The Journal of Higher Education, 1999(70): 524 – 532.

### (四) 未来社会的理想——学习化社会

学习化社会(the learning society)一词现已被人们广为接受,最早使用这个词的就是赫钦斯。他早在 1953 年就提出了"学习化共和国"的概念。

所谓学习化社会,赫钦斯认为:"也许就是任何时候,不只提供定时制的成人教育,而以学习、成就、人格形成为目的而成功地实现着价值的转换,以便实现一切制度的目标的社会。"[①]在学习化社会中,工作与回校学习可交替进行,社会设立多个成人教育中心,让学习者在此研讨那些"最重要的理论和实践问题",从哲学最基本的问题到当今最为急迫的社会问题等,都可以提出来加以讨论。组织成人教育中心的目标,不在于改进社会成员的社会地位或为其谋求职业,而是像古雅典人那样谋求全体公民优良才能的最充分的发展。

赫钦斯宣称君主制的原则是荣誉,暴政的原则是恐怖,他所信奉的共和国的原则是教育,且是"终身自由教育"或"无止境的自由教育"。对于现代社会必须进行终身教育的缘由,赫钦斯分析如下:(1)终身自由教育是人之为人的要求。人只要活着,就不会停止成为人,就得运用人之为人的本性力量,即理性,这是一个与人的生命同始终的过程,而理性的发挥就意味着教育和学习,在这个意义上,人是学习的动物,生命不息,学习不止。(2)终身自由教育是教育活动自身的要求。"需要经验的学科只能通过经验来学习",有些学科只能在儿童成人并具有一定的经验以后才能理解,"且经验越丰富,理解力就越强",因此,教育也应随着人的经验的增长而不断加深。(3)终身自由教育是应对未来社会变化挑战的需要。20 世纪科学技术日新月异的成就和由它带来的知识、技术、职业的变动,已使教育无法为之作直接准备,教育面向未来的唯一可行的方法就是通过持续不断的自由教育,发挥人的理智力量,使之在瞬息万变的现实社会中以不变应万变。(4)终身自由教育是工作"人文化"和享受闲暇的需要。西方工业化生产的机械化、自动化,一方面使生产劳动变得越来越单调、无人性,一方面又给人们带来越来越多的闲暇。在前一方面,"任何形式的职业或技术训练似乎都不能有助于给单调的、无人性的生活以意义"[②],只有通过终身自由教育使他们的心智得到训练,理解力得到提高,才能使他们更好地理解自己生产的目的、过程及意义,工作"人文化"的目标才能实现;就后一方面,自由教育才是真正有意义的一种闲暇享受方式,终日娱乐式消遣(如看电视)将会使人退化到"最低形式的植物生活水平"。

"学习化社会"一词的提出,是赫钦斯对西方教育的重大贡献,这个概念提出后不久,就引起人们的广泛重视。1972 年联合国教科文组织国际教育发展委员会刊行的《学会生存》一书,作为寻求未来社会形态的概念承用了这一词,尽管其与赫钦斯对教育的理解不尽相同,但在指出教育与社会的变革最终必然是走向学习化社会的道路这一点上两者的看法却是完全一致的。此后,美国卡内基高等教育委员会也发表了《走向学

---

① 转引自吴式颖,任钟印主编.外国教育思想通史第九卷 20 世纪的教育思想(上册)[M].长沙:湖南教育出版社,2002:452.

② 吴式颖,任钟印主编.外国教育思想通史第九卷 20 世纪的教育思想(上册)[M].长沙:湖南教育出版社,2002:453.

习化社会》一书,从而使"学习化社会"这一概念日益流行,相关的实践也越来越活跃。①

### 二、阿德勒的教育思想

莫提默·J.阿德勒(Mortimer Jerome Adler,1902—2001)是美国哲学家、教育家,早年就读于哥伦比亚大学,获得哲学博士学位。在哥伦比亚大学学习和工作期间,约翰·厄斯金(J. Erskine)开设的阅读和讨论西方古典著作的研讨班对阿德勒产生了极大的触动和长远的影响。

早在20世纪20年代,阿德勒就结识了以后成为他密友的赫钦斯。两人的教育思想极为一致,以至于阿德勒在阐述自己的教育观点时经常使用"赫钦斯和我认为"的句式。1930年,阿德勒应时任芝加哥大学校长的赫钦斯的邀请,前往芝加哥大学任教,协助赫钦斯对芝加哥大学进行改革。1937年,阿德勒与赫钦斯等人又领导了马里兰州安纳玻利斯圣约翰学院的改革。在大学和学院改革期间,他们共同推出了以西方经典著作为教学内容的名著课程。为推进西方名著学习计划在社会范围的实现,阿德勒和赫钦斯又共同发起并成立了西方名著基金会,该基金会在20世纪60年代初发展成美国最大的成人教育机构之一。1952年,阿德勒创办了芝加哥哲学研究所并任所长,此后继续在全美各地参与校外成人名著研讨班的组织工作,其中尤以阿斯彭(Aspen)成人文科研讨班的影响为最大。

1944至1952年,阿德勒与赫钦斯一起共同主编了在西方社会颇具影响力的《西方名著丛书》,1977年又与多伦合编了《西方伟大思想宝库》,该书被称为"三千年西方思想的第一部指南"。

阿德勒对哲学有浓厚的兴趣,他在1977年出版的自传《逍遥自在的哲学家》(*Philosopher at Large*)中表示自己更倾向于接受作为一个哲学家的声誉。不过,阿德勒一生关注教育并为之付出了毕生的精力,如领导大学教育改革、编写《西方名著丛书》和《西方伟大思想宝库》、推行成人名著计划等,这都是有目共睹的,只不过阿德勒在哲学,特别是在英语阅读指导方面的影响在某种程度上超出了他对教育的影响,如他撰写的《怎样读一本书》已成为指导英语阅读的经典性著述,被认为"比其他的著作之总和的影响还大",某些指导阅读性文章甚至被收录于20世纪80年代末中国的权威性大学英语阅读教材中。

阿德勒的主要哲学和教育著作有:《艺术与智慧》(1937)、《当代教育危机》(1939年)、《怎样读一本书》(1940)、《道德的辩证法》(1941)、《教育革命》(1958)、《哲学状况》(1970)、《教育宣言:派迪亚建议》(1982)等。

阿德勒与赫钦斯一样倡导在学校乃至全社会实施自由教育,主张让所有的人都接受这种使人成其为人的训练。他确信理智是将人类与其他动物区别开来的根本属性,为追求物质享受而反对理性生活的人实际上是否定他自己是一个人。在阿德勒看来,人具有知性与德性两个方面,基本的知性是理解力、知识与智慧,自由教育就是以发展

---

① 吴式颖,任钟印主编.外国教育思想通史第九卷20世纪的教育思想(上册)[M].长沙:湖南教育出版社,2002:446—453.

知性为己任的；基本的德性包括勇气、坚毅、克己、公正和审慎，它们是其他德性的根源。知性与德性两者是相辅相成互为一体的。"教育的目的就是培养人的精神和道德发展的能力，帮助人获得良好人类生活所必需的理智和道德、美德，这种以人的理智和道德发展为目的的教育，从社会方面看是政治的或服务性质的行为，从个人方面看，是为富有创造地享受闲暇而对业余时间的健康、崇高的享用。"①

以人的理智和道德发展为目标的教育是一个发展或完成"人"的过程，这个过程的目标是绝对的和普遍的，在任何时间任何地点对任何人都相同，是永远不变的。西方名著就是"超越它们源起的地域"和时间的限制的最好学习材料，每一部名著"都能以独特的方式提出人所必须面对而且经常发生的基本问题"。名著中蕴含着对人类重大问题和原理的积极探索，这些探索得出的结论都是人类思想最重要的成就。在阿德勒看来，一切伟大著作都是当代著作，名著的学习能使人的心灵获得"见解、领悟力及智慧"，阅读名著是教育的手段，是"优雅生活的手段"，其真正目的是使每个人都能过上"自由人和自由民的生活"，这也是自由教育的目的所在。除经典著作外，阿德勒还大力提倡与学习经典著作紧密相关、建立在传统的"自由七艺"基础上的"自由课程"，如文法、数学等，认为这些学科可训练心灵和发展逻辑，使人掌握写作、说话和推理的基本规则。

阿德勒认为自由教育应当是全民的终身教育。他与赫钦斯一样分析了自由教育的实施条件，指出现代社会民主政体的建立、经济的繁荣和闲暇时间的享有，已使传统的只为少数人所享有的自由教育成为人人都能接受的教育。而学校教育在实施自由教育方面是有局限的，学校不可能完成全部的教育，因为学校存在着"学生过于年轻或不成熟、课程不适合年轻人等这样一些内在局限性。闲暇活动的重要方式之一就是离校后继续学习，学校教育充其量只是一种准备"②。

在教学的性质和方法上，阿德勒沿袭了亚里士多德的思路，把教学与农耕和医疗工作作了类比。认为教学是一种"合作"的艺术，这种艺术与"操作性"的艺术具有明显的不同，操作性艺术是指制鞋、造船、绘画、雕刻一类的艺术。在这类艺术中，艺术家是产品成型的主要成因，自然起着提供资源或模型的作用，没有艺术家的工作，自然本身无法生产出鞋子、船只、绘画作品或雕塑之类的产品；而"合作性"的艺术所从事的是"自然本身也能做的工作"，没有艺术家的介入，自然本身也会产生结果，与艺术家介入相比，只是结果的好坏及程度有所不同罢了。如生物没有医生亦可得到健康，植物、动物没有农夫、饲养员亦可生长，熟练的医生和农夫等仅是使健康或生长更确定、更规则、更充分而已。在社会中有些人不靠教师的帮助亦学到了不少东西，有广博的学问和深刻的见解就是这个道理。教师的作用只是在于其给予的"指导使我们的学习更容易而且更有效"③。教师必须像农夫和医生一样对会使其艺术产生完满结果的自然的进程保持极

---

① Adler, M. J. Reforming Education in America the Schooling of a People and Their Education Beyond Schooling [M]. New York: Westview Press, 1977: 133.

② Adler, M. J. Reforming Education in America the Schooling of a People and Their Education Beyond Schooling [M]. New York: Westview Press, 1977: 133.

③ 吴式颖，任钟印主编. 外国教育思想通史第九卷 20 世纪的教育思想（上册）[M]. 长沙：湖南教育出版社，2002：457.

高的敏感度,对教师而言,就是对学习的自然进程保持这种敏感度。正是人类学习的性质决定了教育的策略和方法。

教学艺术不同于农耕和治疗的艺术的地方是"教学总是涉及某一心灵与另一心灵的关系",教师要与学生进行对话,这种对话远甚于"谈话",因为大部分教学内容几乎都是在不知不觉中由师生间的个人交换而传授下去的。这是一种双边的关系,在这种关系中,教师给学生的自然学习进程以协助和指导,帮助学生领悟、评估、判断和认识真理,引导学生自己学习和思考,而不是灌输固有的概念或教条。教学是一种"最高的辅助与合作的艺术,是为了别人好而奉献的工作"。

阿德勒认为:学习能引起知识的增进、理解力的提高(而不是对事实的记忆),本质上是一个发现的过程。"教师的艺术主要是由那些如何帮助他人从较少的认识和理解水平提升到较高的认识和理解水平的方法构成的"。[①] 正如医生每一次医治病时都要与病人身体的自然保持合作一样,教育亦应与每一个学习者的"自然学习进程"的性质保持合作,才能取得理想的效果。这一要求对现代学校来说几乎是不可能的。因为一方面普及教育的实施使入学人数大为增多,另一方面,能与学习的自然进程真正"合作"的教师为数不多。为此,阿德勒主张可以通过两个补救措施尽量对其加以弥补:一是让天资聪颖的学生通过无需教师帮助的发现来学习,因为这类学生需要教师的帮助较少;二是让每个好学生都去教学,以帮助学习不太好的学生。阿德勒认为:"这样做不仅让每一个学生都有一个教师,而且会使学生成为更好的学习者,因为教他人某门学科会增进自己对它的理解。"[②]

值得一提的是,晚年的阿德勒于 1982 年出版了《教育宣言:派迪亚建议》一书,重申了永恒主义的主要教育主张,同时在某些方面也作了一些变通发展。在派迪亚建议中,阿德勒继续强调教育的最终目的是使"人都成为受过教育的人";强调学校教育不仅要给学生以知识、技能,而且还要培养学生接受终身教育的习惯;继续倡导实施全民自由教育;进一步将学习的性质分为知识(包括语言、文学、美术、数学、自然科学、历史、地理、社会科学等学科)、技能(包括读、写、听、说、观察、测量、评价、计算等)和理解(包括对经典著作的阅读和讨论)三种类型,提出与上述三类学习相对应的教学方法应分别是说教法、辅导法和苏格拉底式的"谈话法"。在经典著作的学习方面,阿德勒扩大了学习内容的范围,除包括那些永恒不朽的"历史、科学和哲学"方面的著作外,又增添了"电影、戏剧、舞蹈和音乐"等方面的著作。

《教育宣言:派迪亚建议》的问世,被西方部分学者视为永恒主义在新的历史条件下某种程度的复活,其发展趋势值得进一步关注。[③]

---

① Adler, M. J. Reforming Education in America the Schooling of a People and Their Education Beyond Schooling [M]. New York: Westview Press, 1977: 187.

② Adler, M. J. Reforming Education in America the Schooling of a People and Their Education Beyond Schooling [M]. New York: Westview Press, 1977: 192.

③ 吴式颖,任钟印主编. 外国教育思想通史第九卷 20 世纪的教育思想(上册)[M]. 长沙: 湖南教育出版社, 2002: 453—459.

### 三、利文斯通的教育观点

理查德·温·利文斯通(Richard Winn Livingstone，1880—1960)是英国教育家和古希腊学研究者，曾就读于曼彻斯特公学和牛津大学。1931 年被封为爵士。历任伊顿公学临时学校助理、贝尔法斯特女王大学副校长、牛津大学基督圣体学院院长、牛津大学副校长等职。主要教育著作有：《保卫古典教育》(1916)、《论教育》(1960)、《教育的未来》(1941)等。

利文斯通认为对教育目的问题的思考应建立在对人类本性的考察的基础上。人类各个时代所面临的问题和危机都产生于不变的人类本性，具有极大的相似性和可比性。教育永恒的目的就是对人精神力量的培养。科学、技术和经济方面的知识本身并不是目的，这些知识对文明来说不可或缺，但是作为文明的基础则过于狭隘了。人不能只生活在物质世界中，人应当有对精神世界的追求，现代社会过于讲求功利，尤其需要超越物质和即时需要的精神力量的指导。

在利文斯通看来，完整、健全的人类生活可划分为三种基本的需要：维持生活的需要、社会生活的需要和发展人格的需要。相应地，完整、健全的教育也应包括三个方面的因素：职业的因素、社会的因素(政治的因素)和精神的因素。这样，健全的社会需要三种主要的教育：(1)职业教育，它与保证为社会提供它赖以存在的物质条件并保证其正常运行有关，以培养社会所需要的大量各种类型的专业人才为己任，这类教育决定了社会效率；(2)社会的或公民的教育，即通常人们所说的公民的训练，社会凝聚力和社会延续性多半取决于这类教育；(3)精神教育，这是一种使人适合于过一种好的生活的教育，亦称品格教育，即人的身体、精神和品性等方面所能得到的最大限度的教育。这种教育对整个国民生活和精神都会产生深刻的影响。利文斯通认为，现代社会所缺乏的正是这种教育。

利文斯通指出，现代教育的重大缺陷就在于教育被实用主义和功利主义所包围，缺乏教育目标上的"一致性"和"一种能够确定和指导教育过程的精神"，这就使得现代学校的课程本身虽优秀，但却缺少内在联系，犹如一盘大杂烩。由于西方教育和生活缺少的是"一种宗教信仰，一种人生观，一种用以指导训练和支配个人生活，并由此去指导、训练和支配国家生活的正当理想"[①]，因此，必须给现代教育注射一针营养剂以使它恢复元气，即树立理智的生活态度和人生观，将爱、正义、勇气、自制、仁慈和自由等精神内容注入到儿童心灵去，这也是教育的根本任务。

现代社会所缺乏的精神营养，在利文斯通看来，可以从古希腊和基督教的文明传统中汲取。利文斯通认为，古希腊和基督教的知识是有关善恶的知识，它是各行各业的人都必须具备的知识，这种知识是要通过古典学科来掌握的。古典学科因此被利文斯通看成是有关目的的学科，一个人即使精通科学、技术、经济学等方面的知识，如果不懂善和恶，那些知识也是毫无用处的。

利文斯通认为西方文化传统的根基是"基督教和古希腊精神"。作为"理智和自由的一种信念"，它们显示了"人性中许多较深刻的需要"，是"美满的人类生活所必需的"，是一种"世界性的超自然的文化"。古希腊和基督教精神为近代世界提供了一切所需要

① 任钟印主编.世界教育名著通览[M].武汉:湖北教育出版社,1994:1330.

的东西,向古希腊人学习就是要学习他们毫不狭隘的"向前看的精神",这是一种"创造了科学的精神"。一句话,利文斯通认为古希腊文学中含有支配人类生活的永恒的理性精神,这就是现代人为什么至今还需要古典教育的原因。

利文斯通指出古典教育最好的途径是将注意力"放在希腊作家的著作本身而不是放在论述他们的著作的书籍上",应"使读者立即与天才面对面地接触",这就需要读原著,需要学习希腊语和拉丁语。此外,利文斯通认为古典语言中所包含的价值在于它所蕴含的人生观,这是其他现代语言所无法比拟的。科学、技术、经济学、商业上用的现代语言对当代世界来说当然是必需的,"但是他们所关心的是生活方式而并非生活目的",而古典语则是有关目的的学科,也是有关精神的学科。人们总是生活在两个世界中,一个是世俗世界,这个世界时时刻刻都紧随物质文明的发展而不断变化发展;另一个是精神世界,这是一个价值的世界,科学少了这个世界就无法确认真理的存在,宗教信仰和道德离开它就了无意义,舍弃它去追求自然科学、经济学、社会学或者其他什么东西,就如同人的饮食少了维生素一样后果将是不堪设想的。正因如此,将古典语列入现代学校课程在利文斯通看来是理所当然的。①

### 四、阿兰的教育观点

阿兰(Alam 1868—1951)是法国哲学家、教育家、散文家。原名为爱弥尔·奥古斯特·夏提埃(Emile Auguste Chattier),曾就学于巴黎高等师范学校,专攻哲学。毕业后曾在里昂等城镇中学执教,后在巴黎亨利第四国立中学任哲学教授,1933年退休。他一生写了不少短篇论文和散文,总计有4000余篇。其论著生前即被编为各种专集。主要著作有:《阿兰语录》、《文学论丛》、《政治论丛》、《教育漫话》等。作为一个哲学家,阿兰是笛卡尔主义的信奉者,认为除物质实体外还有精神实体,两者互不依赖,心灵由精神实体构成,肉体由物质实体构成。在教育观上,阿兰推崇永恒主义教育。他和美国的赫钦斯、阿德勒,英国的利文斯通一起成为永恒主义教育的主要代表人物。阿兰致力于将儿童培养成"完人",即"可信赖的公民"。他认为教师的责任是关心这个最终目的的完成,而不是单纯传授知识。

#### (一)教育的任务在于磨炼学生的意志,使其尽快成长

阿兰竭力反对儿童发展阶段、兴趣、本能等理论,他认为儿童是未来的成人,对所有儿童要使用一种共同的课程。他认为学习是艰苦的劳动,而不是娱乐。教师的任务就是磨炼学生的意志,使其能克服学习上的困难。教师对学生要有经常的强迫,只有靠学生自己遵循严格的方法才有指望,拒绝严格方法的人是永远不会有所成就的。阿兰认为,如果迁就学生的懒散和所谓的兴趣,就将妨碍学生的"自我实现"。总而言之,阿兰认为,儿童不具备自我约束能力,必须依靠外来的约束力形成"自我约束"。

#### (二)学习古典名著为主的课程

阿兰把古希腊、古罗马的伟大思想家的著作当作是"永恒的科学",认为这些著作就

① 吴式颖,任钟印主编.外国教育思想通史第九卷20世纪的教育思想(上册)[M].长沙:湖南教育出版社,2002:459—461.

是儿童的必修课，儿童从中能认识世界的永恒性并且得到独立思考的启示。他甚至提出了"回到古人，回到柏拉图"的口号。他认为，要使学生成为今后家庭、社会、国家与世界的优秀成员，就必须让他们学习哲学、社会科学和自然科学的全面知识，使他们从中认识世界的永恒性，并发展其理性。

在课程上，他强调主要应该学习的课程是拉丁文和几何学。拉丁文能带来一种文化，学了它，就可研究伟大著作，阅读重要的诗篇。他同中国古代人一样认为，儿童在背诵古诗后就会校正他的欲情。此外阿兰对几何学持有这样的观点，那就是谁不学习几何学谁就永不明了他所生活和依存的这个世界。他提出，一切科学都是从几何学开始的，它是自然科学的真正基础。

**（三）倡导阅读、追踪并模仿伟大思想家的教学方法**

阿兰强调阅读，他认为阅读就是学会思考，就会掌握大量的知识。他主张教师少讲，而让学生多读。读就要读伟大人物的原著，而不是原著的概要、介绍或摘要。他认为阅读有以下作用：阅读就是真正的崇拜，听自己读的美妙篇章仿佛听音乐一样，这便是最初的沉思，是真正种子的播种；阅读名著就是深入到著作中，去追踪伟人，去寻觅伟人并发现伟人，从而使自己尝到科学和艺术的味道，学会伟人思考的方法，并掌握绝对的和普遍的真理；阅读是学习语言的唯一途径，学习语言就是向伟大作家学，从最严密、最丰富、最深刻的语句中学，阅读古典著作，就能高效率地掌握学习语言的方法。

**（四）主张培养学生的创造力和独立思考力**

阿兰认为，教育不是生活的复本，而是生活的准备，学校不是让儿童去适应现在的生活，而是培养他的创造力，去适应未来的生活。教师不要向学生讲授最后的真理和最新的发现，而是通过一些现象、最初的思想原则，引导学生去寻求真理、发现真理。教师要少讲，给学生充足的思考时间，让学生解答问题。教师要培养学生的怀疑精神，因为怀疑是思考力的基本要素，是肯定的征兆，是通向真理的必经之路。

**（五）学校是一个公正、理智的教育机构**

阿兰甚至认为，教师要有意冷漠，使学校具备一种克制的气氛，使儿童自觉做学生，教师不要乱用感情。阿兰非常重视理智，他多次强调，学校不是娱乐场所，只有克制和理智才能把学生培养成可信赖的公民。他坦率地认为，学校不是家庭。在学校，只有理智和公正。此外，他认为过分明显的好意、热情、着急等类似情绪是很不恰当的。

## 第三节　永恒主义教育理论的教育主张

### 一、教育的本质——教育的性质永恒不变

永恒主义以欧洲古典实在论哲学为基础，认为宇宙中存在着一种永恒不变的实在，万物被一种永恒的普遍法则所支配，个体也是一种永恒不变的实在。人自身存在着共同的最主要的永恒不变的特性——理性。因此，建立在永恒不变的人性基础上的教育，也是固有不变的，在任何情况下教育的性质都是永恒不变的。[①]

---

① 杨捷，赵红亚，段晓明主编.外国教育史[M].开封：河南大学出版社，2010：434.

## 二、教育的目的——课程与教学的目的在于促进学生理智的发展

永恒主义者认为实用学科在人的理智训练方面的价值低于人文学科。永恒主义者围绕理智训练将永恒学科分为三类：理智训练的内容，理智训练的方法，理智训练的工具。① 永恒主义者认为，现代的伟大成就的端倪在名著中早已存在。阅读名著有助于使学生理解当前世界中的各种病态的、混乱的现象，同时，在阅读经典的过程中，理解社会和甄别善恶有助于促进学生理智的发展。

永恒主义者认为，理性是人区别于动物的特性，是人的本质力量之所在。因此教育的首要目的就是通过对理智的训练，培养和发展人的理性。赫钦斯认为，虽然教育肯定要在不同的时代和不同的地点实施各种各样的教育措施，但是教育的首要作用始终是塑造人，而不管这个人是生活在 20 世纪还是 21 世纪，教育的任务就是表现和发展人所具有的潜在能力。现实社会美好的生活和完善的人性均是人的理智表现，人在发展理性的过程中，同时也获得了真正的美好生活和社会，这样人类才会真正懂得什么是幸福，什么是最好的公民。②

永恒主义者认为，教育就是传授永恒不变的真理，教育不应是适应眼前所需，对于一个人可能遇到的问题来说，能够熟悉"永恒不变"的真理才是真正解决问题的更好途径，教育应该培养人掌握固有不变的真理，汲取前人的智慧，学到文化遗产中最好的东西，从而更好地继承并发扬人类社会的文化遗产。再者，教育并不是生活本身的完全复制，或者将真实生活的情境或真实的社会面貌仿造出来展现在学生面前，而是应该教会学生如何更好地为生活作准备。学校是一个真实的、有社会价值的机构，其重要任务就是传授给学生真理，让他们更充分地认识社会、认识生活，用理性面对生活，用真理更好地为生活作准备。③

不管是新托马斯主义的永恒主义，还是世俗的永恒主义，都主张学校教育的目的是培养学生的理性智慧，并传递关于终极真理的知识。永恒主义者相信，以理性为特征的人性是人类天性中共同的要素，教育必须关注这些"属于人之为人的东西"以及"人与人之间相通的东西"，向学生传递关于终极真理的知识，使人的理性和智慧、精神力量得到充分的发展。在永恒主义者看来，这种教育目的在任何社会、任何时代、任何国家都是相同的，永恒不变的。不过，在教育的最高目的方面，神学的永恒主义和世俗的永恒主义存在差异，神学的永恒主义者强调教育的最高目的是与上帝保持一致，世俗的永恒主义则强调发展人的理性和智慧。④

## 三、教育的内容——以"永恒学科"为核心

永恒主义者认为，教育就是要让学生掌握永恒不变的真理，培养和发展人的理性，因此就必须学习永恒的古典学科（亦称为"永恒学科"），并将其作为普通教育的核心内容。"永恒学科"是稳定不变的，是适合于任何时代、任何人的学科，具体来说就是以西

---

① 陆有铨. 现代西方教育哲学[M]. 郑州：河南教育出版社，1993：190—193.
② 杨捷，赵红亚，段晓明主编. 外国教育史[M]. 开封：河南大学出版社，2010：435.
③ 杨捷，赵红亚，段晓明主编. 外国教育史[M]. 开封：河南大学出版社，2010：435.
④ 贺国庆，于洪波，朱文富主编. 外国教育史[M]. 北京：高等教育出版社，2009：536.

方伟大观念为基础的经典名著。在永恒主义者看来,这些经典名著集历代名人思想之精华,超越了时空地域的限制,涵盖了一切知识领域,包含着对人和事物本质的最深刻见解,蕴藏着人类的"共同要素",能够帮助学生学习到高深的知识和形成"共同观念",使他们学会观察认识世界并与人沟通交流,从而去追求最为美好幸福的生活。①

神学的永恒主义和世俗的永恒主义都十分强调教学内容的系统学习,因为对教学内容的掌握会训练学生的智慧,并解释终极真理。对哲学、数学(尤其是代数和几何)、历史、语言、美术、文学(尤其是杰作)和科学等知识的认知应该在课程中占据中心地位。此外,永恒主义者认为,品格训练和道德发展也应在课程设计中占有适当的位置。与世俗的永恒主义者相比,神学的永恒主义者认为,基督教信条也是课程的重要部分。圣经、基督教问答集、神学和基督教教义的教学是最重要的部分。只要可能,神学著作的学习永远优先于纯世俗著作的学习。世俗的永恒主义者则更加强调关注人类历史上一直必须面对的那些挑战。

阿德勒认为,通过听说读写、观察、计算、测量和估计等课程的学习,可以发展学生的智慧技能,教育必须关注千百年来一直困扰人类的那些难题和问题。② 赫钦斯赞成一种含有永久的或永恒的研究内容的课程。他特别提倡学生阅读古代伟人的经典著作。他还具体地分析了永恒学科的基本特点或"长处"。概括起来有这样几个方面:能开掘出人类的共同要素;通过这些学科的学习,有助于人们形成共同的观念,有助于实现人与人之间更好的相互沟通和联系;永恒学科集历代伟人思想之精华,是人们学习人类文明最有效的捷径;永恒学科又是学生进一步学习高深学问以及进一步深入认识世界的基础。赫钦斯说:"永恒学科首先是那些经历了许多时间而达到古典著作水平的书籍。我恐怕许多这样的书都是古代和中世纪时期的。可是,尽管如此,这些书还是属于当代的。这就是它成为一本古典著作的原因。这样的书是永恒学科的一部分,而且是很大的一部分。它们是那样居于首要地位,因为它们是我们所知道最好的书。一个从来没有读过西方世界里任何伟大的书的人,怎么能称得上是受过教育的呢?其次,这些书是普通教育的基本部分,因为没有它们,要想懂得任何问题或理解当代世界是不可能的。"③

由于永恒主义者提倡严格的智慧训练,因此为了加强理智训练,他们提议将课程划分等级和主次,并以训练理智的课程为主要培训内容。他们提倡把古典文科放在首要地位,而读、写、算等技能训练放在从属地位,而对于职业技能方面的学科,则放在最后。因为他们认为职业化和专业化使人与人之间产生隔阂,不利于共同思想的建立。并且职业教育在某种程度上使一些人丧失了学习人类共同智慧的机会,这是不公平的。

---

① 杨捷,赵红亚,段晓明主编.外国教育史[M].开封:河南大学出版社,2010:435.
② 贺国庆,于洪波,朱文富主编.外国教育史[M].北京:高等教育出版社,2009:536.
③ 罗伯特·赫钦斯.普通教育[A].华东师范大学教育系,杭州大学教育系编译.现代西方资产阶级教育思想流派论著选[M].北京:人民教育出版社,1982.

#### 四、教学的方法——"通过教学进行学习"是一种有效的教学方法

##### (一) 教学方法以讲授和演讲为主

由于教育的目的是发展儿童的理性和智慧,学习的内容是经典的艺术和科学巨著,所以,永恒主义者非常强调运用教师的讲授和演讲来组织教学活动。尤其在学习古典名著时,只有在教师的指导下,通过教师的讲授,学生的阅读和讨论才能有的放矢,才能深刻理解名著的内容。阿德勒曾经提出了三种具体的教学方法:"(1)通过演讲和分配教材的说教;(2)指导学生养成发展各种技能的习惯;(3)通过发问并对所引出的答案进行讨论的苏格拉底式教学。"这三种教学方法都强调教师的引导或指导作用。永恒主义者强调,在学习文学、哲学、历史和科学的名著之前,必须教给学生批判性思维的方法和发问的策略,以便学生与经典作家对话。而神学永恒主义鼓励任何能使学习者与上帝进行交流的教学方法。[1]

永恒主义者认为,学生在学习与读书时要积极思考,这是一种有效的理智训练方式,将有助于锻炼学生的思维与智慧以及培养和发展其理性。阿德勒提倡永恒主义教育的教学方法,将其称为"通过教学进行学习"。在教学过程中,教师发挥着主导作用,并按照学生的学习速度和接受能力,指导学生有针对性地、主动地阅读、思考与讨论名著,积极发挥学生的能动作用,引起学生的不断反思,激发其内在的倾向性,从而达到培养和发展学生理性的目的。[2]

##### (二) 教师居于教学活动的中心

永恒主义者认为教师是真理的传播者和智慧教练,教师应该在自由学科(liberal arts)上获得良好训练,他们应该是掌握真理的权威,也是传播真理的承担者。很显然,如果教师是传播者,那么学生就是学习的接收器。所以,人们用"精神体操的控制器"来比喻永恒主义者理想中的教师。另外一个描述永恒主义教师的比喻是"智慧教练"。他们能引导学生进行苏格拉底式的对话。永恒主义的教师必须是一个拥有智慧和理性能力的模范,他们必须能进行逻辑分析,熟练使用科学方法,精通经典著作,记忆良好,并能进行最高形式的智力推理。由此不难看出,永恒主义者对教师有极高的要求。

永恒主义者认为"永恒学科"并不像一般人想象的那样难,只要教师努力教,学生努力学,教学方法得当,学生是可以掌握的。教师使用教学方法反对灌输,反对填鸭式的记忆,倡导"沉思"的学习方法,发挥家长作用,督促、鼓励孩子多做家庭作业等。而永恒主义者的具体的教学方法中,最有特色的是问答法和读书法。永恒主义者主张教师在讲解古典名著的同时,还要引导学生反复阅读古典名著的有关章节,熟记有关段落,教师在教学中不能直接把结论强加给学生,而应该激励和指导他们像古代伟人那样去思考。同样,只有具有通才的教师,才能培养出通才,只有大学和学术界的统一才能直接促进普通教育的统一、社会上人与人的统一。[3]

##### (三) 强调营造集中于教学任务、精确和有序的课堂环境

永恒主义者不只是关注智慧的训练,也关注意志的培养。他们相信,教师有责任训

---

① 贺国庆,于洪波,朱文富主编.外国教育史[M].北京:高等教育出版社,2009:537.
② 杨捷,赵红亚,段晓明主编.外国教育史[M].开封:河南大学出版社,2010:435.
③ 季苹.西方现代教育流派史论[M].北京:北京师范大学出版社.1995:180—181.

练学生的坚强意志。在永恒主义者看来,专心于教学任务、精确和有序的课堂环境是培养学生意志的最合适的课堂环境。神学的永恒主义者则将体现祈祷和沉思的学习环境也视作良好课堂环境的一个指标。不难看出,永恒主义者把品格的养成视为教育的一项重要内容。

## 第四节　永恒主义教育理论的影响与评价

由于永恒主义试图通过恢复古代中世纪文明的绝对标准来解决现代文明中的问题,因此被看作是复古教育的保守流派。在新传统教育的营垒中,虽然永恒主义教育与要素主义教育都倾向于传统教育,但是永恒主义教育对进步教育的批评比要素主义教育更加激进。永恒主义教育在经济危机的背景下,倡导自由教育和经典名著的学习,在一定程度上对进步教育改革带来的问题与弊端起到了补救作用,对美国高等教育和成人教育的发展产生了广泛影响。但是由于永恒主义教育把古典名著作为学校教育的主要内容,不利于对现代社会所需人才的培养;只注重人的理性、道德和精神的培养,却忽略了人的身体和情感方面的教育;其影响只是局限在大学和上层知识界的少数人以及成人教育领域,影响范围有限。因此,自20世纪60年代之后,永恒主义教育逐渐走向了衰落。[①] 作为一种教育哲学思想,永恒主义在教育理论上产生了一定影响,对大学和上层知识界影响更大一些。永恒主义的复古态度,对经典著作的过度重视,使这种教育哲学受到了很多人的批判。的确,永恒主义存在脱离现实和时代的弊端。[②]

### 一、永恒主义教育理论的积极意义

永恒主义教育理论实质上是一种教育哲学思潮,其哲学基础是欧洲古典实在论。永恒主义试图从有关宇宙和人类的"共相"方面寻找教育的真谛,强调共同人性、共同的教育目的、共同的课程、共同的教育原则,这对建构完整的教育理论,解决教育实践中某些共同存在的问题无疑提供了一种有益的思路。尤其是永恒主义主张确立一个以共同人性为基础的内在教育目的,把教育与人是什么,人应当成为什么,什么是良好的社会和生活等重大问题直接联系起来,对纠正西方现代社会过于注重教育的工具性价值倾向具有积极的意义。

永恒主义者要求人们在各种各样的社会需求都会对学校和教育产生巨大影响的现代社会,认真思考学校和教育的真正职能是什么;他们坚持教育只有一个发展人的中心目的,反对学校和教育对社会的一味适应;强调普通教育要坚持基于共同人性的培养目标,大学教育要保持自身在学术和社会发展中的引导人类发展的"灯塔"作用,这对西方教育在快速发展中容易丧失自我、失去目标具有一定的警示和纠偏的作用。

永恒主义倡导实施全民的自由教育,是对西方传统的只为少数人所享有的自由教育的发展和超越,反映了现代社会的民主要求,这种在教育普及阶段实施自由教育的主

① 杨捷,赵红亚,段晓明主编.外国教育史[M].开封:河南大学出版社,2010:435.
② 贺国庆,于洪波,朱文富主编.外国教育史[M].北京:高等教育出版社,2009:537.

张,对普遍提高公民素质,发挥教育对人的精神生活的巨大影响有着积极的作用。永恒主义教育理论将教育看成是一个终身的过程,率先提出建立学习化社会,这也是永恒主义对现代社会的杰出贡献。①

## 二、永恒主义教育理论的局限

永恒主义教育理论也存在着明显的盲点和误区。在探讨和确定教育的内在目的和永恒价值时,永恒主义走上了文化和哲学的返古之路,这使其教育理论具有浓厚的复古色彩。永恒主义者言必称古希腊,以 2 000 多年前人类对自然和自身的认识结果来解决 20 世纪新的历史条件下遇到的问题,忽略了事物变化发展的一面,这种复古倒退的做法显然是不明智的。这并不是说古必不如今,而是随着社会的发展、人类认识的深化,人们对人性和教育目的等一类问题"共相"的认识也被不断赋予新的内容,永恒主义显然没有反映有关这方面变化发展的认识成果。永恒主义从类似于柏拉图的"理念"、亚里士多德的"形式"等概念中,引申出具有普遍共同性的人性和教育目的观念,这虽然不能说是一种错误的教育思考方向,但永恒主义忽略了对这类问题的历史的和动态的考察,缺乏对教育问题的辩证思考,从而陷入了绝对主义、二元对立的思维定式之中。如永恒主义把普通教育和职业教育尖锐对立起来就是这种思维定式的典型产物。普通教育与职业训练的对立,是社会还处于前技术时代时的认识造成的,人的心智发展、理智的运用是不能脱离人的实践活动的。在职业教育中,通过了解职业的、社会的、历史的、心理的、文学的甚至艺术的各方面来获得类似于自由教育那样的心智训练和陶冶并非不可能。关于这一点怀特海就曾说过:"以技术教育与普通教育相对立,是一件荒谬的事情,技术教育中若没有普通教育,就不是适当的技术教育,而普通教育也有技术训练的作用,即是:所有教育都包含技术和智慧两方面。"

永恒主义在教育内容上主张以古典名著为主,这在 20 世纪知识更新速度加快、科技成果喷涌而出的社会是极不适宜的。尽管古典名著不乏教育的意义和价值,但像永恒主义者那样将古典名著置于学校教育内容的首要地位,且在名著教材中对古今之内容作了厚古薄今的安排,让学生把大量的时间和精力花在读古书上,成天钻进故纸堆里,则可说是落后、迂腐的做法了。

永恒主义注重人的理智、道德和精神力量的培养,但总体而言,却忽略了人的身体、情感等方面的教育。作为一种自治的教育理论体系而未能涉及上述问题,难免失之片面。

永恒主义的许多有关教育的命题和判断,都是建立在形而上的哲学思辨的基础上的,是对传统哲学命题的直接演绎,而这些演绎出教育命题的哲学命题本身常被永恒主义者自己看成是"不证自明"的,如"人是理性的动物","人是道德的动物",等等。然而,从逻辑学的角度看,上述命题的判断并不是实质性判断,而只是描述性判断,将教育理论建立在这些命题的基础上,难免显得脆弱、片面。即在教育价值一类问题上,永恒主

---

① 吴式颖,任钟印主编.外国教育思想通史第九卷 20 世纪的教育思想(上册)[M].长沙:湖南教育出版社,2002:463—464.

义者所作的论证、辩护似乎不够充分。

永恒主义只是从哲学信念出发简单地理解教育、理解儿童,未对儿童生理和心理的发展过程和特点进行过认真的、系统的考察,在涉及教育事实一类问题上所下的判断和结论往往显得轻率、武断,缺乏事实依据。在他们那里,儿童的学习过程和成人的学习过程被混为一谈,儿童不同于成人的身心特点被忽略了,这方面,永恒主义的许多判断和命题是缺乏严格的科学论证的。如阿兰说儿童每天都想摆脱游戏,而对名著的学习则跟听音乐一样一下子就被打动、被抓住了,但他并未提供与此相关的事实依据和论证。类似的情况在永恒主义者那里是较为普遍的。

自20世纪60年代起,随着西方政治、经济形势的变化和永恒主义教育思想倡导人的年迈或去世,永恒主义作为一种教育思潮已经逐渐衰落。不过,阿德勒在20世纪80年代出版《教育宣言:派迪亚建议》,被西方学者认为是永恒主义的复活。美国学者古泰克指出:"正如要素主义正从基础教育的形式中酝酿着现代之复兴一样,永恒主义也正从赫钦斯长期的同事阿德勒设计的'派迪亚建议'中历经复兴。"20世纪80年代以来,特别是90年代,西方主要国家出现了日益重视提高教育质量、设置共同课程、组织统一考试的倾向,这一教育改革的趋势与永恒主义及新传统教育思想之间的关系是颇值得玩味的。①

### 三、永恒主义教育理论对我国教育的影响

我国在20世纪五六十年代受苏联教育模式的影响,过分强调专业化。这种教育模式及其沿袭在一定程度上适应了我国大规模建设对大量专业人才的社会需求。然而改革开放后培养出来的专业性人才难以适应社会发展的要求,这种长期以来只重视专业化人才培养的教育模式引发了质疑。我国众多教育家和学者为了纠正文理失衡,片面强调专业化的教育状况,在我国素质教育概念的基础上,借鉴了永恒主义思想提出了通识教育的思想。我国通识教育思想试图在基础阶段通过对不同专业、不同学科门类知识的融合与教学,培养既有科学素养,又有人文素养,既能客观地观察事实,又能作出主观价值判断,既有一技之长,又有多种领域知识的均衡的、健全的、全面发展的人。②

任何一个民族的特有传统文化都是该民族价值取向、道德抉择、奋斗意识、生活理想在本民族长期历史发展中的积淀。发展不能割断历史,教育不能抛弃传统。可以说,永恒主义的课程内容大部分符合国内教育的呼声。教育学者普遍认为,教育要促进人的态度、情感、信念、性格的形成与发展。此时,我国新一轮基础教育课程改革也倡导新的课程价值观,着力改变课程过于注重知识传授的倾向,强调让学生形成积极主动的学习态度,使每个学生都能得到充分的发展。

永恒主义虽然略显保守,忽视了在现代社会中自然科学的作用,很难满足个体生存、发展的需要,但永恒主义强调陶冶学生情操,培养学生良好品德。这些对人性中正

① 吴式颖,任钟印主编.外国教育思想通史第九卷20世纪的教育思想(上册)[M].长沙:湖南教育出版社,2002:464—467.
② 王轶喆.永恒主义教育思想对我国通识教育的启示[J].安康师专学报,2006(5).

能量的教育是当今课程及社会所需要的。

## 主要参考文献

[1] 贺国庆,于洪波,朱文富主编.外国教育史[M].北京:高等教育出版社,2009.

[2] 季苹.西方现代教育流派史论[M].北京:北京师范大学出版社,1995.

[3] 陆有铨.现代西方教育哲学[M].郑州:河南教育出版社,1993.

[4] 罗伯特·赫钦斯.普通教育[A].华东师范大学教育系,杭州大学教育系编译.现代西方资产阶级教育思想流派论著选[M].北京:人民教育出版社,1982.

[5] 吴式颖,任钟印主编.外国教育思想通史第九卷20世纪的教育思想(上册)[M].长沙:湖南教育出版社,2002.

[6] 王轶喆.永恒主义教育思想对我国通识教育的启示[J].安康师专学报,2006(5).

[7] 杨捷,赵红亚,段晓明主编.外国教育史[M].开封:河南大学出版社,2010.

## 思考题

请阅读下列文字,结合永恒主义的教育理论对我国"国学热"、"读经热"的价值和意义进行分析。

近年来,"国学热"有增无减,社会各界也给予其越来越的关注,"读经"仍是国学教育的主要形式。从历史来看,20世纪90年代,台湾地区学者王财贵和南怀瑾就掀起了一场"少年读经运动",大陆新儒家代表人物蒋庆起而相应,并出版了《中华文化经典基础教育诵读本》,一石激起千重浪,由此引发了一场关于"儿童读经"的争论。有人认为,中国的儒家经典"四书五经"包含着中国传统的道德理念,在当今时代可以演化出很多具有教育意义的内容和思想,读经教育可以逐渐提高儿童的道德素养,加深其对民族经典文化的认识;也有学者认为,当下社会,按照《三字经》或"四书五经"的理念培养孩子,90%的孩子会不适应社会。社会各界对国学教育褒贬不一,公众关注的主要问题是读经教育的当代价值何在。你如何看待这一问题?

**聆听经典**

　　"学生在中学毕业时不应只是知道科学或历史的'方法'和'过程'，他们实际上应该知道若干科学和历史……。他们应该知道，每一项动作都有相等的反动，并且应该知道谁说'我就是事实'及谁说'我有一个梦想'……。他们应该知道亚马逊流经哪里，第一修正案是什么。"

——班尼特

　　"真正的教育就是智慧的训练"，"愚昧是一种障碍，而经过训练的智慧乃是力量的源泉"。

——贝斯特

要素主义(essentialism)作为进步主义对立面的一种教育思潮兴起于 20 世纪 30 年代至 60 年代的美国。它是为针对 20 世纪 30 年代美国进步主义教育造成的教育、教学弊端而产生的,又受 50 年代苏联人造地球卫星上天的冲击而复兴,70 年代因人们对美国教育现实状况和 60 年代课程改革的不满而再度兴起。要素主义教育认为在人类文化遗产中存在着基本的、永恒不变的、共同的、超越时空的要素,教育的功能就是如何保持并传授这种要素;强调传统的教育、教学的基本内容、原则和方法等是现代教育必须保留和发扬的。要素主义教育抨击了现代教育思想和理论中的一些弊端,力图恢复传统教育原则,因此,人们也把它称为"新传统主义教育"。其主要代表人物有巴格莱(W. C. Bagley)、科南特(J. B. Conant)等。其经典论著为巴格莱的《一个要素主义者促进美国教育的纲领》(*An Essentialist's Platform for the Advancement of American Education*,1938)、《教育与新人》(*Education and Emergent Man*,1934)。

## 第一节 要素主义教育理论的产生背景

20 世纪 30 年代美国社会变革迅猛,教育界进入了一个理论争鸣的时代。"进步教育"作为美国广泛的、全国性的社会改革运动盛行一时,可以说当时"美国没有一所学校完全逃脱了它的影响"①。但进步主义在取得某种成功的同时,也存在着诸多弊端。要素主义者对进步主义教育思潮进行了彻底清算,他们认为,进步主义教育使学生纪律松散,学校管理混乱,造成了美国教育的软弱无力,降低了中小学及大学教育的质量。他们反对进步主义只重儿童活动的个人经验,反对只重生活适应,反对以儿童为中心,反对强调儿童的自由和兴趣。② 要素主义教育对当时的社会危机采取了保守主义态度。它强调在民族生活、文化历史发展过程中的基本的、永恒不变的、青年人必须学习的要素;主张学校应授予儿童适应社会所必需的"共同知识"和"共同价值";主张让儿童"接受指导、接受锻炼、接受教育",以掌握"起码的知识、技能与态度"。③

### 一、要素主义教育理论产生的时代背景

20 世纪 30 年代西方各国经过经济的快速发展后出现了增长停滞的局面。1929 年爆发的席卷整个资本主义世界的经济危机,使西方国家深陷经济与社会的困境中。经济危机很快触发了政治危机,导致社会动荡不安,阶级矛盾加剧。20 世纪 30 年代末期,西方世界的政治格局又出现了重大转折。德国、意大利、日本等国分别建立了法西斯政权,企图通过发动战争实现其统治世界的野心。法西斯政权的暴政与野心对西方民主国家的生存与发展构成了极大的威胁。④ 美国资产阶级深感政治、经济形势的危机性,为捍卫美国民主制度,抵制法西斯的侵略,他们希望通过教育培养具有民主意识的公

---

① [美]劳伦斯·阿瑟·克雷明.学校的变革[M].单中惠,马晓斌译.上海:上海教育出版社,1994:355.
② 张斌贤主编.外国教育思想史[M].北京:高等教育出版社,2007:402—403.
③ 张斌贤,褚洪启等.西方教育思想史[M].成都:四川教育出版社,1994:666.
④ 吴式颖,任钟印主编.外国教育思想通史第九卷 20 世纪的教育思想(上册)[M].长沙:湖南教育出版社,2002:412—413.

民,培养信奉美国价值观与准则的公民,从而维护美国社会的稳定与秩序。

在教育方面,20 世纪 30 年代的西方,进步主义教育和新教育运动正处于鼎盛时期,美国的进步主义教育在公立学校教育中居于支配地位,但进步主义教育在 30 年代西方经济和政治危机面前的软弱无力,使之遭受了来自各个方面的强烈批评。[①] 持要素主义思想的教育理论家,美国的社会评论家等对进步教育所推行的课程、教育教学方式方法、学校教学质量给予了严厉的批判,认为进步主义教育破坏了传统的社会文化,造成了社会危机,因此,他们主张改革教育,进而拯救社会政治、经济危机,这些为要素主义的兴起创造了有利条件,要素主义教育理论正是在这一特定社会历史背景下诞生的。[②]

### 二、要素主义教育思想的诞生

1938 年,由教育界知名学者巴格莱、德米阿什克维奇(M. Demiashkevich)、莫里森(H. Morrison)、坎德尔(I. L. Kandel)等发起的"要素主义者促进美国教育委员会"在美国新泽西州的大西洋城成立,这标志着要素主义教育思想作为新的教育思想流派正式形成。巴格莱在会上发表了《一个要素主义者促进美国教育的纲领》,第一次系统阐述了要素主义教育思想的基本观点。"要素主义者促进美国教育委员会"的主要目的在于要求美国教育捍卫和加强美国的民主主义理想,以对抗当时法西斯主义的兴起。他们认为,美国教育的功能是要保卫和加强民主理想,而有效的民主是以"文化的共同性"为基础的,因此他们要求在教育上使每一代人都拥有足以代表人类遗产最宝贵的共同的文化要素。[③]

要素主义教育与进步教育的基本分歧,可以概括为以下一些方面:教育是强调努力还是强调兴趣?教育是强调学科还是强调活动?教育是强调种族经验还是强调个人经验?教育是强调教材的逻辑顺序还是强调教材的心理顺序?教育是强调教师主动还是学生主动?在这些问题上,要素主义教育极力主张前者。[④]

要素主义教育家指责进步教育运动缺乏社会定向,不利于缓和美国社会的矛盾和危机;进步学校没有教给学生适当的价值标准,特别是忽视了健康意义上的教学,从而导致公立学校教育质量的下降。针对进步教育家提出的"适应生活"、"儿童中心主义"等激进的主张,他们提出"回到传统"的口号,强调学校教育依赖"人类文化遗产中的共同要素",并认为学习者应该系统地学习、透彻地理解和熟练地掌握这些"共同要素",这也就是"要素主义"一词的含义。[⑤]

### 三、要素主义教育思想的兴盛与衰落

"要素主义者促进美国教育委员会"分别于 1939 年、1941 年开过两次会,第二次世

---

① 滕大春.美国教育史[M].北京:人民教育出版社,1994:603.
② 侯威.要素主义教育理论研究[D].东北师范大学,2008.
③ 张斌贤,褚洪启等.西方教育思想史[M].成都:四川教育出版社,1994:666.
④ 单中惠主编.西方教育思想史[M].北京:教育科学出版社,2007:529.
⑤ 单中惠主编.西方教育思想史[M].北京:教育科学出版社,2007:530.

界大战爆发后,暂时停止了活动。要素主义者的活动在早期没有受到人们的普遍关注,影响有限。第二次世界大战后,随着冷战时代的到来,美苏两国围绕着广泛的利益在全球范围内展开激烈的竞争,其中以国防、科技以及人力开发方面的竞争态势尤为引人注目。1957年苏联成功发射了第一颗人造地球卫星,震惊了美国整个社会,于是,一直存在着争议的美国教育就成为社会上下关注的焦点,美国在空间技术方面的落后被直接归咎于学校教育制度。进步主义教育因无法改变它在公众面前软弱无力的形象而逐渐走向衰落;要素主义教育强调传统文化、权威、纪律、系统知识等的思想主张受到美国统治阶级中很多人的赞赏和支持,要素主义教育理论因迎合了当时美国统治集团的利益和美国社会的现实需要而逐步得势。要素主义教育思想不仅在教育界,而且在政界、军界、学术界和科技界均有其代言人。主要代表人物有科南特、贝斯特(A. E. Bestor)、里科弗(H. G. Rickover)等,他们或著书立说,或利用传播媒介宣传自己的主张,批评进步主义教育放宽学术标准和降低要求的做法,主张恢复传统课程在学校中的地位,进一步稳定教学秩序和提高人才培养规格,力图挽回美国在教育和科技人才培养方面正在失去的优势。[①] 因此,从20世纪50年代起,要素主义在与进步主义的对抗中,由劣势变成优势,一跃成为了支配美国教育发展的主要思潮。要素主义教育理论为60年代后美国的中、小学课程改革运动提供了理论武器,1958年美国颁布的"国防教育法",也吸收了要素主义教育理论的许多观点。当代美国教育家科南特和里科弗等人的教育理论活动,都与要素主义教育理论紧密合拍,促成了要素主义教育理论的新发展。[②]

　　1955年,美国"进步教育协会"最终解散,而要素主义者贝斯特等人则于1956年成立了"基础教育协会",这个组织的主要目的是使中小学设置更多的基础课程。"进步教育协会"的解散和"基础教育协会"的成立,标志着进步主义教育势力的衰落和要素主义教育势力的崛起。[③] 科南特在20世纪50年代末60年代初进行了两次大规模的教育调查,并发表了《今日美国中学》和《美国师范教育》,对20世纪60年代的美国公共中等教育和师范教育改革产生了重大影响,要素主义思潮由此进入巅峰时期。由于要素主义教育理论本身的缺陷,其在实际上并未取得预期的效果,随着五六十年代美国教育改革的失败,自60年代末开始,要素主义的影响也逐渐衰落。但在70年代的"恢复基础"运动和80年代由美国政府倡导的教育改革运动中,要素主义教育思想又有复苏的迹象。[④]

## 第二节    要素主义教育理论的主要代表人物

### 一、巴格莱

#### (一) 生平活动

威廉·钱德勒·巴格莱(William Chandler Bagley, 1874—1946),美国著名的教育

① 单中惠主编.西方教育思想史[M].北京:教育科学出版社,2007:530.
② 张斌贤,褚洪启等.西方教育思想史[M].成都:四川教育出版社,1994:667.
③ 张斌贤,褚洪启等.西方教育思想史[M].成都:四川教育出版社,1994:667.
④ 张斌贤主编.外国教育思想史[M].北京:高等教育出版社,2007:404.

心理学家、教育家,要素主义教育理论的主要代表人物。1874 年 3 月 15 日出生于密歇根州底特律市。1946 年 7 月 1 日,在纽约去世。1898 年取得威斯康星大学理学硕士学位。1900 年,获康奈尔大学哲学博士学位。① 其后,巴格莱曾任公立学校教师、校长和督学。历任蒙大拿州立师范学院副院长、纽约奥斯威哥师范学院督学、伊利诺斯州立大学教育系主任。1917 年到 1940 年,任哥伦比亚大学师范学院教育学教授。1938 年,他参与发起成立"要素主义者促进美国教育委员会",与"进步教育协会"相对峙。1939 年,巴格莱还帮助建立了"美国教育促进协会",并担任该协会的秘书和会刊《学校和社会》的编辑。他的教育主张在许多方面是反对进步主义教育的,且最早阐述了要素主义教育思想的基本原则。巴格莱的主要教育著作有《教育过程》、《教育的价值》、《教育与新人》等。②

**(二) 教育思想**

巴格莱是要素主义教育的早期倡导者,被看作要素主义教育的领袖。自 1900 年巴格莱大学毕业,他投入教育实践和理论研究的时间超过 14 年,深厚的教育经验和理论基础使巴格莱形成了以改进现实为出发点,符合时代背景的要素主义教育观。

1. 论知识的价值与教育的目的

与进步主义者强调个人兴趣和需要不同,要素主义者根据社会的进步及国家的利益来确定教育目的。在个人与社会这对矛盾统一体中,要素主义把重点放在了社会上。在考察了自然、人类与社会进化的历史后,巴格莱指出,人之所以比动物优越,是因为人不仅具备利用个体经验的能力,而且具备利用种族经验的能力,后者是人区别于其他高等动物的最显著特征。巴格莱认为,教育的可能性取决于个体利用知识以对付现在和未来环境变迁的能力。所谓"知识",意味着种族经验。在他看来,种族经验或文化遗产远比个人经验重要,因为它吸取了千百万人尝试应付环境的经验,并经受过历史的检验。这些知识形成了社会进步的背景,是衡量社会进步的标准。③

在知识的价值问题上,巴格莱认为以工具的标准来判断知识价值是极其狭隘的,他认为,虽然知识的工具价值很重要,但是不能成为唯一的标准,知识有超越工具之外的价值。首先,学习知识可以直接解决实际问题,并且能培养一个人的心智、思维、理解力、判断力,这些都是在学习知识的过程中实现的。而更重要的是形成"战胜困难的坚持性、集中精力完成任务的能力以及自信心"。④ 巴格莱认为,在生活中只有一小部分知识能被用来直接地、有意识地解决问题,另外的知识只对学习者的生活产生潜在的影响。此外,巴格莱还认为知识构成人们意识形态背景的重要组成部分。个人的意识形态背景不同,发现、解释问题的方式方法存在差异,这也会影响到个人是否能全面地看待问题。一个广泛接受了教育的个体所组成的群体,可能会对问题形成集体的敏感性,而面对同样的问题,一个文盲的群体,或者是未经良好教育的个体构成的群体,可能会

---

① 黄志成主编.西方教育思想的轨迹——国际教育思潮纵览[M].上海:华东师范大学出版社,2008:65.
② 单中惠主编.西方教育思想史[M].北京:教育科学出版社,2007:532.
③ 单中惠主编.西方教育思想史[M].北京:教育科学出版社,2007:532.
④ [美]巴格莱.教育与新人[M].袁佳林译.北京:人民教育出版社,1994:48.

表现出迟钝的反映。①

　　巴格莱指出,"民主"的理想是要素主义纲领中最重要的要素。在"民主"社会中,教育的最重要功能就是"尽可能高水平地保持共同的文化"。教育所要做的,首先是将那些包含着"永久性或者相对永久性的文化因素"的知识确定下来,作为"种族文化和民族文化的基础"。② 因此,巴格莱主张以知识和训练为教育的中心任务,并认为教育的最高目的在于人的心智训练,这种训练是以人类的共同文化要素为基本素材的。教育的本质就是传授人类种族遗传下来的共同经验和知识,这是人类社会得以存在、繁衍和发展的重要前提。③

　　基于此,巴格莱对进步主义教育的活动课程和设计教学法提出了强烈的批评。他指出,进步主义教育常常把活动本身当作目的,而不问通过这种活动能否学到什么,即使在活动中附带学一点知识,也无法照顾到学习内容本身的逻辑关系。学习者只是获得零碎、肤浅的知识。这种否定系统书本知识传授的做法,削弱了基础知识,夸大了浅薄的东西,贬低了顺序性和系统性,加重了较低级学校的弱点,缺乏效能,最终的结果必然导致教育质量的下降。这在美国已经得到印证。④

　　2. 论学校教育

　　学校作为一个有组织的社会机构,必然负有传递文化的使命。通过学校教育,人类的文化遗产将在每一代人中再现,其中最有价值的部分将被永久保存下来。这意味着"要使每一代人拥有足以代表人类遗产中最宝贵的各种观念、意义、谅解和理想的共同核心"⑤。在《教育与新人》中,巴格莱强调:"正规教育的一个重要功能,特别在民主社会里,是尽可能使文化中共同性因素部分提高,使民主社会中绝大部分人群有共同的思想、共同的理解、共同的准则、共同的精神,最终能使群体产生集体思维和集体决策,并且尽可能达到最高标准。为发挥教育的上述功能,很显然在全国的所有学校课程中,特别是在普及学校教育的课程计划中,需要有相当大范围的共同因素。"⑥

　　学校必须重新审查他们的课程计划,保证学生能够学到包括读、写、算等基本技能,语言、历史、文学、数学和自然等基础学科,以及足以反映人类研究发明和艺术创造成就在内的精密的和要求严格的课程。巴格莱认为,决不应错误地将"教育机会平等"这一理想理解为"对任何人都进行低质量的教育"。实用主义教育曾主张以活动为中心设计教学,打乱书本知识的系统性和连续性,这些都受到了巴格莱的指责。他认为,儿童在活动中附带学习一点知识而不从书本上系统学习,结果获得的知识必然是零碎的、肤浅的。他还指出,如果不在学校中进行系统书本知识的传授和学习,那就等于设下了一个潜在的、可悲的、非常危险的陷阱,这是十分有害的。为此,巴格莱主张加强基础知识的教学,把代表人类遗产最宝贵的要素传授给学生。他指出,如果中小学校不扎扎实实地

① [美]巴格莱.教育与新人[M].袁佳林译.北京:人民教育出版社,1994:84.
② [美]巴格莱.教育与新人[M].郭永新译.合肥:安徽教育出版社,1991:87.
③ 黄志成主编.西方教育思想的轨迹——国际教育思潮纵览[M].上海:华东师范大学出版社,2008:66.
④ 张斌贤主编.外国教育思想史[M].北京:高等教育出版社,2007:404—405.
⑤ 王承绪,赵祥麟编译.西方现代教育论著选[M].北京:人民教育出版社,2001:162.
⑥ [美]巴格莱.教育与新人[M].郭永新译.合肥:安徽教育出版社,1991:121.

用最基础的系统知识训练学生,不注重打好基础,那么就好像把大厦建在沙滩上一样,必将后患无穷。①

巴格莱强调把系统的学科课程作为学校教育的重点,强调以人类的种族经验为主要教学内容。他认为课程是人类进化中去粗取精的结果,而人类的种族经验是经过历史检验和各民族尝试而保留下来的精华。他主张学习文化中的共同要素,如培养读、写、算基本能力的科目,并将这些科目当作文明社会的根基。其次,他从训练学生心智的目标出发,要求学习严格、精密的几何、拉丁文等科目。他认为,学习人类精华知识可以规避地方性和直接性的错误,并开拓个人视野。同时,他认为,学习者也应该通过经验的非正式学习得到进步,但并不提倡让这种学习占主导。

学校要有严格的纪律,教学按计划进行,学生按标准考核。巴格莱指出,学校中要建立必要的规章制度,要对学生提出必要的纪律规定。学生不能认为服从就是怯懦,不可随心所欲只凭兴趣爱好完成或拒绝教师布置的作业。教学计划是学校工作的根本依据。学校应通过教师把教学计划规定的人类知识的基本要素传授给学生。学生自发的、通过活动和个体经验进行的学习是非正式的,是教学计划的补充而不是核心。巴格莱还强调,学校按一定标准对学生进行考核是必要的。如果没有一种鼓励学习者努力学习的措施,对学习者有害无益。同时,也不要认为考试不及格就说明学习者永远无能。总之,不要把学校中严格的考核放弃,也不要诋毁不及格。②

3. 论教师权威

要素主义者与进步主义者在教师的地位和作用等问题上的观点是对立的。在进步主义教育大力倡导"儿童中心",认为教师主要起一种引导作用的时候,巴格莱看到了这种理论中蕴含的危险倾向,于是重新强调教师的主动性和权威。他认为,削弱教师的作用、多给儿童一些选择学习的自由,实际上造成了儿童日后更大的不自由。在学校中,儿童不需付出任何努力便可获得的自由与日后所具有的更大的自由是完全不同的。所以,他鼓励儿童要努力学习,不要为取得在校期间一时的自由而丧失了一生中更大的自由。他还指出,只有野蛮的原始社会,成年人才纵容和放任他们的孩子。人类经过了漫长的历史逐渐认识到,成年一代有对未成年一代管束和教育的责任,这是人类发展的必然要求。③ 为了掌握对民主社会的进步来说极为重要的共同文化要素,教师的指导是必需的。教师对学生的指导既是教师的责任,也是未成年人的权利。巴格莱指出,要素主义者所说的要素之一,就是当这种指导既为个人福利所必需,又为民主集团的福利和进步所必需的时候,应当承认未成年的初学者有权得到这种指导。成年人对未成年人负有教导和管束的责任,这对于实现人类潜力的充分发展而言是必不可少的。④

巴格莱认为教师要处在教育过程中的中心地位。他认为未成年人对成年人的依赖是固有的,成年人必须尽到应尽的责任来教导他们学习人类的经典经验。而教师作为知识的拥有者,责无旁贷地要用科学的逻辑体系掌握教育中的主动权。同时,巴格莱也

---

① 黄志成主编.西方教育思想的轨迹——国际教育思潮纵览[M].上海:华东师范大学出版社,2008:66.
② 黄志成主编.西方教育思想的轨迹——国际教育思潮纵览[M].上海:华东师范大学出版社,2008:67.
③ 黄志成主编.西方教育思想的轨迹——国际教育思潮纵览[M].上海:华东师范大学出版社,2008:66.
④ 单中惠主编.外国教育思想史(第2版)[M].北京:高等教育出版社,2007:215.

对教师提出了极高的要求。教师要满足学生中的个别要求,并且引导学生理解生活的意义,还要保护学生的身心健康。巴格莱认为,教学属于艺术创造,教师应更加积极地关注学生,同时要富有热情和感染力,并对人类文化遗产有良好的鉴赏能力,能将生活的意义和遗产编织到学生的学习生活中去。在强调教师作用的同时,巴格莱还认为,教师应当提高自身的修养。

### 二、科南特

#### (一) 生平活动

詹姆斯·布赖恩特·科南特(James Bryant Conant,1893—1978)是美国著名的化学家和教育家。科南特是要素主义教育理论的主要代表人物之一,曾任美国哈佛大学校长,也是颇具影响力的外交家和教育评论家。科南特于 1893 年 3 月 26 日出生于马萨诸塞州的多尔彻斯特。1913 年在哈佛大学获得文学学士学位。1916 年获得哲学博士学位后,留校任教,1933 年任哈佛大学校长,在哈佛主政达 20 年之久。1955—1957 年出任美国驻西德的首任大使。[①] 1957 年后在卡内基财团支持下,对美国的公立中学、师范教育和贫民窟黑人的教育进行深入调查,并提出了许多具体的改革建议,发表研究报告《今日美国中学》(1959)、《贫民窟与郊区:评大都市的学校》(1961)、《美国师范教育》(1963)。这些报告成为美国 60 年代教育改革的指导性文件。除此之外,科南特主要的教育著作还有《教育与自由》(1953)、《知识的堡垒》(1956)、《综合中学》(1961)等。[②]

#### (二) 教育思想

##### 1. 重视普通教育

美国的普通学校在进步主义教育的影响下强调实用知识与能力,将培养学生适应生活作为学校的主要目标,从而忽视了系统的学科知识传授,导致学生基本的科学和人文素养的缺失。作为一位科学家,科南特深谙科学精神和基础文化素养对未来职业和美国社会发展的重要性,因此,重视普通教育成为科南特教育思想中的一个核心要素。所谓的普通教育是相对于专门的、职业的、实用的和技术的教育而言的,是赋予人们生活中所必需的各种知识、能力、思想、信念、修养等素质的教育。学生若要在未来成为合格的社会公民和职业劳动者就必须接受普通教育。科南特强调,普通教育的根本目标是使年轻人深刻理解并继承西方文化和制度,发展他们的智力,即为自由社会培养公民。科南特认为,即使学生具备数学、物理、化学和生物等方面的扎实基础,但仍然缺乏自由社会的公民所需要的扎实教育背景,因为这样的课程与人类个人的情感和人类群体的实践经验缺乏联系。他认为普通教育的课程应该"包括西方世界最重要的名著以及读、写、思考和谈话的艺术,还有作为人类的推理过程最好典范的数学"。

普通教育所需要的资源蕴含在历史、哲学、文学和艺术等充分体现西方文化的学科中。为了使学生获得普通教育,科南特强调将普通教育学科以公共必修课的形式在学校中确立下来。科南特在《今日美国中学》中提出了一份高中四年适用的"普通教育的

---

① 黄志成主编.西方教育思想的轨迹——国际教育思潮纵览[M].上海:华东师范大学出版社,2008:67.
② 单中惠主编.外国教育思想史(第 2 版)[M].北京:高等教育出版社,2007:216.

文理课程计划"。这份计划具体包括：4 年英语；3 年或 4 年的社会研究课——其中包括 2 年历史（应有一门美国史）和毕业班学的"美国问题"或"美国政府"课程；1 年的数学；至少 1 年的自然科学，最好设生物或普通物理。这份课程计划要求学生在 4 年内学完成。其中，有 9 门或 10 门课程应布置家庭作业，不管学生的选修课计划如何，作业都应该占大多数学生一半以上的学习时间。[①]

### 2. 倡导天才教育

在高度竞争的工业化社会，国家需要丰富的人力资源参与国际竞争。同时，科南特生活的时代，正值资本主义与社会主义阵营对立，美苏争霸激烈之时。由此，科南特特别鼓励在中学阶段培养擅长文理科目的学生，积极倡导天才教育。一方面，从个人教育来说，错过了中学阶段很多天赋教育就失去发展的机会，这相当于关上了学生的许多智慧之门；另一方面，从国家角度来看，占全体学生 15% 的擅长文理科目的学生是未来各种专业人才的中坚力量。为了国家利益着想，也应该尽量早地开发学生宝贵的潜能。

科南特认为，在学生群体中，大约有 3% 的学生属于有高度天赋的学生或者说天才。他提出了衡量一所中学天才教育的 3 条标准：一是在整个中学高年级（9—12 年级）必须激发学生的理智、好奇心和学习兴趣，使学生充满探索科学的热情；二是引导学生把理性分析、价值观以及解决复杂的现实问题三者结合起来；三是培养学生良好的学习、工作习惯，培养他们从事艰难脑力劳动和科学探索所必需的能力与态度。为了鼓励激发学生的潜能，科南特倡导在学校中鼓励"竞赛精神"，教师则要做好工作，因材施教。

在《今日美国中学》中，科南特为有文理学科天赋的学生制定了最低的课程标准，具体包括：4 年英语；4 年数学；4 年外语（一门）；3 年科学；3 年社会科学。学生在 4 年内共需完成 18 门课程，再加每周至少 15 小时的家庭作业。除了这些学术性课程，他们还要修习艺术、音乐或实践科目。在学术科目的学习中，每个学生只有获得 C 等及 C 等以上的成绩才可以开始学习高一级的相应科目。[②]

### 3. 提倡综合中学

综合中学是美国中等教育的独特创造。所谓"综合"是相对于"专门化"而言的，它区别于那些实施职业教育的中学，以及那些在选拔基础上招生和只设文理课程的中学。科南特坚信综合中学是美国追求民主与平等精神的结晶，它促进着美国民主与平等精神在社会上的传播。由于一个社区内所有的青年都在同一教育机构中接受教育，因此，能力、兴趣和职业目标各不相同的人可以在接触中增进相互之间的理解、做到互相尊重，从而增加社会凝聚力，巩固美国的民主制度。[③]

综合中学面向一个社区内的所有青年实施教育，因此，它同时承担着中等教育的 3 种职能：（1）为全体学生提供良好的普通教育，开设所有学生必修的共同核心课程，为民主社会培养合格公民；（2）在 11、12 年级为准备就业的学生开设选修的职业课程，为他们就业作好准备；（3）为有才能的学生开设学术科目，使这些学生能够升入学院或大

---

① 单中惠主编.外国教育思想史（第 2 版）[M].北京：高等教育出版社,2007：217.
② 单中惠主编.外国教育思想史（第 2 版）[M].北京：高等教育出版社,2007：218.
③ [美]科南特.科南特教育论著选[M].陈友松主译.北京：人民教育出版社,1988：91.

学深造。

为了使综合中学能够更好地发挥上述三方面的职能,科南特提出了一些具体的改革建议。为了使学生制定适合自己的个别化修业计划,应该建立学生辅导制度。每250—300 名学生应该设立一名专职指导员。其职责是根据学生的学业成绩和能力性向测验,为学生和家长提出建议,帮助学生制定符合其能力和兴趣的选课计划。为了使教学适合学生的个别差异,科南特强调在中学按学科实施能力分组教学。他的具体建议是:每门主要学科至少分为上中下三个组,学生可以根据自己的能力在相应组内学习。同一名学生,可以在上等组学英语,在中等组学历史或数学。按学科进行能力分组包括两种情况:一是各组采取不同的课程标准和教学目标;二是各组的必修课程虽标准相同,但教学方法与进度不同。[①]

## 第三节　要素主义理论的教育主张

### 一、教育目的

要素主义认为,尽管宇宙的现象和社会的现象变化多端,但人类文化的价值具有永恒性和客观性,在人类的文化遗产中有着"各式各样的最好的东西",即共同的、不变的文化要素。学校的主要任务就是把这些共同的文化要素传递给青年一代。这些共同的文化要素,是指社会的宝贵遗产,包括自然科学、社会规范、道德规范、纪律、习惯等。[②]他们十分强调知识的作用,认为知识是愚昧的反面,只有知识才能保证人们成为可以掌握自己与环境之间秩序的"理性的主人",并发现自己的目标和达到这个目标的手段,从而完善自己。

因此,要素主义者认为,教育目的体现在两个方面:一是教育目的宏观方面,教育就是传递人类文化遗产的要素或核心,只有掌握了文化,人才能够准确地预见各种行为方式的后果,从而达到他期望达到的目的;另一个是教育目的微观方面,教育就是帮助个人实现理智和道德的训练,因为这对于个人理智和人格的和谐发展是十分必要的。[③]要素主义者认为,教育的目的就是为了促进社会的进步,这就必须通过理智和道德的训练来保护文化遗产。文化是人类共同努力、分工协作的结果。人类只有接受文化,才能避免堕落和毁灭;人类只有继承文化遗产,才能使之发扬光大。[④]

要素主义者把这两方面视为教育的首要目的。至于教育应该达到的其他方面的目的,他们的意见就各不相同了。有些要素主义者认为,教育所涉及的仅应是文化遗产的传递和智力的训练,另一些人虽肯定传递文化遗产和智力训练的优先地位,但也允许像身体的健康、情感的健康、就业能力和业余爱好等这样一些第二位的目的的存在。[⑤]

① 单中惠主编.外国教育思想史(第2版)[M].北京: 高等教育出版社,2007: 219.
② 张斌贤,褚洪启等.西方教育思想史[M].成都: 四川教育出版社,1994: 669.
③ 黄志成主编.西方教育思想的轨迹——国际教育思潮纵览[M].上海: 华东师范大学出版社,2008: 68.
④ 黄志成主编.西方教育思想的轨迹——国际教育思潮纵览[M].上海: 华东师范大学出版社,2008: 69.
⑤ 张斌贤,褚洪启等.西方教育思想史[M].成都: 四川教育出版社,1994: 670.

## 二、教育内容

从唯实论出发，要素主义者承认世界本身有绝对价值，人能够通过理智活动获得真理，而真理就表现为文化遗产，在文化遗产中存在的永恒不变的共同要素是"知识的基本核心"。要素主义认为学校教育的主要内容就是继承传统的"文化遗产"。

要素主义与进步主义一样，认为教育应使个人实现他的潜在能力，但要素主义者又指出，这种潜在能力是在不以人的意志为转移的客观世界中实现的，并且个人必须服从这个世界的规律。儿童上学的目的是要如实地认识世界，要素主义者强调种族经验或社会遗产比个人经验更为重要，因为社会遗产吸取了千百万人对付环境的智慧，这种经受过历史检验的经验远比个人的知识更有意义。所以，要素主义者认为教育内容应以间接经验为主的、预先规定的教材为主。[①]

需要说明的是，要素主义者所讲的并不是完全脱离现实世界的"社会遗产"。正如坎德尔所说："由于环境本身带有过去的印记和未来的种子，为了使学生认识社会遗产，把它们引进周围世界，并且为未来作好准备，课程就一定要把这些知识和见闻包括在内。"[②]他们认为让学生获取少量的直接经验也很有必要，可将之作为吸取与掌握间接经验的心理与认识基础。但间接经验应成为教育内容的核心，因为它包括人类在全部历史中积累起来的关于世界及人本身的科学知识，人类自己创造的艺术与思想成果和已经在社会发展中确立起来的道德规范、伦理原则、纪律、习惯等代代相传的社会遗产和不变的传统价值。《一个要素主义者促进美国教育的纲领》中指出："有效的民主要求文化上的共同性，在教育上这意味着要使每一代人拥有足以代表人类遗产最宝贵的要素的各种观念、意义、谅解和理解的共同核心。"[③]总之，在要素主义者看来，人类文化中的共同要素应该成为教育的内容。

## 三、教育实施

### (一) 关于课程

要素主义是一种保守的教育思想，它的兴起是对进步主义教育的一种反映。要素主义教育强调学科中心与教材的逻辑组织，反对进步主义"从做中学"的活动课程，认为它打破了学科之间的界线，同时也打破了各门学科自身的逻辑组织。要素主义者认为，学校的课程应该给学生提供分化了的、有组织的经验，即知识。而给学生提供分化了的、有组织的经验的最有效能和最有效率的方法就是学科课程。学科课程的一个主要特点就是，它是由若干门学科组成的，而每一门学科都有自己特定的组织，这样，每一门学科及其发挥的智力训练的作用就能够得到充分的发挥，不致造成活动课程那样的相互混淆以致削弱课程效果的现象。

1. 把人类文化的"共同要素"作为学校课程教学的核心

要素主义教育在其课程目标的指导下，在课程内容选择、课程设置上主张以"共同

---

① 张斌贤,褚洪启等.西方教育思想史[M].成都:四川教育出版社,1994:671.
② 转引自陈友松主编.当代西方教育哲学[M].北京:教育科学出版社,1982:90.
③ 华东师范大学教育系.现代西方资产阶级教育流派论著选[M].北京:人民教育出版社,1980:158.

的不变的文化要素"为基本原则。这就需要精心选择,把共同的文化要素抽取出来组织成教材来向学生进行传授,这些共同的文化要素组成了教材的核心。巴格莱强调说:"包括这些要素在内的一个含有各门特殊学科的教学计划应当是民主教育制度的核心。"他们还认为,学校必须重新审查他们的课程计划,保证让学生学到基础知识和基本技能。因此,在 20 世纪 60 年代的美国教育改革中,要素主义者特别强调"新三艺"(即数学、自然学科和外语)。

在要素主义者看来,课程的核心必须是"要素"。小学学习的要素是阅读、说话、写作、拼音和算术,以及以后的历史入门、地理、自然科学、外语(通常是拉丁语、希腊语、法语和德语),还有其他一些社会学科,它们总是以单独的科目或学科形式来教授的,次一等的要素则是艺术、音乐和体育。在中学则把小学的各门要素加以扩大,使之更专门、更精深,例如算术变成数学(代数、几何、微积分),自然科学变成物理学、化学和地质学,中学次一等的要素是艺术、音乐、体育,此外还有职业科目和业余爱好的科目。要素主义者一般认为,课程应当包括那些经受时间检验并已被证明为对民主社会具有价值的科目,那些与人的生活环境、自然规律以及人的幸福和良好生活密切相关的科目在课程中理应占有重要地位。在中等教育中,各种形式的课外活动,像学生社团、体育运动、乐队或合唱队都可被允许,但并不是重要的。[①]

2. 课程设置的三大原则

基于要素主义者的课程标准,他们要求课程内容选择要坚持以下三个原则。

第一,课程内容必须有利于国家和民族。巴格莱严厉批评了当时美国的"课程改革运动",认为当时的课程改革理论从来没有认识到国家或民族与学校教学的内容有着一种利害关系,因而实际上否定了在全国人民的基础文化中特别是在民主社会中所需要的共同要素。他认为课程设置必须考虑到"要素主义教育的第一要素",就是"保卫并强化美国民主的理想"。

第二,课程内容要具有长期目标。要素主义者认为,种族经验之所以比个人经验重要,就在于前者吸收和囊括了千百人应付自己周围环境的经验,经受了长久时间的历史考验,具有永久的价值,它对于个人的生活是极有益处的。

第三,课程内容要包含价值标准。要素主义把课程内容的共同要素分为四个方面。(1)学习习惯和基本技能。(2)知识,包括观念、概念、含义、事实、原理、理论假说。(3)理想或情感化的准则。(4)态度,包括理论观点、顿悟、兴趣、忠诚等。

**(二)关于教学**

1. 教学即心智的训练

要素主义者注重心智的训练,他们认为进步主义倡导的问题教学法或设计教学法固然有可取之处,但无普遍的适用性,它可能将学生的注意力引向一些具体问题,而忽视了对知识的掌握。巴格莱认为教育的最高目的就是进行心智的训练,知识的掌握本身既是对文化遗产的掌握,同时也是心智训练的途径和具体内容。教学的方法应该是促进理性的活动,注重理性的训练,从而培养学生养成系统推理的习惯,否则就不可能

---

① 张斌贤,褚洪启等.西方教育思想史[M].成都:四川教育出版社,1994:672.

有学术性的学习。当代要素主义者贝斯特在其《教育的荒地》一书中集中论述了严格训练理智的问题。他指出,在科学知识教育之外,还要加强心智的训练,他说,"真正的教育就是智力的训练","愚昧是一种障碍,而经过训练的智慧乃是力量的源泉"。

要素主义者认为,心智训练乃是对儿童具有积极意义的、有效的智慧、情感方面的陶冶。只有经过心智训练的人,才能对他自己的生活进行理性的思考、作出理性的决定并采取相应的行动;只有经过心智训练的人,才能够理智地分析环境而不是简单地适应环境。因此,要素主义者要求学生刻苦学习,专心致志,严格学业标准;在教学中不排除灌输,认为教师要机智地运用奖励和惩罚的手段,以创设良好的学习环境。

2. 强调"记忆"的"传授式"教学方法

要素主义教育认为,学习的目的就在于"接受",教育过程就是接受规定教材、种族经验和遗产的过程。这就决定了要素主义的教学方法只能是"传授式"、"注入式"的,教师在教育过程中处于中心地位,将知识按照逻辑组织向学生传授,学生只是被动地接受这些"文化要素"。同时,要素主义者比较强调记忆的作用,因为社会遗产是历史的东西,有些材料具有目前的价值,对当前的社会有可能产生影响,而有些材料只能在将来发挥作用。为了实现长远目标,就必须将它们长期储存在大脑中。因此,在教学中必须向学生指明一定的学习领域,在这些领域中有些知识是只能通过有目的的记忆才能获得的,所以记忆是必不可少的。但他们所说的一般是指理解性记忆,他们认为对于概念的深刻理解高于一般的死记硬背。[1]

3. 提倡学生"努力学习"

要素主义者认为,为了接受社会遗产,就要进行严格的智力训练,与进步主义的"兴趣学习"相对,他们提倡"努力学习",主张学生学习要刻苦努力、专心致志。要素主义者并未全盘否定进步主义的学习理论,他们承认学生的兴趣和能力是学习成功的重要条件。在兴趣的问题上,要素主义与进步主义的最大分歧在于如何看待兴趣。要素主义者并不否认兴趣也能引起足够的努力和刻苦精神,但他们认为,比较高级、比较持久的兴趣并不是在一开始就能被感觉到的,学习者往往要通过长期刻苦的努力才能发现它们。

除此之外,学生的直接兴趣还需要由教师加以引导和改造,所以重要的是通过努力学习而激发出的对学习本身的兴趣。例如,就学习外语而言,除非初学者从一开始就认识到外语对日常生活有即时的价值,否则就会感到索然无味。在这种情况下,只有让学习者对学习本身产生兴趣,才能使学习继续下去。

此外,要素主义者认为,应努力发展学生自我控制、自立和自戒的能力。人必须而且能够使自己的眼前欲望服从于长远目的,如果不鼓励儿童这样做,那么就会阻碍他们充分发展自己,要"服从"就需要约束及控制自己。这些能力往往是通过艰苦的锻炼得来的。在正常情况下,它是受外部纪律约束的结果,所以,学生必须理解适当的权威价值和成人的指导,应自觉地服从教师所强加给他们的纪律。[2]

---

① 张斌贤,褚洪启等.西方教育思想史[M].成都:四川教育出版社,1994:674.
② 张斌贤,褚洪启等.西方教育思想史[M].成都:四川教育出版社,1994:676.

### （三）关于教师

**1. 教师处于教育过程的核心地位**

在要素主义者看来，学生学习的目的全在于"接受"。教育过程就是接受规定材料，接受种族的经验和遗产的过程，考试就是测量一个学生所接受和记住的知识量，就是判断一个学生的心灵接受实际的完整性及正确性程度。他们认为，教育过程中的主动性在于教师而不在于学生，教师应该处于教育过程的中心地位，教师应该成为学生心目中的专家、权威。

教师要使学生明白：教育的任务不是"创造"真理，而是"发现"真理。教师要设法引起学生观察现实并"发现"真理的愿望，因为组织儿童学习活动的是教师；在教室里使学生遵守纪律，维护严格的价值标准，为学生提供有益于学生学习的优良环境的也是教师。只有在教师的指导和控制下，儿童才能充分实现人类所具有的潜在能力。要素主义者认为，教师应该拥有较大的权威，要用教师的权威去对儿童进行严格控制。[①]

**2. 教师应当具备相应的能力**

要素主义者把教学看作知识、技能、价值标准的传授。教师是社会的代理人，其主要任务是保证延续性。教师是理智的模范，是有文化遗产学识的模范，是传统社会价值标准的模范。教师应该反映社会过去和现在最好的东西。因此，要素主义者对教师也提出了较高的要求，正如布里克曼（William Brickman）在谈到要素主义时提到的："要素主义把教师放在教育这个大千世界的核心地位。这种教师必须受过通才教育，具有有关学习领域的广博知识，对儿童心理学和学习过程有深刻理解，有传授事实、知识和理想给年轻一代的能力，能正确评价教育学的历史——哲学基础，并且忠诚于自己的工作。"[②]

因此，教师必须忠诚于自己的工作，他既不能任意支配学生，又不能让学生放任自流。教师对自己的工作必须具有创造性，擅于营造一种适当的课堂气氛，成为学生学习的推动者。这就要求教师具有相当的学术水平，掌握有关学习领域的广阔知识，对于儿童心理学和学习过程有深刻的理解，熟悉学生成长和发展的本质；通过他自身的经历来激励学生，并运用奖惩来控制学生。此外，教师还必须感情稳定，具有将事实、知识和理想传授给年轻一代的能力。[③]

### 四、教育评价

在要素主义者看来，用来测量学生是否可以升学及毕业的标准就是要求学生"再现"客观世界的内容，即掌握的知识和需要记住的事实。因此，考试可说是测量一个学生所接受和记忆的知识量的最佳方法。要素主义者针对当时美国教育的状况，提出应对学生的学业成绩进行严格的考试，以此作为升级、留级的标准。贝斯特在《教育的荒地》一书中指出，"按照可能达到的最好的效果"来衡量教育效果，这是衡量教育成就的"唯一有效的办法"。他认为低目标等于无目标，会带来民族灾难。科南特也主张提高

① 黄志成主编.西方教育思想的轨迹——国际教育思潮纵览[M].上海：华东师范大学出版社,2008：70.
② 转引自陈友松主编.当代西方教育哲学[M].北京：教育科学出版社,1982：89—90.
③ 张斌贤,褚洪启等.西方教育思想史[M].成都：四川教育出版社,1994：678.

评定成绩的标准,认为应严格执行升留级制度,劝那些没有能力继续学习学术性学科的学生自动放弃其学习。[1]

## 第四节　要素主义理论评价

### 一、要素主义教育思想的特点

要素主义教育立足于美国社会与教育现实,提出了很多客观而中肯的改革建议,对美国的教育政策产生了巨大的影响。要素主义教育思想概括起来,具有以下五个主要特点。

(一)要素主义教育思想强调继承和发扬教育上的智力训练的传统。要素主义教育家认为,学校不应是生活适应或职业训练的机构;学校应该把智力训练放在学校教育工作的首位,其他所有活动只能在学校特有的智力训练框架内进行,离开了智力训练,学校就不再是一个有普遍社会影响的机构。

(二)要素主义教育思想强调严格按系统性、逻辑性、学术性要求设置学校课程和制定教学计划。要素主义教育家认为,教学过程中向学生提供的基础知识方面的严格训练比关心学生的个人经验、实际活动和眼前需要更为重要。实用主义教育提出的"做中学"没有普遍的意义。学生必须吸收规定的教材,重视读写算、数学、自然科学、哲学和历史等基础科目的学习,不允许用"附带的"学习理论作为教材和课程设计的依据。

(三)要素主义教育思想强调教师在教育和教学过程中的核心地位,反对"儿童中心主义"。要素主义教育家认为,文化的"共同要素"主要应通过教师控制下的各门学科的教学去实施。学校应该限制学生自发的通过经验的"非正式学习",不能只强调学生的个人兴趣和自由,而轻视对刻苦、坚毅、专心等品质的培养。为确保每一个学生都能受到最基本的智力训练,学校应该完善纪律、坚持学业标准、严格考核制度并重新组织师资培训工作等。

(四)要素主义教育思想鼓励智力上的竞争,主张实施"天才教育"。要素主义教育家认为,学校应该把注意力放在培养最好的学生上,确保每一个才智卓越的青年受到高深的教育。普及教育和教育机会均等的原则不能以牺牲高标准的教学和对精英人才的培养为代价。

(五)要素主义教育思想具有很强的现实感。与其他教育思想流派不同,它从形成之初起就是一个有组织和有纲领的运动,针对现代美国教育存在的各种弊病,寻求解决问题的出路。它直接植根于美国社会的实际,试图通过教育上的改革为摆脱政治和经济的困境服务。因此,要素主义教育家提出的教育策略和教育主张受到了政府的重视,其中有一些甚至被采纳为国家的教育政策。[2]

---

① 张斌贤,褚洪启等.西方教育思想史[M].成都:四川教育出版社,1994:677.
② 单中惠主编.西方教育思想史[M].北京:教育科学出版社,2007:531.

## 二、要素主义的影响与不足

要素主义产生与发展的机遇来源于美国受到的重大挫折,产生于经济危机与冷战时期,要素主义教育立足社会现实和教育实际,对主导美国教育近半个世纪并在国际上产生广泛影响的实用主义教育提出了有力的挑战。在反思与批判的基础上,要素主义极度重视人类文化遗产对教育的重要性,重视教师的权威与课程教材统一的价值,这对改变当时教育的软弱无力状况,纠正实用主义教育导致的学校管理松散、教育质量下降等现象起到了一定的积极作用。[①] 要素主义教育家不失时机地提醒美国人必须保持头脑清醒,并克服传统的狭隘眼界和孤立主义,提出必须将学校教育的目标加以限定。在他们看来,学校唯一要关注的目标是高深的教育,而不是在教育方法上进行花样翻新。[②]

20 世纪 50 年代末 60 年代初的教育钟摆回到了 19 世纪 80 年代。美国教育界积极推行天才教育和数学、科学、外语"新三艺",提倡"恢复基础",推广"科南特学校模式",改革示范课程,这些对美国经济和科技的发展以及军事力量和国际影响力的加强都起到了一定的推动作用。其做法和结果对欧洲各主要资本主义国家以及苏联的教育改革运动也产生了一定的影响。[③] 1958 年《国防教育法》的颁布和实施具有非同寻常的意义,应该说,它与要素主义教育家多年来对美国教育、特别是对美国公立学校的批评,以及这种批评所产生的广泛的社会影响有直接或间接的联系。

要素主义教育思想在美国国内也受到了一些社会人士的攻击,要素主义教育也不可避免地存在一些严重不足。

第一,关于学习人类文化共同要素的思想缺乏科学依据和哲学基础。要素主义教育家虽然提出了要素的思想,但没有进一步阐述如何在浩瀚的文化背景下确定基本的要素,也没有提出明确的原则。所以要素教育只是一个设想而已,其中的许多观点无法付诸实践。

第二,要素主义教育思想片面强调教育应以智力训练为基础,强调学习者的认知发展,没有考虑或较少考虑学习者的个别差异,因而不可能为适应各种学生能力水平的公共教育制度服务。另外,要素主义教育在提出天才教育的同时,对没有天赋接受天才教育的人提出了另一种培养目标:使其成为熟练的工人。这在一定程度上会扩大教育的不平等性。

第三,要素主义教育家们强调教师的权威,提出应该把教师"放在教育体系的中心",这虽然有助于纠正实用主义造成的偏差,但是他们又走到了另一个极端。他们片面强调书本知识,轻视学生的实践活动,注重教师的权威和"中心"作用,忽视学生的自主性在教学中的价值,认为学生的自由只能作为教学过程的目的,而不能被当作手段。这在很大程度上压抑了学生的积极性与创造性,于教育、教学效率的提高有碍。

第四,要素主义教育家强调学习者应最大限度地掌握科目内容,他们对学科知识的

① 黄志成主编.西方教育思想的轨迹——国际教育思潮纵览[M].上海:华东师范大学出版社,2008:71.
② 单中惠主编.西方教育思想史[M].北京:教育科学出版社,2007:542.
③ 张斌贤,褚洪启等.西方教育思想史[M].成都:四川教育出版社,1994:679.

偏好使其忽视了对其他知识的补充。另外,他们注重的是教师的"教",忽视了学生的"学",忽略了学习者的动机和情感发展,学生在面对以知识为主的课程时缺乏兴趣,填鸭式教学法也挫伤了学生学习的积极性。

### 三、对我国教育的启示

#### (一) 理性对待知识教育

要素主义在美国的教育实践为我们的课程改革敲响了警钟,具有借鉴意义。在改革中不能盲目地追求重要学科知识的获取,同样应该看到其他学科要素的重要性,看到要素之间互相促进的关系。此外,要从深层次认识要素主义,完全摒弃探究活动、对学科知识的过分强调当然不利于促进学生的发展,但是学生掌握学科知识的确有利于其自身知识的系统化。知识教育是教育实践中最重要的部分,是核心和基础。对知识教育的理解应该保持理性,不能因为其所存在的一些问题,而全盘否定,或者取消其主要地位。

在中国当前的基础教育改革中,"自然主义"和"形式教育"的思想占据了支配的地位,"儿童训练"和"能力训练"成为指导教育教学改革模式的主要原则,其结果是知识的掌握被弱化了,知识与整个教育的关系更是没有能够得到认真的探讨,这对我们整个教育教学改革事业是非常不利的,因为,新世纪新实践并不是不要知识,而是需求更加强烈、更加全面的知识。中国要发展,必须理性对待知识教育,不可舍己取彼,降低对学校教育中教师传授知识、学生获取知识的重视程度,否则,必将走入更大的误区。

#### (二) 重视人类文化核心要素的学习

要素主义教育观也有很多我们需要发扬的地方。比如,传承和弘扬民族文化,强调对人类精神遗产的继承。巴格莱认为,教育的一个核心价值是:"在民主社会里,尽可能使文化中共同性因素部分提高,使民主社会中绝大部分人群都有共同的思想、共同的理解、共同的准则、共同的精神,最终使群体产生集体思维和集体决策,并且尽可能达到最高标准。"[①]在经济全球化背景下,如何保持内在文化基因及传统成为重要内容。我们看到新课程的培养目标着重要求"应体现时代要求,要使学生具有爱国主义、集体主义精神,热爱社会主义,继承和发扬中华民族的优秀传统和革命传统"。可见,民族精神作为"共同的不变的文化要素",在我国教育中处于极度重要的地位。

这对我国的基础教育改革有一定的启发意义,即既要注重知识对学生现实生活的实际效用,也应重视学生对可以作为背景的知识的学习。具体来讲,可以通过多种方式实现,如合理设置必修和选修课,重视人类社会发展过程中的多种文化下的教育,并注重对各个国家和民族的中心课程的文化融合,这些文化包括本国的主流文化、国内各民族的文化、世界各国各民族的文化等,而且,还要注重加深学生对自己所在的学校、社区和省市等微观文化的了解,注重人力和人文力量的作用等。当然,文化种类众多,内容庞大,不可能都让学生去掌握,因此在教育过程中要引导学生学习的是以人类文化核心要素为主的背景知识。

---

① [美]巴格莱. 教育与新人[M]. 袁桂林译. 北京:人民教育出版社,1994:107.

### （三）重视教师的教与学生的学

在学校教育中,教学是中心环节,这是不可否认的事实。教学,在人员上,由教师和学生组成,在过程上,由教和学两个因素组成。所以,学校教育要取得成功,必须重视教师的教和学生的学两个方面,缺一不可,而且,这两方面紧密联系、相辅相成,是不可分开谈的。正如当代要素主义所讲,学生如果没有教师的指导,将是一盘散沙,是无法在头脑中形成系统的知识结构的;在一片零散、凌乱的知识中,他们会迷失方向、不知所措。但不可否认的是,学生的主动探索和操作等活动确实有其不可取代的益处。

在我国新课程改革的过程中,由于新的教育理念的实施,许多人对传统的教学方式提出了批评,指出了问题,并提供了许多改革方案。教育要发展,就要根据社会的情况进行改革,这是必需,也是必要的。但是,一些学者和教师,片面理解新课程标准的要求,对"教师讲,学生听"、"教师问,学生答"和"教师演示,学生观看"、"教师出题,学生做题"的传统教学模式嗤之以鼻,倡导摒弃,认为新课程所倡导的动手实践、自主探索与合作交流才是主要的和应该坚持发展的。由此,课程安排上活动增多,在一些小学,有的课堂甚至全部都变成了学生活动,学生获得相关的知识要靠自己去探索和发现,学生自己提问题,再自己去寻找答案,自己操作学具,再自己总结操作的结论,看似轰轰烈烈,实际上收效甚微。

提倡培养学生主动探索的精神,并不是要忽略教师的讲授和指导作用,忽视传统教育的优势之处,淡化教师在教学中的指导作用,都将给教育带来无法挽回的损失。必须认识到,在新课程理念下,教师的主导性与学生的主体性并不矛盾,教师的指导作用和学生的主动探索应是相辅相成的,不是非要取谁舍谁,而是应该共同发展。[①]

## 主要参考文献

［1］单中惠主编.西方教育思想史[M].太原：山西人民出版社,1996.

［2］单中惠主编.西方教育思想史[M].北京：教育科学出版社,2007.

［3］单中惠主编.外国教育思想史(第2版)[M].北京：高等教育出版社,2007.

［4］张斌贤,褚洪启等.西方教育思想史[M].成都：四川教育出版社,1994.

［5］张斌贤主编.外国教育思想史[M].北京：高等教育出版社,2007.

［6］王天一,方晓东编著.西方教育思想史[M].长沙：湖南教育出版社,1996.

［7］黄志成主编.西方教育思想的轨迹——国际教育思潮纵览[M].上海：华东师范大学出版社,2008.

［8］[美]巴格莱.教育与新人[M].袁佳林译.北京：人民教育出版社,1994.

［9］吴式颖,任钟印主编.外国教育思想通史第九卷20世纪的教育思想(上册)[M].长沙：湖南教育出版社,2002.

［10］滕大春.美国教育史[M].北京：人民教育出版社,1994.

［11］王承绪,赵祥麟编译.西方现代教育论著选[M].北京：人民教育出版社,2001.

---

① 赵静.美国当代要素主义的知识教育观及其启示[D].华中师范大学,2009.

［12］侯威.要素主义教育理论研究［D］.东北师范大学,2008.

［13］赵静.美国当代要素主义的知识教育观及其启示［D］.华中师范大学,2009.

**思考题**

一、根据你对教育的理解,思考以下问题。并结合你的理解,归纳要素主义教育理论的基本观点。

1. 教育是强调努力还是强调兴趣?

2. 教育是强调学科还是强调活动?

3. 教育是强调种族经验还是强调个人经验?

4. 教育是强调教材的逻辑顺序还是强调教材的心理顺序?

5. 教育是强调教师主动还是学生主动?

二、有些人认为,随着信息时代的到来,要素主义作为一种强调稳定的教育哲学,已经不适应以计算机技术为主要特征的时代要求了。因为,对有关的事实和信息,只要敲击电脑键盘上的几个按键就可以很容易获得,因而更为重要的不是运用智力去积累信息,而是思考如何搜集并使用它们。你怎样看待这种批评的声音?

**聆听经典**

"人的行为是理性的,伴随着美妙的有条理的复杂性,向着他有机体所能达到的目标前进。"

——罗杰斯

"什么是学习?既然教学的目的是为了促进学,那么我们首先应该问问到底什么是'学'。我对这个问题很感兴趣。我想探讨的是真正意义上的'学',而不是将无助的个体牢牢绑在凳子上,再往他们脑子里塞满那些没有实际用处的、得不到结果的、愚蠢的、很快就会被忘记的东西。我所探讨的也是真正的学习——这种学习就是青少年在源源不断的好奇心的驱使下,不知疲倦地吸收自己听到、看到、读到的一切有意义的东西。"

——罗杰斯

"教育的本质是发现人的潜能,尤其是那种成为一个真正的人的潜能,教育要满足人的基本需求,强调向自我实现的需要发展。"

——马斯洛

20世纪60年代中期,美国社会动荡不安,各种社会问题日益严重,激起了学生对社会现实的强烈不满,造成学生对科学的日益冷漠和不信任。此时,美国民间与教育家们开始对各种社会问题进行反思。经过反思,他们认为学校压抑个性,是非人道的,学术至上的课程受到怀疑和指责。在这种形势下,人本主义的课程改革思想兴盛起来。这次教育改革注重个人的自我实现;课程结构方面反对学科中心课程,以"人的能力的全面发展"为目的;课程内容上提出"适切性"原则,即课程要符合学习者的兴趣、能力及需要,要与其生活经验和社会状况密切联系;课程结构的组织上注重"统合",打破教材界限,强调知识的广度而非深度,关心知识的内容而非形式;教学方法上倡导"掌握学习法",以情感影响为主,提倡在师生之间建立一种情感上的联系。

## 第一节　人本主义教育理论产生的背景

20世纪中叶,人本主义心理学的兴起为人本主义教育思想提供了心理学基础。人本主义心理学与行为主义学派、精神分析学派一起,共同构成了当代西方心理学的"三足鼎立"之势,被称为"第三股力量"。由于在行为主义心理学与精神分析心理学研究中存在着严重贬低人性和非人性化的倾向,因此到了20世纪60年代,美国心理学界出现了一场针对行为主义心理学与精神分析心理学的变革运动,即人本主义心理学运动。其正式形成的标志是1961年《人本主义心理学杂志》的创刊以及1962年美国人本主义心理学会的成立。人本主义教育理论的产生有着特定社会历史时期的时代背景并以人本主义心理学、精神分析、存在主义和现象学等心理学和哲学学说为理论基础。

### 一、社会历史背景
#### (一) 社会历史大背景
20世纪五六十年代的美国社会面临着来自国际、国内的多重危机。从世界局势看,随着苏联经济、军事实力的逐步增强,从50年代后期起,美苏争霸的格局逐渐形成,美国不得不对付来自苏联的重重压力。尤其是苏联于1957年发射了第一颗人造卫星,这使得美国社会极为震惊,民众开始担心国家安全。从美国国内形势看,这一时期的美国陷入越南战争的泥潭,民众对战争极为不满,同时,越战也加剧了美国内部的种族问题和民权问题。在内忧外患的困境中,美国社会的传统文化和精神信仰受到冲击。20世纪五六十年代的美国青年人被称为"垮掉的一代","披头族"、"嬉皮士"等文化流派开始在美国兴起和盛行,人们在怀疑和反叛中寻求精神家园。这一时期青少年吸毒、枪杀等社会现象大量出现,犯罪率上升,旧有价值标准崩溃,人们的精神陷入迷失,这些成为美国面临的新的社会和教育问题。这些社会问题引起了包括哲学、社会科学、心理学和教育等诸多领域在内的许多有识之士的思考。其中,人本主义者以人和人的生存状态为研究对象,探讨"人的本性是什么"、"什么样的人才是好人"、"什么样的生活才是幸福的生活"、"人的潜能与价值是什么"等问题,试图通过教育来孕育人性,通过教育来解决社会面临的种种问题,在众多理论中独树一帜,形成了一股影响深远的人本主义思潮。

### (二) 美国教育改革背景

近现代的美国教育改革呈现出"钟摆式"的模式。19 世纪末 20 世纪初,杜威针对传统教育的各种弊端,主张"实用主义"教育,在美国形成一股进步主义教育思潮。学校教育一改传统的"教师、教材、课堂"的三中心,而采用以"学生、经验、活动"为三中心的教育模式,重视学生的主动性和能动性。第一次世界大战后,美国人将这种认识抛却,回归到以教师为中心的要素主义教育,要求教育应满足社会需要,从而捍卫国家利益。学校教育推崇严格的系统的认知能力训练。20 世纪 50 年代后,"结构主义"运动兴起,教育取向被推向另一个极端。然而,主张智力发展的教育带来了种种弊端,包括认知学派的著名学者布鲁纳也指出,不应该过分强调学科的知识结构,而应更多地以美国社会所面临的问题为立足点来关注知识的学习。1957 年苏联人造卫星上天后,全美震惊,接着人们开始反思教育,要求强化学科教学,并且日益重视知识,忽略学生人格、情意方面的教育发展。这种教育受到人本主义学者和教育家的批判,他们在批判过程中提出的诸如教育重视人的价值和尊严、重视情感教育、重视个人幸福、应将个人价值作为教育的终极目的等教育主张深受美国民众的欢迎。[①]

## 二、理论基础

### (一) 心理学

人本主义教育理论建立在人本主义心理学的研究基础上。人本主义心理学崛起于 20 世纪 50 年代,它的主要思想起源于马斯洛(A. H. Maslow)与罗杰斯(C. Rogers)等人的心理学研究。精神分析和行为主义在为人本主义心理学的建立提供批判对象的同时也为其提供了有效的理论基础。

#### 1. 对精神分析的扬弃

弗洛伊德等人的精神分析学派对人本主义的主张产生了重要影响,这些影响主要体现在关于人性的讨论以及研究对象与方法上。

在对人性问题的讨论上,精神分析学派从生物决定论出发,主张人性恶。本我、自我和超我构成了统一的人格结构。三者受不同的原则支配,本我受快乐原则支配,自我受现实原则支配,超我则受至善原则支配。当三者关系协调时,个体心理处于健康平衡状态,当三者发生冲突时,个体心理就会发生紊乱,进而产生心理问题。而在这一结构中,真正发挥作用的是生物学意义上的本我,人受本能驱动。人本主义者对精神分析学说进行了扬弃,认为人性本善,具有各种潜在的美好品德,人的破坏性、攻击性行为是派生的和防御式的反应。此外,人本主义者承认人的自然属性,但与精神分析学说不同的是,以马斯洛为代表的人本主义者认为不能简单地在完全本能和非本能之间进行二分和取舍,并提出了介于本能与非本能之间的"似本能"概念[②]。

在研究对象和研究方法上,精神分析理论主要来自对精神病人进行治疗的临床实践,研究对象是精神病患者和心理病态的人群,分析材料也多是临床案例,所采用的方

---

① 何齐宗主编. 现代外国教育理论[M]. 北京: 高等教育出版社,2012: 6.
② [美]马斯洛等. 人的潜能与价值[M]. 林方主编. 北京: 华夏出版社,1987: 182.

法主要有自由联想法,利用潜意识、移情、自我等理论对日常生活和梦进行分析。人本主义则主张建立一个更为普遍的心理科学,研究适用于更广泛人群的自我实现问题①。与精神分析学派不同的是,人本主义者认为研究精神病患者和心理变态者虽然是必要的、有价值的,但却是远远不够的。并且,人本主义者主张用"健康潜意识"代替弗洛伊德的"病态潜意识",将心理学研究的对象从病态群体转向了心理健康的人群,并且在研究方法上,人本主义在吸收精神分析学派的方法的同时也对其进行了相应的改造。

2. 对行为主义的批判

在人本主义兴起之前,美国心理学界的主要流派是以华生为代表的行为主义流派。行为主义的观点和结论主要建立在动物实验基础上,无视人与动物的区别,所主张的人性论观点和教育观点均遭到包括人本主义心理学家在内的诸多人士的反对。

行为主义者持性恶论,对人性的看法也决定了其对教育的看法。行为主义者认为人是被动的,在师生关系上,应该树立教师的权威,教学应以教师为中心,重视学习的纪律和程序。在教学方法上,行为主义者认为教学是科学和理性的活动,可以采用行为科学将教学程序化、精确化、客观化和有效化,比如斯金纳设计的程序教学机器。在研究方法上,行为主义者采用一套严格的行为科学研究方法,或者说行为主义心理学就是一种以方法为中心的心理学,行为主义者试图将这种方法运用于人类社会的各个领域。与之相反的是,人本主义者认为心理学应该研究人,由动物实验提出的和验证的刺激反应假设否认了人的主观能动性,他们否定行为主义者所倡导的机械环境决定论。

**(二) 哲学基础**

人本主义心理学主张研究人的整体意识经验,研究人的尊严和价值,研究人的本性。存在主义哲学和现象学为人本主义的理论体系提供了很好的哲学基础。

1. 存在主义的影响

存在主义哲学是人本主义心理学的主要哲学来源,也是人本主义教育学的哲学基础。存在主义以 19 世纪丹麦哲学家克尔凯郭尔(Soren Aabye Kierkegaard, 1813—1855)为代表。克尔凯郭尔反对以黑格尔为代表的理性主义哲学,而主张以孤独的、非理性的个人存在取代客观物质和理性意识的存在。后经过雅斯贝尔斯(Karl Theodor Jaspers, 1883—1969)、海德格尔(Martin Heidegger, 1889—1976)、萨特(Jean-Paul Sartre, 1905—1980)等人的发展,存在主义逐渐成为西方哲学中重要的一支哲学流派。其中,萨特提出的"存在先于本质"这一主张影响深远。人首先存在,然后自由地创造出自己的本质。人有改变和塑造自己的能力,人性具有未完成性、开放性和无限可能性。在认识论上,存在主义并不排斥理性,但反对那种贬斥人的情感的理性主义,存在主义强调人的本能、欲望、情感、直觉等。同时,存在主义人格异化论强烈反对机械文明和理性主义的束缚,反对社会组织、社会制度对人的控制,努力争取个人解放和自由。将存在主义的观点运用到教育领域就是要充分重视学生的主体地位,认为学生具有自我实现的能力,教学是为了激发出学生自身的学习潜力,"教"是为了"学",教育的目的就是实现学生的自我发展,使学生的个性得到自由和完全的发展。

---

① [美]弗兰克·G·戈布尔.第三思潮:马斯洛心理学[M].吕明等译.上海:上海译文出版社,2001:2.

总之,存在主义的研究对象为个人的非理性存在,主张非理性主义的哲学方法,以人的存在意义作为研究的中心课题,强调人的个性、价值、尊严和自由选择,以建立一个"新人道主义"理论体系。人本主义者受存在主义的影响,这一影响甚至是根深蒂固的。以罗洛梅为例,对存在主义的深信不疑,使他相信心理治疗必须以存在为定向,在技术上也如此。另外,包括马斯洛和罗杰斯在内的人本主义学者都极其重视对人和存在感的研究,试图通过对人生意义的探索,开发人的自我选择和创造能力,从而发现人的存在价值。

2. 现象学影响

存在主义对人本主义的影响主要体现在本体论上,现象学对人本主义心理学的影响主要体现在方法论上。

现象学学派由 20 世纪初德国哲学家胡塞尔创立,是现代西方哲学中影响较大的一个流派。现象学以内在精神世界中的意识即"纯粹的意识"为研究对象,强调"面向事物本身",研究自明性的直观知觉,或者说意识的自我现象活动、过程及内容,即"现象"。现象学以经验为研究对象,坚持对经验如实描述,不作任何推测和解释,重视质的分析,强调质的分析先于量的统计,主张整体性原则,并且强调整体大于部分之和。后经格式塔心理学家的改造,现象学成为现代心理学中与实证论相抗衡的理论。马斯洛本人即是格式塔心理学方法论的师承者,罗杰斯倡导的患者中心疗法也以现象学为基础,主张先客观处理所获得的个体的各种复杂资料,再进行综合诊断和治疗。

基于特定社会历史环境和心理学、哲学思想的影响,人本主义心理学家形成了自己的一套理论研究架构。其主要观点有:第一,在研究对象上,人本主义心理学家认为心理学的研究对象主要是正常人的心理,应当区分人类与动物的不同心理特征,注重对人类复杂心理现象的研究;第二,人本主义心理学家相信人性本善,人本身具有无限的发展潜能,人人都有追求自我实现的内在动机,重视环境对人发展的影响,同时强调人的主观能动性;第三,强调人是一个完整的整体,对人的研究不能只从外在的行为来探索,而必须了解其内在的心理历程,重视人的主观体验;第四,重视人的个体差异,尊重个体心理的独特性。从教育观来看,人本主义心理学冲破了传统教育心理学思想的束缚,把尊重人、理解人、相信人提高到了教育首位,突出了学生学习主体的地位与作用。

## 第二节　人本主义教育理论的主要代表

### 一、马斯洛

马斯洛,全名亚伯拉罕·哈罗德·马斯洛(Abraham Harold Maslow,1908—1970),是人本主义心理学之父。头衔众多的马斯洛,不仅是人本主义心理学的主要发起者和理论家,也是美国社会心理学家、人格理论家和比较心理学家。他一生致力于人本主义心理学的研究,著作等身,主要著作有《人类动机论》(1943)、《动机与人格》(1954)、《存在心理学探索》(1962)、《宗教、价值与高峰体验》(1964)、《优质心灵的管理》(1965)、《科学心理学》(1966)、《人性能达的境界》(1971)等。他的主要思想对当代心理学产生了很大的影响,其中需要层次理论至今仍是人们津津乐道的话题。

## （一）需要层次理论

马斯洛的动机理论以其对人类需要的理解为依据。按照马斯洛的理论，个体成长发展的内在力量是动机。而动机是由多种不同性质的需要组成的，各种需要之间，有先后顺序与高低层次之分；每一层次的需要与满足，将决定个体人格发展的境界或程度。在马斯洛看来，人有多种多样的需要，需要的性质决定着动机的性质，需要的强度决定着动机的强度。然而只有一种或几种动机支配着行为，成为主要动机，此外，需要与动机之间并不是简单的对应关系。

在心理学上，需要层次论是解释人格的重要理论，也是解释动机的重要理论。马斯洛认为，人的需要主要有：生理需要（physiological need），即生存所必须的基本生理需要，如对食物、水、睡眠和性的需要；安全需要（safety need），包括一个安全和可预测的环境，它相对地可以免除生理和心理的焦虑；爱与归属需要（love and belongingness need），包括被别人接纳、爱护、关注、鼓励、支持等，如结交朋友、追求爱情、参加团体等；尊重需要（esteem need），包括尊重别人和自尊两个方面；自我实现需要（self-actualization need），包括实现自身潜能等。

## （二）自我实现

自我实现是马斯洛人格理论的核心。对自我实现的研究始于马斯洛大学期间对自己非常崇拜的两位老师的好奇。他想知道到底是什么促使两位老师如此卓尔不群，当他把两位老师的个性加以比较时，发现他们身上有着某种共同之处。这个发现让马斯洛振奋不已，并且开始了在其他领域的研究。

马斯洛将自我实现定义为不断实现潜能、智能和天资，完成天职或称天数、命运、禀性，更充分地认识、承认人的内在天性，在个人内部不断趋向统一、整合或协同动作的过程。[1] 也就是说，个体之所以存在，之所以有生命意义，就是为了自我实现。马斯洛对自己的学生进行抽样调查，并对历史上和当时仍然健在的著名人物，如斯宾诺莎、贝多芬、歌德、爱因斯坦、林肯、杰弗逊、罗斯福等人进行了个案研究，概括出了自我实现的人所共同具有的人格特征：对现实有更有效的洞察力且与之保持更适合的关系；对自我、他人和自然的接受；行为的自然流露；以问题为中心；超然的独立性；离群独居的需要；自主性；对文化与环境的独立性；意志；积极的行动者；体验的时时常新；社会感情；自我实现者的人际关系；民主的性格结构；区分手段与目的、善与恶；具有富有哲理的、善意的幽默感；创造力；对文化适应的对抗。

在马斯洛看来，自我实现的人是"不断发展的小部分人"的代表，然而，自我实现的人也并非是完美无缺的人，比如，他们会有固执、焦虑、自我否定、罪恶等心理困扰。但自我实现的人自我控制会比较好，比一般人更能自觉地弥补自身的不足，不断向完满的人靠近。

---

① 叶浩生主编.西方心理学的历史与体系[M].北京：人民教育出版社，1998：553.

### (三) 高峰体验

高峰体验是马斯洛自我实现理论中的一个重要概念。高峰体验是自我实现的短暂时刻，只有在生活中经常产生高峰体验，才能顺利地达到自我实现。马斯洛在阐述高峰体验时认为："这种体验是瞬间产生的，压倒一切的敬畏情绪，也可能是转瞬即逝的极度强烈的幸福感，或甚至是欣喜若狂、如痴如醉、欢乐至极的感觉。"①在高峰体验的时刻，人们沉浸其中，忘却烦恼甚至忘却时空的存在，很多人都声称自己在这种体验中仿佛窥见了终极的真理、人生的意义和世界的奥秘，好像是经过长期的艰苦努力和紧张奋斗而到达了自己的目的地。

在理解马斯洛的高峰体验理论时需要注意的是，这种体验与宗教迷信没有关系，高峰体验是客观存在的，在人类的知识范畴之内，并非神秘的事物。其次，高峰体验是自然产生的，大多数具有被动感受的性质，人必须能够做到听其自然，而不能靠意志力去奋力争取。另外，高峰体验可以在任何个体身上发生，不只是在特殊人群如神父、僧人、佛教徒身上会有，在一般人和心理存在病态的人身上也会发生。

## 二、罗杰斯

罗杰斯，全名卡尔·兰萨姆·罗杰斯(Carl Ransom Rogers，1902—1987)，是美国人本主义心理学家中对教育问题论述较为系统的人，是人本主义教育思想的主要代表人物，被称为"倡导自由呼吸的教育家"。他的主要代表著作有《问题儿童的临床治疗》(1939)、《咨询和心理治疗》(1942)、《当事人中心治疗》(1951)、《心理治疗和人格改变》(1954)、《论成为一个人》(1961)、《自由学习》(1969)、《卡尔·罗杰斯论会心团体》(1970)以及《80年代的自由学习》(1983)等。

### (一) 人格理论

罗杰斯的人格理论是其心理学理论体系的核心组成部分，主要来自他的心理治疗实践。罗杰斯认为，人天生具有某种心理倾向，相信人性善，人的本质是积极的、前进的；人天生就有自我实现的动机，而所有其他动机都是这种自我实现的不同表现形式。对人性中恶的部分，罗杰斯认为，恶的产生是受了经验和文化的影响，他谈起这部分内容时说道："文化的影响是造成恶劣行为的主要因素。生育的粗陋方式，婴儿和父母的经验混杂，教育系统的约束性和破坏性影响，财富分配的不公，对于不同于我们的人抱有的偏见……所有这些和许多其他因素一起使人的集体转到反社会的方向。"②

罗杰斯的人格理论对自我、自我异化、理想的人这些概念进行了重点探讨。"自我"指的是个人的独特思想、价值概念、知觉以及对事物的态度。个体在发展过程中，由于与环境的交互作用，会逐渐将"自我"与环境分化出来，形成自我概念。自我经由经验转化而来，受环境和经验的影响。罗杰斯认为，如果个体的经验与其自我实现的趋向相一致，他就会产生积极的体验，反之，则会产生消极的体验。罗杰斯还提出了"价值条件"的概念，认为如果个体的自我结构中充斥着价值条件，即个体将自己的行为是否能够得

---

① [美]马斯洛等.人的潜能与价值[M].林方主编.北京：华夏出版社,1987：336.
② [美]马斯洛等.人的潜能与价值[M].林方主编.北京：华夏出版社,1987：442.

到他人的认可和尊重作为标准,而不能按其本来的内在价值标准来行事,就会出现自我的异化。因而,价值条件的形成是个体心理发展过程中不幸的事,自我异化的出现在日后可能会导致心理障碍和精神病态。在罗杰斯看来,如果人的机能得以充分发展或者充分发挥,那么这个人就是"理想的人"。这样的人往往对经验更为开放,更加重视存在的生活,对自身机体的信赖会不断增加,并且更好地使机能充分发挥作用的过程。

### (二) 治疗理论

罗杰斯的心理治疗理论与方法被认为是他对心理学作出的最大贡献,其"患者中心疗法"成为人本主义心理治疗的重要内容,该理论及方法从治疗目标、治疗过程和条件等方面体现了罗杰斯的治疗观。

不同于以解决问题为目标,罗杰斯的治疗目标在于让被治疗对象发展积极的生活方式,增强人格整合,实现整体人格的变化和成长。罗杰斯认为,心理障碍的实质或原因是自我的异化,当事人疏远了自己的经验,将价值条件内化为自己的行为准则,而心理治疗的目的就在于帮助其改造自我,促进人格的整合,减少自我异化带来的矛盾。

要使治疗有成效,则在治疗过程中,治疗者和当事人之间需要有心理上的接触,治疗者必须真诚一致,"治疗者越是他自己,越是不戴专业面具或个人面具,来访者就越有可能发生建设性的改变和成长"[①],并且治疗者需要给予当事人无条件的积极关注,做到换位思考、将心比心、设身处地、感同身受。另外,与必须熟练地掌握和当事人谈话的技术的观点不同,罗杰斯主张"态度至上",认为良好治疗关系的形成,不在于治疗者的技术,而在于治疗者对当事人的态度。治疗过程中,治疗者应把注意力集中在真诚地倾听和感受,并如实传达自己的感受上,而不是关注自己的技术是否运用恰当。

### (三) 教育教学观

罗杰斯倡导自由呼吸式的教育,即 1956 年的人本主义教育理论,罗杰斯与斯金纳共同署名发表了《有关人类行为控制的若干问题——一篇专题讨论文章》,载于美国《科学》杂志上。该文就人本主义和行为主义在心理学的若干基本理论问题上的分歧进行了深入的论述,阐明了人本主义心理学的观点,并对教育领域的一些观念和实践产生了重要影响。

1. "教"和"学"——以学生为中心

在对"教"和"学"的看法上,罗杰斯认为真正的学习就是"青少年在源源不断的好奇心的驱使下,不知疲倦地吸收自己听到、看到、读到的一切有意义的东西"。[②] 教学的目的是为了促进学生的"学",教师最基本的任务就是让学生"学",让学生满足自己的好奇心,教学应"以学生为中心"。在这种教学观念下,学生拥有较大的自主权,学生自己制定学习目标,自己选择学习内容,自己确定学习方法,自我进行评价考核。这种观点的产生与罗杰斯的人性观密不可分。他认为,人性是积极的,个体体内蕴藏着丰富的自我实现的倾向,它使个体朝着富有建设性的方向发展,而最终成为富有自主性、能自由选

---

① 江光荣. 人性的迷失与复归: 罗杰斯的人本心理学[M]. 武汉: 湖北教育出版社,2000: 114.
② Rogers, C. Freedom to Learn for the 80's [M]. Columbus, OH: Charles E. Merrill Publishing Company, 1983: 41.

择、敢于承担社会责任的人。

罗杰斯指出每一个人都有一种内在的推动力量——自我实现的需要。罗杰斯主张必须相信任何学习者都有自我实现这一基本需要的能力,坚信学生能够发展自己的潜能,教师的作用只是促进学生的变化和学习,为学生个性的充分发展创造条件。基于此,罗杰斯认为教学的目标在于促进学习者的学习和变化,培养能够适应变化和知道如何学习的个性充分发展的人。在《当事人中心治疗》中,罗杰斯指出,学校要培养的是能从事自发的活动,并对这些活动负责的人;能理智地选择和自定方向的人;批判性的学习者,是能评价他人所作贡献的人;是能获得有关解决问题的知识的人;是能灵活地和理智地适应新的问题情景的人;是能自由地和创造性地运用所有有关经验的人;是能够灵活地选择处理问题方式的人;是能在各种活动中有效地与他人合作的人;不是为他人的赞许,而是按照自己的社会化目标而工作的人。

2. 教学理念——"有意义学习"和"非指导性教学"

罗杰斯以学习活动对学习者是否有意义划分出了两类不同的学习。一种是认知学习,这种学习只是脑力活动,没有个人情感的投入。比如,学习无意义的音节,这种学习是发生在"颈部以上"的学习,只与心智有关,而没有个人情感的参与。与认知学习相对的是人本主义心理学家所倡导的"有意义学习",其核心是"意义",是学习者的"全身心投入——不仅是智力而且是整个人的投入",学习者所进行的是一种"自主"的学习,其动机来自学习者内部而不是外部,结果由学习者自身来评价。与"有意义学习"相适应的就是"非指导性教学",它的基本原则是让学生自由自主地学习。在"非指导性教学"中,学生是学习的主体,教师是学习的促进者。

3. 师生关系——真诚融洽的人际关系

罗杰斯认为在传统的课堂中,师生之间形成的是一种工作关系,而没有建立起真诚融洽的人际关系。罗杰斯指出"真诚"、"接受"和"理解"是师生关系的三个方面,"真诚"即教师和学生要坦诚相见,不要有任何的做作和虚伪;"接受"即要求教师能够完全接受学生碰到某一问题时表露出来的畏惧和犹豫,并且接受学生达到目的时的愉快;"理解"即指教师要设身处地站在学生的立场上对其进行考察或认识学生的所思、所言、所为,而不是用教师的标准及主观臆断来对学生作出判断。

# 第三节　人本主义理论的教育主张

人本主义教育观是人本主义理论的重要部分,也是人本主义心理学在教育领域的具体实践和体现,人本主义者的教育主张突出体现在教育目的、课程与教学、道德教育、师生关系等方面。

## 一、教育目的

人本主义者批判传统教育的"非人"式教育,认为传统教育一味强调和灌输外在知识,而忽视了学生内在价值的实现。与"非人"教育针锋相对,人本主义者从人性善的假设出发,认为人具有各种潜在的美德,并且有自我实现的倾向,教育的主要任务就是最大可能地帮助人实现自我。

　　教育的终极目的,在马斯洛看来,就是培养自我实现的人,教育的根本目的在于开发人的潜能,完善人格,使之成为世界公民。他提出了"内在教育"论,主张教育的内在目的是使人的潜能得以充分实现,使人的人格得以健全发展。类似地,对罗杰斯而言,教育的目的则是培养机能充分发挥作用的人,即使学生成为学会如何学习和如何适应变化的人,他非常强调发现学习和自主学习,认为教育是一个发现自我、认识自我、理解自己的兴趣和需要的过程,是一种内在要求的活动而非外部强加的活动。马斯洛和罗杰斯两人在教育目的上的表述虽然各异,但实质上一致。

### 二、课程与教学

　　教育目的的实现最终都要以课程为载体,要通过具体的课程设置和教学实施来完成。人本主义课程被称为"人性中心课程",用以抨击 20 世纪 60 年代的"非人性化"的知识中心课程。在课程与教学方面,人本主义者的主张顺承教育要培养自我实现和充分发挥潜能的人的教育目的观,将以人为本的关怀贯彻到课程与教学的各个要素当中,具体来说体现在以下几个方面。

　　1. 课程与教学的目的

　　人本主义者认为学校课程与教学的目的在于满足学生个人自我发展和自我实现的需要。马斯洛根据动机与需要之间的关系,提出了经典的需要层次理论,即自下而上的生理、安全、爱与归属、尊重和自我实现的一般模式。正如马斯洛所说,"一个人能够成为什么,他就必须成为什么,他必须忠于自己的本性"。自我实现的两个基本条件是无条件尊重与自尊。自我实现者以开放的态度对待经验,其自我概念与整个经验结构是和谐一致的,能体验到一种无条件的自尊,并能与他人和谐相处。因此教师在教学过程中要尤其尊重学生,注重他们的需求层次。

　　2. 课程与教学的内容

　　在课程与教学的内容上,人本主义教育理论者认为教学不是单纯教教材,应让学生参与教学过程,因此课程内容应该密切配合学生的生活、要求、兴趣。学习者的心理发展、情感发展要与教材结构逻辑相符合。课程与教学的内容要强调人的情意发展和认知发展的统一,并且突出课程的情意基础。

　　人本主义者认为教师不仅要传授知识和技术,而且要为个体的人格解放与发展提供经验,促进儿童的人格成长及其自律性的建立,主张学校应设置并行课程和"整合"课程,一方面让学生接受系统的知识,另一方面探讨现实中直接面临的社会议题,由此让学校教育着眼于学生整体人格的发展。人本主义者还提出了详细的并行课程方案:课程 1,正规的学术课程及有计划的课外活动;课程 2,社会实践课程,这是一种突出"参与集体与人际关系"的课程,因此又称"人际关系课程";课程 3,自我觉醒和自我发展的课程(亦称自我实现课程)。

　　在上述并行课程的基础上,人本主义者认为学校课程应由三种课程整合而成:第一是知识课程,即理解和掌握自然科学、社会科学、人文科学知识的课程;第二是情意课程,即健康、伦理、游戏这一类;第三是体验课程,即借助知识课程和情意课程的统一,旨在实现整体人格发展的课程。

3. 课程与教学的过程

在具体教学过程中,人本主义者提倡有意义学习和学生自主自发式的经验学习。罗杰斯用"自发的经验学习"来描述他所提倡的这种学习类型。其特征是:它使整个人沉浸于学习之中——躯体的、情绪的和心智的;教学的方向来自学生;它使学生产生不同的行为和态度;根据学习者而不是根据教师的学习活动作出评价。另外,人本主义者认为相较于教知识,更重要的是通过教学让学生学会学习。在教学过程中,教师应该激励学生完成自我实现,有步骤地引导学生学习,并使其逐渐掌握技巧主动学习,增强适应性。

4. 课程与教学的评价

与传统教学评价方式大相径庭的是,人本主义者将评价作为人性指引的活动,评价对象主要是学生的认知、情意和心理动作的水平,而非知识的掌握记忆程度,且评价重视过程而轻结果,倡导学生的自我评价,评价方法多元化。具体的评价方法有:由学生提问,然后根据问题内容出试卷,学生参与评价;全班学生讨论课程结束时应达到的水平,并谈谈自己已达到的程度;师生共同评定每一个分数;学生进行书面自我评价,若与教师的评价有很大差异,师生间就进行讨论、商榷,共同确定分数。

## 三、道德教育

人本主义者认为道德也是人的一种基本需要,主张道德教育必须也要以人为本,德育工作者必须全面掌握和了解学生的思想发展状况与身心发展特点。人本主义者大多主张人是理性和自利的,但自利不代表自私。

人本主义的道德教育围绕"培养好人"和"造就良好的社会"两个基本议题开展。人本主义者认为,良好的社会与好人之间是互相依赖的关系,且一方为另一方的必要条件[①],亦即只有在良好的社会里才能造就出好人,只有好人才能造就出良好的社会。"好人"即能够自我实现的人;而"良好的社会",人本主义者指的是社会成员能够相互协作,共同获益的协同社会。而只有依靠道德教育才能实现这种协同,建立起协同社会。在马斯洛看来,这种社会的建立能够"超越自私和不自私的两极,超越自利与利他的两极",在高度协同的社会,美德会得到回报。这与我们的社会所推崇的做好事不图回报的传统道德观念形成对比。

## 四、师生关系

人本主义者的人性善论在他们所主张的师生关系上也有体现。学生的本性为善,是积极的和有建设性的学习者,教师不是至高无上的权威者,而应该是学生学习和成长的帮助者和促进者。教师应当顺其自然,采取非干预的态度,帮助学生认识自我,发现自我的潜能,促进学生的自我实现。人本主义者主张一种平等的、双主体的师生关系。好的教师是真实的,在学生面前可以坦然表达感情,可以对学生的行为表达同情和欣

---

① 彭运石.走向生命的巅峰:马斯洛的人本心理学[M].武汉:湖北教育出版社,1999:259—260.

赏,也可以表达不满和恼怒,而不再是一个戴着面具的权威却扁平的形象。教师需要信任、接纳并珍视学生,给予学生无条件的积极关注,与学生共享喜怒哀乐。像治疗师与被治疗者一样,教师对待学生时也要将心比心,做到感同身受,对其表示理解。另外很重要的一点是,教师也要对学生一视同仁,不可有偏见。

# 第四节  对人本主义理论的评价

人本主义教育理论作为西方教育学的一个新趋向,对西方社会和全世界的教育思想、教育观念、教育内容和教育方式等都产生了深远的影响。整体而言,人本主义教育理论对传统教育弊端的批判为我们反思教育的本源和教育实践提供了思路,但人本主义教育理论也并不能解决教育教学中遇到的所有问题,对待人本主义教育理论,我们需要客观评判、理性思考。

## 一、主要的贡献

### (一) 形成第三种思潮,促进了当代教育改革

人本主义心理学建立在对精神分析学派和行为主义的批判基础上,它反对传统心理学贬低人性和非人化的倾向,从人性善的假设出发,研究人的本性、潜能、价值、自我实现等问题,成为心理学、教育学领域的第三种思潮,在世界范围内传播开来,并对当代各国的教育改革产生了深远的影响。美国1972年出版的《当代教育理论》这本影响重大的教育专著将人本主义列为从1900年到1970年间对美国教育产生过重大影响的五大教育学说之一。其作者认为,二战之前传统的文科教育和进步教育占据了主导地位。二战之后,学科结构运动、新行为主义和人本主义心理学成为了更为重要的教育学说。在随后出版的各种教育著作中,人本主义教育理论都占据了举足轻重的地位,足见人本主义对教育的影响之大。

### (二) 自我实现的教育目的观,促使人们重视自身的内在价值

人本主义的价值趋向是以人为本,主张教育要以培养自我实现的人和机能得以充分发展的人为目标,认为教育是学习者个人不断发现自我、认识自我和理解自己兴趣和需要的过程,是一种内在的活动而非外部强加的活动。因而,人本主义反对"价值条件",反对由外在标准规范个人行为,并认为如果教育充斥着价值条件,学生就不会根据自己的兴趣爱好学习而是会为了取悦家长和教师或是为了得到家长和教师的肯定学习,那么日后学生本人很可能出现自我异化和心理危机。由此,人本主义一再强调要以学生的自我实现为目的,重视教育对学生的内在价值的完善作用。

### (三) 对情感教育的重视

人本主义者反对主智教育,认为传统认知教育只片面重视人的理智发展,他们主张教育者应重视学生的意愿、情感、价值观等,并将其作为学校教育的一项基本原则。可以说,人本主义教育理论之所以能产生如此大的反响,很大程度上就是因为它将关注点从智力发展转向了人类心理世界,将人的情感、高峰体验、自尊自信、自我以及自我实现等作为重要的研究内容和关注对象。人本主义学术思潮崛起后,学校教育中亦出现了

众多诸如"情感教育"、"情意教育"、"整合教育"等的新趋向。人本主义者对新型平等的师生关系极为重视,主张学生是教学的主体,教师是学生学习的帮助者和促进者,教师要无条件地积极关注并真诚、真实地对待每一位学生。这些主张分别在学校层面和教师个人层面推动了教育教学的改革。

### (四) 对我国教育改革的影响

人本主义教育思想传入后,对我国的课程改革也产生了相当大的影响。从课程目标看,新课改前的基础教育课程重视整齐划一的知识传授,相对忽视对学生学习态度和情感的培养,未能使学生的个性得到充分的发展。而此次的新课改、新课程则改变了以知识为本的倾向,倡导"全人"教育,重视培养学生正确处理知识、能力、情感、态度、价值观几者之间关系的能力,重视对学生的情感态度和价值观的培养。新课改在价值取向上确立了以人为本的思想,把学生身心全面发展置于课程目标核心地位。从课程内容看,以往的课程内容存在着"繁、难、偏、旧"的问题,所学知识与社会实践脱离,时代感不强。而此次新课改则强调课程的时代性和生活性,课程内容选择适合现代社会发展需要的内容,并主张以"生活世界"为课程内容范围,把社会需求、学科发展需求和学生发展需求联系在一起,这与罗杰斯所倡导的"有意义学习"相符合。罗杰斯强调课程内容要与学生的生活与体验发生联系,使学生主动进行有意义的学习和自发的经验学习。罗杰斯特别关注学习内容与个人之间的联系,认为学习的重点不在于掌握知识的量,而在于学会学习和感受各种经验。从课程实施上看,新课程的实施注重引导学生学会学习。《纲要(试行)》具体要求为:"改变课程实施过于强调接受学习、死记硬背、机械训练的现象,倡导学生主动参与、乐于探究、勤于动手,培养学生搜集和处理信息的能力、获取新知识的能力、分析和解决问题的能力以及交流与合作的能力。"从课程评价看,新课程改革提倡发展性评价,即让学生参与评价,充分发挥学生的主观能动性,培养和发展学生的健全人格,这与以往评价中对学生自我评价的忽视以及以外部评价为主有很大的不同。而罗杰斯指出"对学习进行自我评估,是使自发学习成为自觉学习的主要途径。当个体不得不负起责任来决定哪些标准对他是重要的、哪些目标必须是要达到的、他已经在多大程度上达到了这些目标时,他就真正学会了如何引导自己学习,如何为自己的学习负责"。[①] 罗杰斯在教学评价中主张让学生进行自我评价,认为教师只起到辅助的作用,同时,他反对外部评价,新课改的理念也与这种评价观相吻合。

### 二、存在的局限

人本主义存在的最大局限或许在其研究方法上。人本主义教育理论的哲学基础是存在主义哲学,现象学为其认识论基础,这导致其在方法上显得主观和含糊,很多教育主张和观点缺乏实证性检验和证据支持,这一点一直被学界所诟病。另外,相较于传统教育的"教师、教材、课堂"三中心,人本主义教育理论一味重视以学生为本,导致在其影响下的教育实践模式走上了另一个极端,形成以"学生、经验、活动"为三中心的新的教育教学方向,这很大程度上降低了教育教学的难度和要求。

---

① [美]罗杰斯.自由学习[M].伍新春,管琳等译.北京:北京师范大学出版社,2006:187.

同时,人本主义教育强调"个体",将个体的需要、个体的表现、个体的自由看成是教育的全部,由于对个体的过分强调和个人主义倾向,人本主义教育把个人的"自我"和"自我实现"凌驾于团体法则和人类社会之上,并且过分强调潜能的开发对个体的决定性作用,这在一定程度上忽视了社会环境对个体后天发展所起到的重要作用,也忽视了系统的学校教育在个体后天发展过程中产生的决定性影响。[①]

## 主要参考文献

[ 1 ] Rogers, C. Freedom to Learn for the 80's [M]. Columbus,OH:Charles E. Merrill Publishing Company,1983.

[ 2 ] 车文博. 人本主义心理学[M]. 杭州:浙江教育出版社,2003.

[ 3 ] 方展画. 当代西方人本主义教育理论评述[J]. 河北师范大学学报(教育科学版),1999(1).

[ 4 ] [美]弗兰克. G. 戈布尔. 第三思潮:马斯洛心理学[M]. 吕明等译. 上海:上海译文出版社,2001.2.

[ 5 ] 高觉敷主编. 西方心理学的新发展[M]. 北京:人民教育出版社,1987.

[ 6 ] 何齐宗主编. 现代外国教育理论[M]. 高等教育出版社,2012.

[ 7 ] 江光荣. 人性的迷失与复归:罗杰斯的人本心理学[M]. 武汉:湖北教育出版社,2000.

[ 8 ] 李绍昆. 美国的心理学界[M]. 北京:商务印书馆,2000.

[ 9 ] [美]罗杰斯. 自由学习[M]. 伍新春,管琳等译. 北京:北京师范大学出版社,2006.

[10] [美]马斯洛等. 人的潜能与价值[M]. 林方主编. 北京:华夏出版社,1987.

[11] 彭运石. 走向生命的巅峰:马斯洛的人本心理学[M]. 武汉:湖北教育出版社,1999.

[12] 王铁军主编. 现代教育思潮[M]. 南京:南京大学出版社,2000.

[13] 杨韶刚. 人本主义心理学与教育[M]. 哈尔滨:黑龙江教育出版社,2003.

[14] 叶浩生主编. 西方心理学的历史与体系[M]. 北京:人民教育出版社,1998.

## 思考题

请阅读以下材料,运用人本主义教育理论分析师生关系出现的问题,以及可能改进的方法。

"根据《中国教育报》的一项教育新闻调查,目前我国师生关系的倾向性问题是:教师高压、学生厌烦、负担过重。客观地讲,我国目前师生之间知识传递的渠道在拓宽,但情感交流的渠道却在缩小。38%的学生认为学校生活不太有劲,5%的学生认为很没劲,40%的学生觉得与老师在一起无所谓开心不开心,12%的学生不大开心甚至很不开心。"

---

[①] 方展画. 当代西方人本主义教育理论评述[J]. 河北师范大学学报(教育科学版),1999(1):50.

**聆听经典**

　　皮亚杰不是一个教育实践家,但他的理论对教育实践有重要的指导意义。首先,应该怎样认识儿童？究竟儿童是主动的学习者还是被动地对环境的刺激作出反应的"机器"？这是涉及教育思想的一个根本问题。如果是前者,我们就要尊重儿童,发挥儿童的主观能动性和首创性,调动儿童的内因让其主动去汲取知识,而不是片面夸大环境的作用去"塑造"和"灌输"。其次,皮亚杰的阶段论告诉我们,个体知识的发生发展有一个逐步建构的过程,教育家应该按照发展的阶段特点去进行课程设计,对儿童的教育教学要适合儿童的认知发展水平,既不错过教育时机,也不揠苗助长,这样才能促进儿童的认知发展。最后,人们依据皮亚杰关于认识来源于主客体相互作用的理论主张,设计了种种行之有效的教育。如活动法、发现法、冲突法和同伴影响法等,帮助儿童主动建构知识。

——方富熹、方格

建构主义作为一种社会学的研究方向,因主张客观世界乃是通过社会建构而存在的,所以得名"建构主义"(constructivism)。建构主义,其最早的提出者可以说是瑞士的皮亚杰(J. Piaget)。他关于儿童认知发展的理论充满唯物辩证法的内容,他坚持从内因和外因相互作用的角度来研究儿童的认知发展。他认为,儿童是在与周围环境相互作用的过程中,逐步建构起关于外部世界的知识,从而使自身认知结构得到发展的。而维果茨基创立的"文化历史发展理论"则强调认知过程中学习者所处的社会文化历史背景的作用。所有这些研究都使建构主义理论得到了进一步的丰富和完善,为该理论被实际应用于教学过程创造了条件。

## 第一节　建构主义教育理论产生的背景及主要代表

当代建构主义并不是一种全新的思想,相反,建构主义观点长期影响着哲学、教育哲学与实践以及学生前科学概念的实证研究领域。[①] 然而建构主义的真正兴起是在20世纪80年代后期,心理学史家柏林指出:"任何真知灼见之所以被接受或拒绝,会受到时代精神的限制,当它降临在时代精神之前,就会为人所忽略或淡忘,只有当时代精神转过来欢迎它时,它才重现于世。"[②]

### 一、皮亚杰及其教育思想

让·皮亚杰(Jean Piaget,1896—1980),瑞士心理学家、教育家,发生认识论的创立者。他通过儿童心理学将生物学与认识论、逻辑学结合起来,从而将传统的认识论改造成为一门实证的实验科学。他的这一开创性贡献使他获得了"20世纪最著名的心理学家"这一称誉。此外,他在哲学、逻辑学、生物学等诸多领域也多有建树。

生物学出身的皮亚杰于1918年获得瑞士纳沙特尔大学自然科学博士学位,随后开始了其对儿童思维的研究。他先后担任日内瓦大学卢梭学院实验室主任、纳沙特尔大学教授、日内瓦大学教授等职,并当选第14届国际心理科学联合会主席。1955年,皮亚杰在日内瓦创立了"国际发生认识论中心",并任主任。他在多研究团队的协助下对儿童概念及其认知过程进行了深入研究,对西方心理学和教育学的发展产生了广泛影响。1966年,皮亚杰当选为国家科学院院士,1969年获美国心理学会颁发的杰出科学贡献奖。此外,皮亚杰还长期参与联合国教科文组织的有关工作。

皮亚杰一生著作颇丰,先后出版著作近50部,并撰写了数百篇专题报告和论文。其中,有关教育的论著相对较少,但其著作中所蕴含的儿童认知发展规律和他基于心理学的教育观对各国教育发展都产生了重要的影响,这也使其在世界教育发展史上占据了重要的地位。皮亚杰的主要著作有:《儿童的语言和思维》(1923)、《儿童的判断和推理》(1924)、《儿童的现实的构成》(1932)、《逻辑学和心理学》(1957)、《儿童心理学》

① [美]莱斯利·P·斯特弗杰里·盖尔主编.教育中的建构主义[M].高文等译.上海:华东师范大学出版社,2002:209.
② 郭本禹.当代心理学的新进展[M].济南:山东教育出版社,2003:295.

(1969)、《结构主义》(1970)、《教育科学与儿童心理学》(1970)、《发生认识论原理》(1972)、《心理学与认识论》(1972)等。改革开放以来,我国学者开始全面接触和了解皮亚杰学说,其著作相继在我国翻译出版。目前我国已翻译出版的皮亚杰著作有《发生认识论原理》《结构主义》《儿童心理学》《教育科学与儿童心理学》《心理发生和科学史》《走向一种意义的逻辑》《关于矛盾的研究》等。

**（一）认知发展理论**

皮亚杰对儿童心理发展研究的重要贡献是创立了"发生认识论"。他"从哲学、生物学和心理学的角度",提出了一个"完整的儿童认知发展理论"。[①] 他提出的认知发展理论主要以智力发展为研究重点,探索儿童的心理(认知、认识、智力、思维)发展过程和机制。皮亚杰认为,认知发展是生物发展的扩展,其中,智力发展控制着情绪、社会性以及道德的发展。[②] 正因为如此,有研究者将其理论称为智力理论。正如普拉斯基(Pulaski)所言:"皮亚杰的认知发展研究涉及心灵的智能活动,包括思考、认知、记忆、觉察、再认知或概念化等,可以协助我们了解不同年龄阶段的儿童所察觉的世界,以及他们发问与解释信息有别于成人的理由。"[③]

1. 认知结构和机制

皮亚杰指出:"发生认识论的特有问题是认识的成长问题:从一种不充分的、比较贫乏的认识向在深度、广度上都较为丰富的认识过渡。"[④]具体来说,他将知识的形成和发展归纳为两个主要的方面:(1)知识形成的心理结构,即认知结构;(2)认知发展过程中新知识形成的机制。

作为认知心理学新结构主义范式的代表,皮亚杰否定了结构的先验性,提出了结构产生于动作,认知结构产生于"同化于己"和"顺应外物"的主客体相互作用的活动的观点。[⑤] 皮亚杰在《结构主义》一书中,将具有高度适应环境的能力和复杂结构的人本身的这一主体结构称为"由具有整体性的若干规律组成的一个自身调整性质的图式体系"。皮亚杰指出,"图式(scheme)是指动作的结构或组织,这些动作在同样或类似的环境中会由于重复而引起迁移或概括"。[⑥] 就认识活动而言,图式是人类认识事物的主观上的结构。[⑦] 他指出,儿童出生时,便具有通过遗传而获得的图式,即"遗传性的图式",如吮吸和眨眼。在丰富和富有挑战性的环境刺激下,在原有图式基础上,儿童通过活动不断与外界的环境发生相互作用,不断建构图式,推动图式逐渐向高级发展。具体来说,图式体系通过"同化"或"顺应"机制来主动适应环境中的变化,从而使儿童在与外部环境达到一种动态"平衡"的过程中建构着自己的认知结构。

同化(assimilation):个体在感受外在环境的刺激时,把"外在客体"纳入到已有的图式之中,是通过已有图式来认识事物或实践的一个过程,即"通过已有的认知来获得

---

① 方富熹,方格.儿童发展心理学[M].北京:人民教育出版社,2005:50.

② 李洪.幼儿心理学[M].北京:人民教育出版社,2007:84.

③ M.A.S. Pulaski.儿童的认知发展导论[M].王文科译.台北:文景出版社,1990:4.

④ [瑞士]皮亚杰.发生认识论原理[M].王宪钿等译.北京:商务印书馆,1981:18.

⑤ 高文等主编.建构主义教育研究[M].北京:教育科学出版社,2008:8.

⑥ [瑞士]皮亚杰.结构主义[M].倪连生等译.北京:商务出版社,1984:2.

⑦ 王承绪,赵祥麟编译.西方现代教育论著选[M].北京:人民教育出版社,2001:404.

知识"。①

顺应(accommodation)：当面临一种新的环境时，为了维护有机体的机能，有机体通过调节原有的图式体系，即通过引发和促进原有图式的"变化或创新"，以适应外界环境的机制就是"顺应"。

平衡(equilibrium)：有机体在同化和顺应的过程中，形成一种动态的"平衡"。

皮亚杰认为，儿童心智发展的起点和关键，源于主体的动作。而认知结构则是通过个人活动(动作)在主体和客体二者长期的交互作用中建构而来的。因此，儿童的智慧既不是单纯地来自客体，也不是单纯地来自主体，而是来自主体对客体的动作，并在主体与客体相互作用的过程中达到对外部自然和社会环境的适应。正因为如此，皮亚杰指出："智力乃是一种最高形式的适应，乃是把外物不断同化于活动本身和这种同化的图式顺应于事物本身的一种平衡状态。"②

### 2. 认知的发展阶段

作为认知发展理论的重要组成部分，皮亚杰在多年研究的基础上，提出了认知发展的阶段论，试图"揭示人类智力发展的一般规律"。③ 皮亚杰认为，儿童认知发展过程是内在结构的组织和再组织的过程，是认知结构由量变到质变的过程，且存在明显的阶段特征。他根据儿童不同时期"运算"的特点，将儿童的认知发展分为感知运动阶段(0—2岁)、前运算阶段(2—7/8岁)、具体运算阶段(7/8—11/12岁)、形式运算阶段(11/12—14/15岁)，并论述了各个阶段儿童认知发展的具体特征。

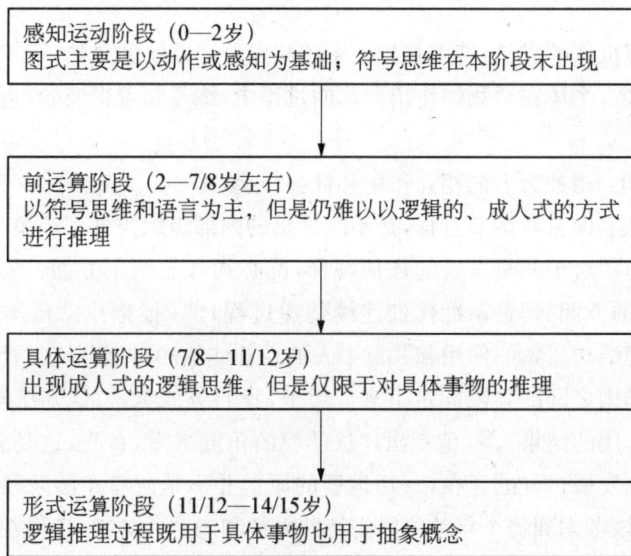

---

感知运动阶段（0—2岁）
图式主要是以动作或感知为基础；符号思维在本阶段末出现

↓

前运算阶段（2—7/8岁左右）
以符号思维和语言为主，但是仍难以以逻辑的、成人式的方式进行推理

↓

具体运算阶段（7/8—11/12岁）
出现成人式的逻辑思维，但是仅限于对具体事物的推理

↓

形式运算阶段（11/12—14/15岁）
逻辑推理过程既用于具体事物也用于抽象概念

**图 1**

皮亚杰的认知
发展阶段

转引自[美]特里萨·M·麦克德维特，珍妮·埃利斯·奥姆罗德.儿童发展与教育[M].李琪等译.北京：教育科学出版社，2007：168.

---

① 李森主编.解读结构主义教育思想[M].广州：广东教育出版社，2007：41.
② [瑞士]皮亚杰.教育科学与儿童心理学[M].傅统先译.北京：文化教育出版社，1981：161.
③ 方富熹，方格.儿童发展心理学[M].北京：人民教育出版社，2005：53.

那么,不同认知发展阶段之间的关系如何? 皮亚杰对此作了以下总结:

- 每一阶段都有其独特的认知图式,各阶段之间具有质的差异;
- 前一阶段的图式总会被整合到下一阶段;
- 发展的阶段性不是阶梯式的,而是有一定程度的交叉和重叠;
- 进入每个阶段的具体年龄因智慧程度和社会环境影响而存在一定的个体差异,但先后次序不变。

基于此,皮亚杰指出,教育应该符合儿童认知发展的阶段特征,并采取积极的方式来促进儿童认知发展阶段性的过渡。他特别强调教师要掌握必要的儿童心理学知识,从而依据儿童认知发展的特点,来设计和实施课程。他在《教育科学与儿童心理学》(1970)一书中谈到:"儿童时期的特征明显的是,它必须借助于一系列独特的练习或行为模式,即借助于从主客不分的混沌状态开始继续不断地构成结构的获得去求得这种平衡状态。"[①]教师则需要"发现符合于每个阶段的有些什么知识,然后用有关年龄阶段的心理结构所能吸收的方式把它传授给学生"。[②] 尽管许多心理学家对皮亚杰认知发展阶段性或普遍性的观点提出质疑,但不可否认的是,皮亚杰的认知发展阶段论"为儿童获得新能力的时间提供了一般性的观点","为我们认识不同年龄阶段的儿童思维品质提供了富有洞察力的见解",为研究者展开深入研究提供了指导和借鉴。[③]

3. 影响认知发展的要素

那么,哪些因素会影响儿童的认知发展呢? 皮亚杰在与英海尔德合著的《儿童心理学》一书中指出,成熟、物理环境、社会环境以及具有自我调节的平衡过程构成了影响源。[④]

- 成熟:即机体的成长,特别是神经系统和内分泌系统的成熟。
- 物理环境:个体在对物体作出动作的过程中,练习和习得经验(指不同于社会经验而言)的作用。
- 社会经验:指社会上的相互作用和社会传递。
- 平衡过程:即自我调节过程,是不断成熟的内部组织与外部环境的相互作用。

皮亚杰认为:"对于儿童发展的任何解释,都必须考虑两个方面:一是个体发生的方面,二是社会的方面(即种系世代的连续传递过程)。"[⑤]他指出:"虽然我们现在还不能肯定地把心理结构成熟的作用和儿童个人的经验或他的自然环境与社会环境对他所发生的影响的作用之间的界限固定下来。"但是,我们应该承认,认知结构的发展是"这两个因素相继作用的结果"。[⑥] 他指出,"从学校的角度来看,首先,这是就说,我们必须承认有一个心理发展过程的存在;一切理智的原料并不是所有年龄阶段的儿童都能够吸收的;我们应该考虑到每个年龄阶段的特殊兴趣和需要。其次,环境在心理发展过程

---

① 杨汉麟主编.外国幼儿教育名著选读[M].武汉:华中师范大学出版社,2008:368.
② 杨汉麟主编.外国幼儿教育名著选读[M].武汉:华中师范大学出版社,2008:369.
③ [美]特里萨·M·麦克德维特,珍妮·埃利斯·奥姆罗德.儿童发展与教育[M].李琪等译.北京:教育科学出版社,2007:184,168.
④ [瑞士]J·皮亚杰,B·英海尔德.儿童心理学[M].北京:商务印书馆,1980:115—119.
⑤ [瑞士]J·皮亚杰,B·英海尔德.儿童心理学[M].北京:商务印书馆,1980:117—118.
⑥ [瑞士]皮亚杰.教育科学与儿童心理学[M].傅统先译.北京:文化教育出版社,1981:176.

能够发挥决定性的作用;所以良好的方法可以增进学生的效能,乃至加速他们的心理成长而无损害"。[1]

值得一提的是,皮亚杰特别重视个体的主动建构。在谈及"社会经验"的影响作用时,他指出:"即使在主体似乎非常被动的社会传递,如学校教学的情况下,如果缺少儿童主动的同化作用,这种社会化作用仍将无效,而儿童的主动同化作用是以儿童已否具有适当的运算结构作为前提的。"[2]

可以说,皮亚杰的认知发展理论第一次最为详尽地描述了儿童智慧发展的基本阶段和机制,涉及了对心理发展基本问题的探讨,有利地推动了儿童认知发展的研究;他强调个体主动性和能动性的作用,重视个体的主动建构,提出了一种积极的儿童发展观。

**皮亚杰的认知发展理论对心理发展基本理论问题的主张**

| 理论 | 对正在发展的人的看法 | 对发展过程的看法 | 对发展的决定因素的看法 |
|---|---|---|---|
| 皮亚杰的认知发展理论 | 机能论的:生物适应的平衡过程是发展的内部动力,心理结构决定儿童对世界的认识,儿童主动、积极的建构。 | 不连续的:认知发展划分为四个结构上不同的阶段,每一个阶段儿童的思维方式是不同的。 | 先天的和后天的:更强调遗传和生物因素的作用,强调儿童自身内部探索、发现世界的动力,但同时承认,发展必须有丰富的环境刺激的支持,无论早期或后期的经验都是重要的。 |

据方富熹,方格.儿童发展心理学[M].北京:人民教育出版社,2005:69.

**(二) 基于心理学的教育观**

皮亚杰本人曾坚称,自己不是一个教育工作者。因此,当被问及有关教育的诸多问题时,皮亚杰总认为这些工作应该由教育工作者来完成。因此,皮亚杰对教育问题的直接论述相对较少。但实际上,只要我们翻阅皮亚杰的论著,就可以发现,皮亚杰的教育思想分散在他的研究和著作之中。特别是在 20 世纪 60 年代以后,皮亚杰开始对教育问题给予更多的关注,特别是在《教育科学与儿童心理学》一书中,他曾就相关的教育主题进行了较为充分的论述。在书中,他以心理学理论为基础,对教育学学科性、教育目标、教学方法等多个主题都有所涉及,并提出了精辟的见解。正如《教育科学与儿童心理学》原书出版前言所指出的,皮亚杰的教育思想是"一位伟大的科学家在坚固的实验基础上对于当前的教育危机所给出的一个答案"。

1. 教育学学科性探讨

"教育学的发展"是皮亚杰在《教育科学与儿童心理学》一书中探讨过的一个重要话题。皮亚杰指出,"教育学乃是一门可与其他科学相比较的科学,而且由于它所包含的

---

① [瑞士]皮亚杰.教育科学与儿童心理学[M].傅统先译.北京:文化教育出版社,1981:176.
② [瑞士]J·皮亚杰,B·英海尔德.儿童心理学[M].北京:商务印书馆,1980:117.

各种因素的复杂性,这门科学甚至是一门研究起来十分困难的科学"。① 因此,"当教育学试图应用心理学与社会学的实验材料时,它还要遇到一大堆的问题,不仅是关于目的的问题,也是关于方法的问题,而且它从它的母科学中也只能获得有限的帮助,因为那些学科本身也还未曾达到足够的进展,而教育学本身又还要构成它所特有的一类知识(教育心理学不仅仅是用演绎法进行研究的应用儿童心理学,还是一种实验教学法等等)的体系"。② 基于此,皮亚杰对西方教育学的现状表达了不满。他指出,教育家在面临有争议的问题时,所依据的"不是知识体系,而只是常识性的考虑或仅仅是方便从事"。③ 即便是确实存在并"已经做了大量有价值工作的"的实验教育学,在解决一些教育问题时依然"保持沉默"。可以说,教育科学研究的贫乏,严重影响了教育学的发展。

那么,使得教育科学研究贫乏的原因是什么?又该如何克服呢?皮亚杰从科学研究团队、科学研究机关等多个维度对这一问题进行了分析。对于研究团队而言,皮亚杰格外关注教师团体的研究能力,特别是对儿童的"研究"。他指出当前最主要的问题是"有关教师科研情境的问题以及社会阻止教师研究这些根本的教育问题的情况"。④ 主要包括:公众并没有意识到教育科学的复杂性;教师被要求执行规定的教学计划和教学方法;教育部门的工作人员忙于行政事务,而无暇专心从事科学研究工作;教学专家构成的团体缺乏必要的科学活力;教师缺乏必要的教育学训练等等。如何解决上述问题,皮亚杰认为,首先正确的方法是创立教育科学研究机构。这里,皮亚杰特别强调教育研究与其他学科的密切协作,他指出:"事实上,现在教育研究的根本问题就是要借助于别的学问来充实它的内容以及要把它们从孤立的状态中解救出来,甚至说要医治它们的自卑感。"⑤因此,皮亚杰特别重视心理学在教育学科学研究中的重要作用,强调以对教育对象,即儿童的科学研究,丰富和充实现有的教育活动。他指出,教育要成为一门科学,就必须"建立一个为创造真正适应于儿童心理发展法则的教育技术所必须的心理学体系。如果没有精心建立一个真正的儿童心理学或心理社会学,就不可能产生新的方法;新方法的存在无疑必须从建立这样一门科学之日算起"。⑥

2. 教育目标探讨

皮亚杰明确指出,明确教育目的是社会的职责。教育目的的确定是"服从社会学可以分析的规律的",是"综合运用各种知识的结果,不仅有政治知识,而且还有经济、技术、道德、理智等方法的知识"。⑦ 他指出,教育决策者需要对"社会生活与教育关系"进行科学研究。在谈及搜集各类知识时,皮亚杰特别强调方法的重要性,他指出,"为了获得这些知识,仅仅决定目的是不够的",它还需要获得知识的方法,而这"与其说是社会学的职责,还不如说是心理学的职责,而方法又制约着目的的选择"。⑧

---

① [瑞士]皮亚杰.教育科学与儿童心理学[M].傅统先译.北京:文化教育出版社,1981:13.
② [瑞士]皮亚杰.教育科学与儿童心理学[M].傅统先译.北京:文化教育出版社,1981:13.
③ [瑞士]皮亚杰.教育科学与儿童心理学[M].傅统先译.北京:文化教育出版社,1981:6.
④ [瑞士]皮亚杰.教育科学与儿童心理学[M].傅统先译.北京:文化教育出版社,1981:13.
⑤ [瑞士]皮亚杰.教育科学与儿童心理学[M].傅统先译.北京:文化教育出版社,1981:16—17.
⑥ [瑞士]皮亚杰.教育科学与儿童心理学[M].傅统先译.北京:文化教育出版社,1981:145.
⑦ [瑞士]皮亚杰.教育科学与儿童心理学[M].傅统先译.北京:文化教育出版社,1981:19.
⑧ [瑞士]皮亚杰.教育科学与儿童心理学[M].傅统先译.北京:文化教育出版社,1981:19.

那么,皮亚杰对于教育的目标定位是什么呢? 皮亚杰认为"教育就是使个人适应于周围的社会环境"。[①] 这不仅仅是让儿童掌握成人社会的知识,还应该"促进他们通过自身的创造性努力和实践活动",促进未来社会的发展和进步。正如皮亚杰在《儿童对现实的构造》一书中所言,儿童关于现实的观念不是一种"发现",而是一种"发明"。[②] 在认知发展理论的基础上,皮亚杰认为,儿童教育目的即在于促进儿童心智的发展、能力的养成,即"形成儿童智力和道德推理能力……在智力方面达到连贯性和客观性,在道德方面则能相互作用"。[③] 同时,基于对儿童主观能动性的强调,皮亚杰尤为重视对儿童首创精神、创造力和批判精神的培养。他曾提出了教育的双重目标:"教育的首要目标,在于培养能做新事情,有创造力与发明才干之士,而不在于训练只能重复各代所做之事的人。教育的第二个目标,在于塑造批判、求证能力,而不在于接受所提供的一切。"[④]他还指出:"今日教育的最大危机,乃是有着接受宣传、集体意见与预备就绪之思想的趋向,各个人须能对此趋向予以抗拒、批判、分辨哪些部分已经被证实,以及哪些部分尚未被证实。故我们需要的是主动的、早就有着自我了解的学生,他们之所以能如此,部分是由于自己的自发性活动,部分是透过我们为他们准备的材料。"[⑤]

由此可见,皮亚杰的教育目标是促进儿童心智的全面发展,使之成为具有"批判性的洞察能力与创造能力"的思考者和探索者,从而积极适应社会。而这些能力的培养,需要学生的主动参与,并进行"同化"和"顺应"的主动建构;需要具有挑战性的能够引发学生投入思考与情感的学习内容与学习环境,并借助适合的教学方式来激发儿童心智的发展。

3. 教学方法探讨

皮亚杰坚持从结构主义的角度,以发生认识论的观点来考察教育学与心理学的关系,来研究学校教育中的问题。[⑥] 面对当时的教育状况,皮亚杰对传统教学中过分强调"教师单纯传授,学生盲目接受知识"的现象进行了批判。他明确指出:"教育就是使个人适应于周围的社会环境。然而,新的教育方法则利用儿童时期本身固有的冲动,结合着与心理发展不可分割的自发活动,去试求促进这种适应。"[⑦]因此,教学不仅仅是传授知识、记忆事实,更要教会儿童学会思考。在认知发展理论的基础上,皮亚杰具体探索了儿童教育的目标,即促进儿童心智的发展,培养儿童的思维能力和创造性;探讨了儿童教育的方法,即"按照儿童的心理结构以及其发展的各个阶段,用可以为不同年龄的儿童所能吸收的形式,尽一切努力把教材教给儿童",[⑧]其中蕴含了活动性、自发性、冲突性等诸多原则;探讨了教育过程,即教育过程要与儿童的认知发展阶段相适应,依据儿童不同认知阶段的特征循序渐进;探讨了教师的素养,他指出,教师在掌握其学科知

---

① [瑞士]皮亚杰.教育科学与儿童心理学[M].傅统先译.北京:文化教育出版社,1981:153.
② 高文等主编.建构主义教育研究[M].北京:教育科学出版社,2008:8.
③ [瑞士]皮亚杰.教育科学与儿童心理学[M].傅统先译.北京:文化教育出版社,1981:162—163.
④ 转引自王文科.认知发展理论与教育:皮亚杰理论的应用[M].台北:五南图书出版公司,1991:320.
⑤ 转引自王文科.认知发展理论与教育:皮亚杰理论的应用[M].台北:五南图书出版公司,1991:320.
⑥ 单中惠主编.外国教育思想史[M].北京:高等教育出版社,2007:269.
⑦ [瑞士]皮亚杰.教育科学与儿童心理学[M].傅统先译.北京:文化教育出版社,1981:153.
⑧ [瑞士]皮亚杰.教育科学与儿童心理学[M].傅统先译.北京:文化教育出版社,1981:155.

识的基础上,应该具备必要的心理学、教育学知识和教学法的技能,即要"发现符合每个阶段的知识并用有关阶段的心理结构所能同化的方式教给学生"①等等。可以说,不少教育理论和实践工作者在研读皮亚杰理论的基础上,都提出了有章可循的教育原则、方法等,并设计了新的儿童教育方案。台湾学者王文科在其所著的《认知发展理论与教育:皮亚杰理论的应用》一书中,依据皮亚杰的认知发展理论,概括了可应用于教育的五项原理,即提供均等教育机会原理、配合认知发展顺序原理、采取儿童中心教育原理、善用认知冲突原理与同伴交往作用原理。可以说,皮亚杰理论既为我们提供了一套进行教育教学设计和实践的理论基础,也为我们呈现了涉及诸多教育层面的"儿童教育论"。

### 二、维果茨基的教育思想

利维·维果茨基(Lev Vygotsky, 1896—1934)是苏联心理学家、教育家,他主要研究儿童发展与教育心理、儿童思维和语言、儿童学习与发展的关系问题,被誉为"心理学中的莫扎特"。他对心理过程作了社会起源的分析,认为人从出生就是一个社会实体,是社会历史的产物,维果茨基用"最近发展区"和"内部语言"两个概念解释其心理过程的社会起源思想。最近发展区是个体独立活动时所能达到的解决问题的水平与通过教学所能获得的潜力之间的差距区域。内部语言是一种对自己的无声的谈话。成功的教育应该激发学习者内部发展过程的最近发展区,教学应当走在发展前面。教师应当成为学生心理发展的促进者。维果茨基的主要教育著作包括:《儿童期高级主义形式的发展》(1929)、《儿童心理发展问题》(1929—1934)、《思维和语言》(1934)等。

#### (一) 文化历史的心理发展观

维果茨基对心理的种系发展和个体发展都进行了研究,特别是他关于人类心理的社会起源的学说,关于儿童心理发展对教育、教学的依赖关系的学说都对此作了深入的探讨。维果茨基提出了文化历史的发展观。他认为在心理学家看来,发展是指心理的发展。所谓心理的发展就是指一个人的心理(从出生到成年),是在环境与教育影响下,从低级心理机能逐渐向高级的心理机能转化的过程。维果茨基将心理机能由低级向高级发展的标志概括为四个方面:一是心理活动的随意机能;二是心理活动的抽象,也就是各种机能由于思维的参与而高级化;三是各种心理机能之间的关系不断地变化、组合,形成间接的、以符号或词为中介的心理结构;四是心理活动的个性化。维果茨基在分析心理机能由低级向高级发展的原因时总结了三点:一是起源于社会文化——历史的发展是受社会规律所制约的;二是从个体发展来看,儿童在与成人交往过程中通过掌握高级的心理机能工具——语言、符号这一中介(mediation)环节,可在低级的心理机能基础上形成各种新质的心理机能;三是高级心理机能是不断内化的结果。即人所特有的新的心理过程结构,最初必须在人的外部活动中形成,随后才有可能转移到内部,内化为人的内部心理过程的结构。

#### (二) 最近发展区

维果茨基在《社会中的心智》一书中提出了最近发展区这一概念。因为,他认为传

---

① [瑞士]皮亚杰.皮亚杰教育论著选[M].卢濬选译.北京:人民教育出版社,1990:61.

统智力测验,例如,比内(Binet)测验只评价了静止或僵化的能力,没有评价人类认知的动态发展的能力,其功能很有限。真正需要评价的,不是儿童自己已能做的或已具备的能力,而是儿童在其他人帮助下的表现及学习的潜力。[1]

维果茨基指出"最近发展区是一段介于幼儿独自解决问题,即所显示的实际发展程度与经由成人指导或与有能力的同伴合作来解决问题时其所显示的潜在发展程度之间的距离"。[2]

近几十年来,在教育和心理学界也有不少学者对最近发展区进行了界定,虽然这些界定的表述略有不同,但其核心含义都是与维果茨基对最近发展区的界定相同的,都指出最近发展区是指幼儿能够独自解决问题的水平与在有能力的他人的辅助下能够达到的水平之间的差距。这正如维果茨基本人所指出的,"最近发展区定义了还没成熟,但是在成熟过程中的功能,这些功能也许明天会成熟,但目前是萌芽的状态,这些功能可以被叫作发展的蓓蕾或花朵,而不是发展的果实。事实的智力发展程度或成就显示既往的心智发展,而最近发展区则显示前瞻的心智发展状态"。[3]

### (三) 社会互动学习

社会互动是社会建构主义的基石,维果茨基认为,社会情境中的学习带来了发展。他同时还认为人的心理机能不是内部自发的,而是产生于活动中的。他指出幼儿与养育者、同伴间的共同活动是幼儿发展的社会源泉,"学习发生在互动的社会文化环境中"。[4]

维果茨基还指出,在这种社会互动中,成人对幼儿施行教育和文化传递是很重要的。他认为人所特有的高级心理机能是以人类社会所特有的语言和符号为中介形成的,这种中介在知识的建构中起着关键作用,正是通过这种中介,人才能够实现高级心理机能的转化。在《思维和言语》一书中,他特别对学龄前幼儿的思维形成条件提出了一些见解,认为幼儿大脑具有的思维自然发展的可能性是在成年人的调节下、在与周围环境发生相互作用的过程中实现的,幼儿与实体世界的关系是以与教育他的人们的关系为中介的。[5]

对于成人如何施行教育和文化传递,维果茨基则指出,教学应该依赖幼儿心理某些已经完成的发展程序,然而,这种依赖关系不是主要的,而是从属的。他指出:所要解决的问题和原有独立活动之间可能有差异,也即存在最近发展区;教学能够使幼儿在成人的帮助下消除这种差异,从而实现心智或能力的发展;因此,教学创造着最近发展区,决定着最近发展区的第一个发展水平与第二个发展水平之间的动力状态;只有指出最

① Henderson, S. D., Many, J. E., Wellborn, H. P. How Scaffolding Nurtures the Development of Young Children's Literacy Repertoire: Insiders and Outsiders Collaborative Understandings [J]. Research and Instruction, Summer 2002, v. 41 no4: 309 - 30.

② Henderson, S. D., Many, J. E., Wellborn, H. P. How Scaffolding Nurtures the Development of Young Children's Literacy Repertoire: Insiders and Outsiders Collaborative Understandings [J]. Research and Instruction, Summer 2002, v. 41 no4: p309 - 30.

③ Berk, L., Winsler, A. Scaffolding children's learning: Vygotsky and Early Childhood Education[M]. NAEYC, 1995: 27.

④ Van Der Stuyf, R. R. Scaffolding as a teaching strategy [J]. Adolescent Learning and Development, Section 0500A-Fall 2002, November17, 2002.

⑤ 朱琳琳. 以类比推理玩具为中介的支架式教学的研究[D]. 北京师范大学,2003.

近发展区的教学才是好的教学,好的教学不仅能训练和强化业已形成的内部心理机能,而且能够激发和形成目前还不存在的心理机能,创造新的心理形成物,发展心理生活的高级过程,造就发展。[①]

## 第二节 建构主义理论的教育主张

建构主义虽然流派众多,但建构主义者有着诸多共同或相近的认识。在统一整合各种倾向的建构主义理论的基础上,可以将建构主义关于教育的一些基本主张归纳如下。

### 一、教育目标

建构主义者认为,学生是信息加工的主体,是意义的主动建构者,而不是外部刺激的被动接受者和被灌输的对象。建构主义学生观与传统学生观的区别表现在:第一,学习者对学习主题的学习是以已有的经验为依托的;第二,强调学习者的学习潜能,重视其经验世界的丰富性、差异性,强调学习的主动建构性。在学习过程中学生要从多方面发挥主体作用;要用发现法、探究法去建构知识的意义;主动去收集并分析有关的信息和资料,对所学习的问题要提出各种假设并努力加以验证;要学会"联系"与"思考",学会"自我协商"与"相互协商"。简而言之,建构主义强调以学生为中心,强调学生对知识的主动探索、主动发现和对所学知识意义的主动建构。

### 二、教育内容

在教育内容方面,建构主义者强调教育内容的意义建构性。历史上有关教育内容的选择大多可以归结为三种价值取向:教育内容即学科知识,教育内容即当代社会生活经验,教育内容即学习者的经验。建构主义者认为,教育内容应该在情境中发现和解决问题,教育过程应该遵循"发现—解决—再发现—再解决"的过程。在这个过程中,教师的正确引导作用是整个教学过程是否有效的关键,也是教育内容是否有效的关键。同时,教育内容要与学习者的个人需要紧密结合在一起,学习者会经过自身的价值判断,选择自己感兴趣的教育内容,自觉提升学习效率。

建构主义者强调,知识并不是对现实的准确表征,它是一种解释、一种假设,它并不是问题的最终答案。而且,知识并不能精确地概括世界的法则,在具体问题中,我们并不是将知识拿来便用,一用就灵的,而是需要针对具体情境进行再创造。另外,建构主义者认为,知识不能以实体的形式存在于具体个体之外,尽管我们通过语言符号赋予了知识一定的外在形式,但这并不意味着学习者会对这些命题有同样的理解。因为这些理解只能由个体学习者基于自己的经验背景而建构起来,而这取决于个体在特定情境下的学习历程。

早在1983年,建构主义者冯·格拉塞斯费尔德(V. Glasersfeld)即指出:"我们应该把知识与能力看作是个人建构自己经验的产物,教师的作用不再是讲授'事实',而是帮

---

[①] 朱琳琳. 以类比推理玩具为中介的支架式教学的研究[D]. 北京师范大学,2003.

助和指导学生在特定领域中建构自己的经验。"建构主义教师观对传统的教师角色提出了严峻的挑战,强调教师的职责不应该是"给予",教师不应该把自己视为"掌握知识和仲裁知识正确性的唯一权威"。建构主义者主张,教师是学生意义建构的帮助者、促进者,而不是知识的传授者和灌输者,其角色就是学生学习的辅导者,"真实"学习环境的设计者,学生学习过程的理解者和学生学习的合作者。因此,建构主义既强调学生的认知主体作用,也重视教师的指导作用。教师的作用主要体现在:第一,激发学生的学习兴趣,帮助学习者形成学习动机;第二,通过创设符合教学内容要求的情境和揭示新旧知识之间联系的线索,帮助学习者建构当前所学知识的意义;第三,为了使意义建构更为有效,教师应在可能的条件下组织协作学习,开展讨论与交流,并引导学习过程,使之朝着有利于意义建构的方向发展。[①] 由此看来,与传统教学中的教师角色相比,建构主义教学中的教师的作用并非降低,而是发挥作用的方式发生了变化,教师和学生之间是一种平等、互动的合作关系。

### 三、教育实施

建构主义者认为,教学过程是师生对世界的意义进行合作性建构的过程,而不是"客观知识"的传递过程。美国学者威尔逊(J. Wilson)曾具体归纳了建构主义教学策略,如模拟策略与角色扮演游戏、多媒体学习环境、有意识的学习环境、以陈述过去为内容的教学结构、个案研究、苏格拉底谈话法、个别指导教学与支架式教学、通过设计而学、通过教授而学、小组学习、合作学习、协作学习、整体性的心理技术。由此可以看出,建构主义的教学是以学习者为中心的,其目的是最大限度地促进学习者与情境的交互作用,以主动地建构意义。教师在这个过程中起组织者、引导者和促进者的作用。这里重点介绍三种具有较大影响的建构主义教学模式。

#### (一) 抛锚式教学模式

抛锚式教学(anchored instruction)是由温比尔特认知与技术小组(Cognition and Technology Group at Vanderbilt, CTGV)在布朗斯福特(J. Bransford)领导下开发的一种建构主义教学模式。其主要目的是"使学生在一个完整、真实的问题背景中产生学习的需要,并通过镶嵌式教学以及学习共同体成员间的互动、交流,即合作学习,凭借自己的主动学习、生成学习,亲身体验从识别目标到提出和达到目标的全过程"。[②] 这种教学要求鼓励学习者积极地建构有趣的、真实的情境。

抛锚式教学强调教学情境的重要性,要求让学生在真实的或类似于真实的情境中探究事件、解决问题,并自主地理解事件、建构意义。这种方法下的事件或问题被称为"锚",确定它们被形象地比喻为"抛锚",一旦这类事件或问题被确定了,整个教学内容和教学进程也就确定了,故这种方法被称为"抛锚式教学"。[③] 抛锚式教学强调把"锚"视为一种"宏观背景"(macrocontexts),而与"微观背景"(microcontexts)相区分。微观

---

① 温彭年,贾国英.建构主义理论与教学变革——建构主义学习理论综述[J].教育理论与实践,2002(5):17—22.

② 毛新勇.建构主义学习理论在教学中的应用[J].课程·教材·教法,1999(9):19—23.

③ 徐辉.现代外国教育思潮研究[M].北京:人民教育出版社,2008:355.

背景指课本后的不相联系的"应用题"。创设这种真实的"宏观背景"是为了重新使儿童和学徒制中的人们能够利用在背景中学习的优点。抛锚式教学设计原则的依据是吉伯逊(Gibson)的"供给理论"(Theory of Affordance)。"供给"指情境能促进学习活动的潜力。吉伯逊认为,不同的环境特征能够给各种特殊的有机体供给不同的活动,如"能走的""能爬的""能游的"等。相似地,不同类型的教学材料也能供给不同类型的学习活动。因而,应该设计能够供给建构主义学习活动的教学材料,这些活动类型不同于其他类型教材所促进的活动类型。"锚"不仅是学习者应用已掌握知识的情境,更重要的是使用"锚"来帮助学生发现新学习的必要,从而树立学习目标的重要性。也就是说教学应该帮助学生在完整的真实情境中确认学习目标。教师预先教授一些知识是为帮助学生继续前进提供了资源和"脚手架"(Scaffolds)。① 由于抛锚式教学强调创设真实的情境,主张教学以真实的事例或问题为基础,所以又称情境教学,有时也被称为"实例式教学"或"基于问题的教学"。

抛锚式教学在实践层面的实施过程主要由五个环节组成:(1)创设情境——使学习能在和现实情况基本一致或相类似的情境中发生。(2)确定问题——在上述情境中,选择与当前学习主题密切相关的真实性事件或把问题作为学习的中心内容(让学生面临一个需要立即去解决的现实问题)。选出的事件或问题就是"锚",这一环节的作用就是"抛锚"。(3)自主学习——不是由教师直接告诉学生应当如何去解决面临的问题,而是由教师向学生提供解决该问题的有关线索(例如需要搜集哪一类资料、从何处获取有关的信息资料以及现实中专家解决类似问题的探索过程等),并要特别注意发展学生的"自主学习"能力。自主学习能力包括:①确定学习内容表的能力(学习内容表是指,为完成与给定问题有关的学习任务所需要的知识点清单);②获取有关信息与资料的能力(知道从何处获取以及如何去获取所需的信息与资料);③利用、评价有关信息与资料的能力。(4)协作学习——讨论、交流,通过不同观点的交锋,补充、修正、加深每个学生对当前问题的理解。(5)效果评价——由于抛锚式教学要求学生解决面临的现实问题,学习过程就是解决问题的过程,即由该过程可以直接反映出学生的学习效果,因此对这种教学效果的评价往往不需要进行独立于教学过程的专门测验,只需在学习过程中随时观察并记录学生的表现即可。②

**(二) 随机访问教学模式**

由于事物的复杂性和问题的多面性,要做到对事物内在性质和事物之间相互联系的全面了解和掌握,即真正实现对所学知识进行全面而深刻的意义建构是很困难的。往往从不同的角度考虑可以得出不同的理解。为克服这方面的弊病,在教学中就要注意对同一教学内容,要在不同的时间、不同的情境下,为不同的教学目的、用不同的方式加以呈现。换句话说,学习者可以随意通过不同途径、不同方式进入同一教学内容的学习过程,从而获得对同一事物或同一问题的多方面的认识与理解,这就是所谓"随机访

---

① 毛新勇.建构主义学习理论在教学中的应用[J].课程・教材・教法,1999(9):19—23.
② 何克抗.建构主义的教学模式、教学方法与教学设计[J].北京师范大学学报(社会科学版),1997(5):74—81.

问教学"(Random Access Instruction)。①

随机访问教学模式起源于建构主义学习理论的一个新分支——认知弹性理论（Cognitive flexibility theory）。该理论的中心观点是"在不同的时间、重新设置的情境中，为了不同的目的、从不同的概念观点对同一材料重复访取，这是达到获得高级知识目标的关键"。②人的认知随着情境的不同而表现出极大的灵活性、复杂性和差异性。不仅不同的主体对同样的对象会建构出不同的意义，即使同一个主体在不同的情境中也会对同样的对象建构出不同的意义。所以，同样的知识在不同的情境中会产生不同的意义，不存在绝对普遍适用的知识。以此为基础，随机访问教学主要是对同一个教学内容在不同时间、不同情境，基于不同目的，着眼于不同方面，用不同的方式多次加以呈现，使学生对同一内容或问题进行多方面的探索和理解，获得多重意义的建构。③

随机访问教学主要包括以下几个环节：(1)呈现基本情境——向学生呈现与当前学习主题的基本内容相关的情境。(2)随机进入学习——根据学生"随机进入"学习时所选择的内容，呈现与当前学习主题的不同侧面特性相关联的情境。在此过程中，教师应注意发展学生的自主学习能力，使学生逐步学会自己学习。(3)思维发展训练——由于随机进入学习的内容通常比较复杂，所研究的问题往往涉及许多方面，因此在这类学习中，教师还应特别注意发展学生的思维能力。其方法是：①教师与学生之间的交互应在"元认知级"进行(即教师向学生提出的问题，应有利于促进学生认知能力的发展而非纯知识性提问)。②要注意建立学生的思维模型，即要了解学生思维的特点(例如教师可通过这样一些问题来建立学生的思维模型："你的意思是指?""你怎么知道这是正确的?""这是为什么?"等等)。③注意培养学生的发散性思维(可通过提出这样一些问题来实现："还有没有其他的含义?""请对 A 与 B 作出比较"，"请评价某种观点"等等)。④小组协作学习——围绕从呈现不同侧面的情境中所获得的认识展开小组讨论。在讨论中，每个学生的观点在和其他学生以及教师一起建立的社会协商环境中受到考察、评论，同时每个学生也对别人的观点、看法进行思考并作出反应。⑤学习效果评价——包括自我评价与小组评价，评价内容与支架式教学中的相同。

### (三) 支架式教学模式

支架式教学理论(Scaffolding Instruction)是建构主义者根据维果茨基的"最近发展区"理论提出的一种新型的建构主义教学模式，是人们在探索不同于传统的教学模式的过程中形成的。长期以来，我们一直把教学理解成系统知识的传递—接受的过程。知识统帅着教师和学生，由于知识拥有量的不同，教师和学生之间形成一种传递—接受的不平等的关系。知识是对外部客观世界的被动反映。因此，教学的目的就是使学生通过教学过程获得这样的现实映象。这种理解的思想根源是从认识论的角度来理解教学的，仅仅把教学当作一个认识过程。人成了认识的工具，教学中人的存在意义就是为了掌握知识，认识外部世界。教与学本质上被理解为以知识为中介的认识与被认识、改造

---

① 何克抗.建构主义的教学模式、教学方法与教学设计[J].北京师范大学学报(社会科学版),1997(5): 74—81.
② 毛新勇.建构主义学习理论在教学中的应用[J].课程・教材・教法,1999(9): 19—23.
③ 徐辉.现代外国教育思潮研究[M].北京: 人民教育出版社,2008: 355.

与被改造的对象性活动;教学目的是传授系统的知识;教学过程也就是学生作为认识的主体对客体知识的认识过程。结果,其对实践造成的影响就是强调教师权威;把学生当作一个任意由外部随意塑造、被动接受知识的对象和客体;只重视对学生的系统知识教育,忽视学生的全面发展等等。

正是由于认识到了传统的教学理论的局限,随着文化价值观的转变和建构主义理论的兴起,人们对教学有了新的认识。知识的统帅地位被打破,知识不再是关于绝对现实的知识,而具有了建构性、社会性、情境性、复杂性和默会性等特点。相应地,人的学习的建构本质、社会协商本质和参与本质也越来越清晰地被显现出来。教和学不应只是传授和接受,实际上,"教"更应是一种组织、支持、帮助和引导;所以,教师可以教,学生之间也可以互相教。而"学"则是一种经验的习得和自主建构过程。教师不再仅仅去教,也在被教;学生在被教的同时,也在教。教学活动中的教与学不仅形成了教师与学生之间一对一的关系,也形成了学生与学生之间的关系、教师与学生群体之间的关系、学生与学生群体之间的关系等多重的网状关系,而教学活动就是在这种网状关系之中进行的复合活动。

支架式教学首先肯定了学习是一个主动的过程,儿童原有经验和发展水平是学习的基础。同时,为了确保学习的有效性,教育者必须不断提出有挑战性的新任务、提供必要的支持,并帮助儿童不断从借助支持到摆脱支持,逐渐达到独立完成任务的水平。这里,设置问题情境,提出具有挑战性、能引发儿童新旧经验之间冲突的任务,引导儿童意识到问题的冲突,并提示解决问题的线索,便是教育者有效的支架行为。①

教师支架整体上可以分为两个类型。一类是通过人际交互发挥作用的支架,可称为交互式支架;另一类是把人的智慧和文化功能固化在工具和技术设备上的支架,可称为工具式支架。

这两种支架运用在教育教学活动中,又衍生出多种方式:

| 类型 | 方式 | 说明 |
|---|---|---|
| **教师支架的两种类型及具体方式**<br><br>交互式支架 | 教师模拟或示范 | 在学习新的舞蹈动作,或者一首新歌之前,教师先做示范。 |
| | 出声思维 | 在介绍科学知识,思考科学问题时,教师可自言自语,把自己的思考过程展示给儿童。 |
| | 提问儿童 | 在帮助儿童理解故事情节的时候,教师可以扮演儿童来提问。 |
| | 降低学习材料难度 | 当儿童感到学习材料不易理解,有困难时,教师应该将材料和内容分解为小的步骤,降低难度,随着儿童技能熟练度的提升,再逐步提高难度。 |
| | 提示或暗示 | 为了使儿童更深入地理解和掌握学习或活动内容,教师不应代替孩子的思考活动,更不能简单地直接告知答案就完事,需要不断地给予其暗示、启发和提示。 |

① 陈辉. 以分类游戏材料为中介的幼儿园支架式教学的研究[D]. 北京师范大学,2003.

续　表

| 类型 | 方式 | 说明 |
|---|---|---|
| | 游戏活动,小组讨论,合作学习 | 让孩子通过游戏、相互讨论和共同合作解决问题。 |
| 工具式支架 | 替代经验的工具 | 替代经验的工具可以提供给儿童在学校生活中无法取得的材料和经验。这些工具主要包括电影、电视、幻灯片、录音带、书籍等。儿童可从中获得替代性经验。 |
| | 掌握现象根本结构的工具 | 掌握现象根本结构的工具是为了帮助儿童掌握某种现象的结构,比如一种科学现象的实验演示装置,像磁悬浮现象的演示装置等。一些特制的玩具,如有助于概念学习的各种积木,图表、图像、模型等都有类似的功能。 |
| | 促进多种感官参与的电子和媒体工具 | 电子和媒体工具有助于促进儿童的大脑对视觉形象、声音和触觉等多种形式的感官信息输入进行加工,能克服传统教育中只靠单一听觉和印刷品的视觉输入信息进行加工的不足,使大脑的多种表征形式的能力得到利用和开发。 |

在实际教育教学活动中,通常将多种支架类型结合在一起使用。支架式教学的特征主要包括以下几点:(1)基于最近发展区。支架只有发生在学习者的最近发展区之内才真正有效。当教师指导幼儿学习恰好难于幼儿当前水平的概念时,教师就激活了儿童的最近发展区,促使他们朝更高的水平前进。在这种情境中,教师对学生的学习起引导、支持的作用,帮助他们跨越了现有水平和更高水平之间的鸿沟。因此,学习者能够掌握或建构新的理解。[①] (2)支架具有暂时性。支架式教学的目的是使学习者成为独立的、自律的学习者和问题解决者,促进学习者的自我规范。因此支架的一个重要特征就是支架的暂时性。也即当学习者的能力逐渐增强时,更有能力的他人就要逐渐将支架撤退,直到最终学习者能够独立完成任务或掌握概念。[②] (3)支架具有温暖性和兴趣性。支架应当是温暖的,即教师要给予学生温暖的、支持性的反应、肯定孩子的能力,减少学生的挫败感和危机感。教师的一部分精力在支架式教学中还要用来激发和保持学生的兴趣,保持学生对活动的注意力。[③] (4)支架具有互动性。首先,支架式教学发生在合作性的情境中,教师和学生共同为完成活动目标而努力联合解决问题。[④] 其次,支架具有主体间性(Inter-subjectivity)。主体间性是一个好的支架行为的重要品质,指

---

① 转引自 Rosenshine, B., Meister, C. The use of scaffolds for teaching higher-level cognitive strategies [J]. Educational leadership, 1992, v49, no. 7:26-33.

② Beed, P. L., Hawkins, E. M., Roller, C. M. Moving Learners toward Independence: The Power of Scaffolded Instruction. [J]. Reading Teacher, 1991, 44(9):648-655.

③ Berk, L. E., Winsler, A. Scaffolding Children's Learning: Vygotsky and Early Childhood Education [J]. NAEYC Research into Practice Series. Volume 7, 1995:195.

④ Beed, P. L., Hawkins, E. M., Roller C. M. Moving Learners toward Independence: The Power of Scaffolded Instruction. [J]. Reading Teacher, 1991, 44(9):648-655.

教师在学生可能掌握的情况下解释一个观点，才能促进学生的学习①。再次，支架具有及时回应性，教师要积极地判别学生的需要，再根据需要给予反馈。②

从实践层面上说，支架式教学是一种教学策略，主要包括以下五个实施环节：搭建脚手架，围绕一定的学习主题，依据学生的"最近发展区"，建立概念框架；引导学生进入一定的问题情境；让学生独立探索；协作学习；评价学生学习的效果。

1. 搭建脚手架

教师围绕学习的任务，按照"最近发展区"的要求将任务加以分解，并建立整个任务的概念框架。在教学活动之前，教师根据"知识和技能"、"过程和方法"、"情感态度和价值观"的三维教学目标，结合学科特点和教学内容的要求，对教学目标中所规定的、需要学生习得的能力或倾向的构成成分及层次关系进行详细分析，以确定学生学习的顺序、应提供的教学条件等，并以此选择合适的支架类型。③ 学习支架从表现形式上可分为范例、问题、建议、向导、图表等类型；从手段上划分，可以分为媒介支架（借助于图示、案例、影像资料等提供支持）、任务支架（以任务为目标导向）、材料支架（提供可以供学生操作、练习的作业和实物）等。④ 在这个环节，了解学生的最近发展区、确定学习目标的结构与层次、建立概念框架等是教师搭建"脚手架"的起点和难点。

2. 问题情境

创设并引导学生进入问题情境，是指教师通过一定的手段，将学生引入一定的问题情境（概念框架中的某个节点），使新的问题情境与学生已有的知识经验水平发生矛盾冲突，从而激发起学生探索的兴趣和愿望。最佳的问题情境是处在学生"最近发展区"内的问题情境，问题能够引发学生的认知需要、兴趣和动机，呈现在学生面前的问题是一种特定的学习任务，而解决这些问题就构成了学习活动，同时学生又具备解决问题的知识经验和能力的可能性。因此，最佳问题情境是教师给学生学习搭架的前提和保证。⑤

3. 独立探索

在此环节，教师首先要帮助学生确立目标，为学生探索问题情境提供方向；其次要围绕当前的学习内容，为学生提供探索该学习内容所需要的概念框架，让学生明确与此相关的一些基本概念及相关的理论，并使其内化为学生的认知结构；第三，要通过提问、演示等方式进行启发引导，为学生提供问题解决的原型。而随着教学的深入，教师的引导也应随着学生解决问题能力的增强而逐渐减少，直至最终拆除支架。而学生则逐渐增加对问题的自主探索，并能在概念框架中继续攀登，最终完成自我管理、自我监控和探索任务。⑥ 在开始阶段，教师的引导和帮助可以多一些，但是之后应适时适当地逐渐

---

① Berk, L. E., Winsler, A. Scaffolding Children's Learning: Vygotsky and Early Childhood Education [J]. NAEYC Research into Practice Series. Volume 7, 1995: 195.

② Hogan, K.E., Pressley, M.E. Scaffolding Student Learning: Instructional Approaches & Issues. Advances in Teaching and Learning Series [M]. Cambridge: Brookline Books, 1997.

③ 高芹. "支架式教学"的理论与实践探索[J]. 中国电力教育, 2010(4): 49.

④ 刘迎. 支架教学: 概念、手段及模式(英文)[J]. 广西师范大学学报, 2005(4): 114.

⑤ 高芹. "支架式教学"的理论与实践探索[J]. 中国电力教育, 2010(4): 50.

⑥ 陈辉. 以分类游戏材料为中介的幼儿园支架式教学的研究[D]. 北京师范大学, 2003.

减少,放手让学生自己探索;最后要争取做到在没有教师引导的情况下,学生自己也能在概念框架中继续攀升。

4. 协作学习

在给予每一位学生独自探索、解决问题的充分自主权的同时,"支架式教学"还强调特定情境中学习活动的交往性、合作性和互助性,强调合作中的表现、交流、沟通和讨论等群体互动对知识建构的内在意义与价值。

教师在此环节的任务就是建立一个学生团体,引发小组间的协商、讨论。讨论的结果有可能使原来确定的、与当前所学概念有关的属性增加或减少,使各种属性的排列次序有所调整,并使原来多种意见相互矛盾且态度纷呈的复杂局面逐渐变得明朗、一致起来。在共享集体思维成果的基础上实现对当前所学概念比较全面、正确的理解,即最终完成对所学知识的意义建构。[①]

5. 效果评价

建构学习是诊断性和反思性学习,因此,效果评价是与问题探索过程融为一体的,评价主体多元化、评价方式情景化、评价内容具有全面性等是其基本特征。对学习效果的评价包括学生个人的自我评价和学习小组对个人的学习评价。评价内容包括:自主学习能力、对小组协作学习所作出的贡献以及是否完成了对所学知识的意义建构。[②]支架式教学的评价主体主要包括教师、学生个体、学生团体等,评价的方式主要包括教师对学生的评价、学生的自我评价、学生团体对个人的评价等。

支架式教学的效果评价在内容上更注重对学生的实践能力、创新能力、心理素质、学习态度等的综合考查;在评价标准上更重视个体差异发展,提倡开放的、多元的评价,以充分反映学生知识建构过程中的不同水平;在方式上更重视过程评价,关注学生在学习过程中所表现出来的认知策略、自我监控、反省与批判性思维等。其最终目的在于促进每一个学生的全面发展。[③]

### 四、教育评价

建构主义是一种重要的学习哲学。建构主义者认为,学习是心理的积极运作,而不是对教学的被动接受。他们对学习的基本解释是:学习是学习者主动地建构内部的心理表征的过程,它不仅包括结构性的知识,而且包括大量的非结构性的经验背景;学习者以自己的方式建构。对于事物的理解,不同的人看到的是事物的不同方面,不存在唯一的标准理解,但可以通过学习者的合作而使理解更加丰富和全面。建构主义者提倡的学习方法是教师指导下的以学生为主体的学习方法。建构主义的学习环境是开放的、充满着意义解释和建构的环境。建构主义的教育评价与建构主义的知识观、学习观紧密结合,其评价观主要包括:以真实任务为标准进行的评价,努力使教育更加关注真实任务的解决;以知识的建构为标准进行的评价,鼓励学习者积极参与知识的建构;以

① 陈辉.以分类游戏材料为中介的幼儿园支架式教学的研究[D].北京师范大学,2003.
② 陈辉.以分类游戏材料为中介的幼儿园支架式教学的研究[D].北京师范大学,2003.
③ 高芹."支架式教学"的理论与实践探索[J].中国电力教育,2010(4):50.

经验的建构为标准进行的评价,更重视对知识经验的建构过程而不是结果的评价,并同时注意有效评价跟教学的整合;情境驱动的评价,由于建构主义强调要在真实而富有意义的情境中进行学习与教学,所以评价的标准源于丰富的背景支持,设计者和评价者必须考虑学习发生的背景;评价标准的多元化;以社会建构与协商的意义为标准进行的评价。

基于建构主义的评价观,教育评价应该注重过程性与情境性,评价应该渗透于整个教育过程中,并以多元的标准,充分考虑教育实施的情境,将学习者、教师的评价与社会、家长的评价进行整合。

## 第三节　建构主义理论的影响与评价

在当今多元文化和信息时代的社会背景中,建构主义历经碰撞与交融,脱颖而出,成为了备受关注并且正在对当代教育教学的理论与实践产生广泛影响的理论思潮。建构主义理论尽管思想繁多,但其理论实践或思想大势是对知识进行发生学研究。"建构主义是社会科学家阻止后现代主义潮流的理念,而共建就是建构主义达到这一目的的方法"。作为对后现代主义的超越,建构主义理论主要由三个基本命题构成:从本质主义转向建构主义,强调知识生产的建构性,有效抵御了本质主义和客观主义;从个体主义转向群体主义,强调知识建构的社会性,有效抵御了个人主义和心理主义;由单向决定论转向互动论,强调知识"共建"的辩证性,有效抵御了绝对主义和各种客观论。[①]

### 一、建构主义理论的积极影响
#### (一)建构主义阐释了认识的建构性原则,有力地揭示了认识的能动性

马克思主义的认识论是能动的反映论,但是,我们以前更多在强调认识的客观性,而对认识的能动性则缺乏足够的重视和深入的揭示,在实际教育工作中更是如此。于是,我们把教材内容看成是对世界的标准解释,又用标准的语言表达出来,教师首先具有了些知识,他们用清楚的语言表述出来,让学生完成标准的理解,最后再通过考试检查学生的理解。而且,我们把知识教条化,好像学生知道了这些条条,便掌握了事物的规律,便可以去用它解决实际问题了。这不就是典型的"填鸭式"的教学吗?建构主义者反对机械反映论,他们认为,认识不是人脑对事物直接的简单的反映,而是以原有知识为基础、在主客体的相互作用中建构而成的,对事物的认识依赖于主体指向事物的活动,依赖于主体对自身活动的反思。建构性是认识能动性的具体体现,建构主义关于知识建构的研究对于揭示认识的能动性是很有启发的。[②]

在其认识论原则的基础上,建构主义者提出了学习的实质是"意义建构"的独特观点。传统教学观点认为学习是一种"反映",强调学习作为一种认识所具有的客体性与符合性;而"建构"则强调主体性与选择性,指出学习作为一种认识是主体能动选择、主

① 罗英豪.建构主义理论研究综述[J].上海行政学院学报,2006(5):86—90.
② 陈琦,张建伟.建构主义学习观要义评析[J].华东师范大学学报(教育科学版),1998(1):61—68.

体建构的过程。建构主义者认为主体性是学习者天生就有的,他们大力张扬学习者的主体性,认为没有主体性也就没有了建构性。学习的主体性就意味着学习应以学生为中心,通过让学生在教师的辅导和帮助下利用教学信息资源建构新的学习环境促进其学习。在此基础上建构主义教学理论强烈主张在教学活动中,应以学习者为中心,从学习者个体出发,从人出发,以人为本,真正把学习者主体能动性的发挥放在教学活动与学习活动的首位。这种观点尊重学习者独立的人格与个性,把学习者看作一个发展的、能动的个体。虽然每个个体都会受到外界环境因素的影响,但又都有其独特的内部文化。这种内部文化既是学习者后续发展的基础,又影响着其后续发展的状况。这种观点实际上是对传统教学个体发展观的突破与超越,是对传统个体发展的遗传决定论、环境决定论、社会决定论的一种扬弃。①

**(二)重新解读教学过程实质,强调学习的过程化和情境化**

传统教育中,教育目标注重教育结果而忽视教育过程,教育结果是高于一切的,它是整个教学追求的最高价值。建构主义教育既强调教育结果的重要性,又注重教育过程的意义建构性。传统的教育过程强调以"教育者"为中心,而忽视了受教育者的意义建构性。建构主义者主张,学习不是像早期行为主义者所说的是一个简单的"由外至内"的过程,学习实际上是学习者运用自己的已有经验去主动而积极地建构对自己富有意义的内部心理表征的过程。学习者对外部世界的理解是他通过自己主动而积极的选择、加工与建构获得的,而不是通过被动地接受别人呈现给他们的东西获得的。这意味着学习过程是主动的意义建构过程,而不是行为主义学习理论所描述的S—R过程,也不仅仅是信息加工学习理论认为的旧知识同化新知识的过程。知识的意义也不是简单地由外部信息决定的,外部信息本身没有意义,意义是学习者通过反复地使新旧知识经验相互作用而建构起来的。由此可见,与传统认知主义学习理论相比,建构主义强调了学习过程的独特性和双向建构性。②

建构主义者认为传统教育的弊端之一,就是过于宽泛、简化,缺乏情境性,学习者所习得的知识无法在新的或类似的情境中得到应用。建构主义者强调学习的情境性,强调知识和智慧的情境性,具体体现在:第一,知识生存于具体的、情境性的、可感知的活动之中,概念知识不是抽象的独立于情境的实体,它们只有通过实际应用活动才能真正被理解。第二,知识、学习是与情境化的社会实践联系在一起的。知识体现在实践共同体成员的活动和文化之中,学习者通过对该共同体的社会实践的参与而逐渐获得知识;学习和理解过程的关键是形成对具体情境中的"所限"和"所给"的调适,从而使学习者能够对自己的活动过程及结果作出预测,知识的理解体现的是人与情境的关系。③

建构主义学习理论对情境化的重视,说明其倡导者充分认识到了教育和现实世界之间的联系。在教学活动中,把所学的知识与一定的真实性任务情境挂起钩来,可避免造成教育内容、教育过程等与真实世界的分裂,从而让学生通过解决情境性问题和参与

---

① 徐辉.现代外国教育思潮研究[M].北京:人民教育出版社,2008:355.
② 吴民祥.当代主要教育思潮[M].重庆:重庆大学出版社,2013:186.
③ 徐辉.现代外国教育思潮研究[M].北京:人民教育出版社,2008:355.

情境性活动,有效地提高自身灵活迁移、运用知识的能力。

### 二、建构主义理论的局限

建构主义看到了客观主义经验论的种种弊端,并给予其不遗余力的攻击,应该说这种批评是切中要害的。但与此同时,建构主义(特别是激进的部分)却走向了与客观主义相对立的另一个极端:相对主义与主观唯心主义。它虽然一般不否定客观世界的存在,但一些研究者却怀疑认识的可能性,否认客观对主观的决定作用。它认为,知识并不反映世界的本来面目,不要去追求"真理",只能评价知识的一致性、"生存力",看它能否帮助我到达行为的目的,所以其在真理观上又是实用主义和工具主义的。冯·格拉塞斯费尔德[①]认为,传统哲学面临这样的困境:认识永远无法证明自己与客观世界的一致性,因为这样的比较又是靠另一次认识活动完成的。所以激进建构主义要在这一点上与传统哲学决裂:不再问知识与客观世界是否一致,是否"真",而是把知识看成是经验世界而非本体论世界的体现,看成是适应的结果,去追求它的"生存力",看它在活动中的效果。他把这种适应仅仅归结为生物进化论意义上的适应,归结为经验内部的一致性,认为建构主义没有看到在活动中折射出来的认识的客观性,走向了主观唯心主义和不可知论。

另外,一些建构主义者过于强调世界的不确定性和变化性,甚至完全否认本质,否认规律,否认一般,有一定的相对主义色彩。[②] 建构主义学习理论认为意义建构是教学和学习的最终目的。知识是源于个人对事物意义的主动建构,或只不过是个人对客观的一种解释、假设、假说,不存在对事物唯一正确的理解。虽然建构主义并不否认客观世界的存在,但它却认为人对客观世界的认识仅限于经验世界。人的认识只能是对经验的建构,因而它是有局限的,获得绝对真理是不可能的。但是,人的认识、经验或知识毕竟首先来自客观世界、来自实践,人的建构只能在客观和实践的基础上进行,否则就只能是主观臆断。这种过于强调知识的确定性、变化性的观点,某种程度上否认了真理的绝对性,最终只能走向极端化、落入相对主义的窠臼。[③]

## 主要参考文献

[1] [美]莱斯利·P·斯特弗,杰里·盖尔主编.教育中的建构主义[M].高文等译.上海:华东师范大学出版社,2002.

[2] [瑞士]皮亚杰.教育科学与儿童心理学[M].傅统先译.北京:文化教育出版社,1981.

[3] 林玉体.西方教育思想史[M].北京:九州出版社,2006.

[4] 王文科.认知发展理论与教育:皮亚杰理论的应用[M].台北:五南图书出版公

---

① Von Glasersfeld, E. An Exposition of Constructivism: Why Some Like It Radical [J]. Journal for Research in Mathematics Education, 1990: 19 – 23.

② 陈琦,张建伟.建构主义学习观要义评析[J].华东师范大学学报(教育科学版),1998(1):61—68.

③ 徐辉.现代外国教育思潮研究[M].北京:人民教育出版社,2008:355.

司,1991.

[ 5 ]［瑞士］J·皮亚杰,B·英海尔德.儿童心理学[M]北京：商务印书馆,1980.

[ 6 ]［瑞士］皮亚杰.发生认识论原理[M].王宪钿等译.北京：商务印书馆,1981.

[ 7 ]单中惠主编.外国教育思想史[M].北京：高等教育出版社,2007.

[ 8 ]方富熹,方格.儿童发展心理学[M].北京：人民教育出版社,2005.

[ 9 ]高文等主编.建构主义教育研究[M].北京：教育科学出版社,2008.

[10]李森主编.解读结构主义教育思想[M].广州：广东教育出版社,2007.

[11]吴式颖,任中印主编.外国教育思想通史（第十卷）[M].长沙：湖南教育出版社,2002.

[12]杨汉麟主编.外国幼儿教育名著选读[M].武汉：华中师范大学出版社,2008.

[13]张斌贤主编.外国教育思想史[M].北京：高等教育出版社,2007.

[14]张建卫,刘玉新.皮亚杰发展心理研究方法体系论[J].北京师范大学学报（社会科学版）,1998,(5).

[15]赵璧如.应该怎样理解皮亚杰的认识理论[J].社会心理科学,2005,(4).

[16]朱家雄等.皮亚杰理论在早期教育中的运用[M].上海：世界图书出版公司,1998.

## 思考题

请阅读以下材料《鱼牛的故事》,运用建构主义理论,回答以下问题：

1. 在鱼的脑海里为什么会出现"鱼牛"的形象？

2. 在学生的学习中是否有"鱼牛"现象的存在？ 请举例并说明原因。

有这样一个故事,说的是在一个小池塘里住着鱼和青蛙,他们是一对好朋友。他们听说外面的世界很精彩,都想出去看看。鱼由于自己不能离开水而生活,只好让青蛙一个人去。这天,青蛙回来了,鱼迫不及待地向他询问外面的情况。青蛙告诉鱼,外面有很多新奇有趣的东西。"比如说奶牛吧,"青蛙说,"这真是一种奇怪的动物,它的身体很大,头上长着两个特角,吃青草为生,身上有着黑白相间的斑点,长着四条粗壮的腿,还有大大的乳房。"鱼惊叫道："哇,好怪哟!"同时脑海里即刻勾画出她心目中的"奶牛"的形象：一个大大的鱼身子,头上长着两个特角,嘴里吃着青草……。这就是所谓的"鱼牛"。

**聆听经典**

"保罗·弗莱雷是一个活着的人。他懂得生活和人类的存在是因为他具有爱和对知识的追求。保罗·弗莱雷活着、爱着并不断地在探索。正因为如此,他是一个具有强烈好奇心的人。"

——保罗·弗莱雷

"弗莱雷的教育学是一种世俗的解放神学,也可以说是一种人的教育学,是为人的自身解放作斗争的解放教育学。"

——涂艳国

"弗莱雷因执着于美丽星空下每一个生命的跳动而鞭笞非人性的驯化教育;因希望每一个生命都活得精彩而提出被压迫者教育学;为把美好的信念种植在人们心中而呼吁希望教育学。而自由教育学是弗莱雷毕生追求的梦想和教育目标,他希望教育之船能最终把人们载向理想的彼岸,从而获得真正的解放与自由。"

——张琨

保罗·弗莱雷(Paulo Freire，1921—1997)，巴西教育家，是 20 世纪"被压迫者教育学思潮"最著名的代表人物，被认为是 20 世纪最著名的教育家。他是自赫尔巴特、杜威以来，教育理论史的"第三次革命"的开创者和实施者，被誉为"拉丁美洲的杜威"。1994—1995 年，联合国教科文组织主办的国际教育刊物《教育展望》以四期特刊的形式，介绍了从孔子、亚里士多德，到当代的 100 位具有国际影响力的教育家，弗莱雷就是其中之一。到 1996 年为止，美洲和欧洲共有 29 所大学授予他名誉学位。弗莱雷在多个国家和国际组织中获得过荣誉和奖励。弗莱雷一生著述甚多，在学术界广为流传，其中最为经典也最为重要的代表作《被压迫者的教育学》一书，仅英文版发行量就已经超出了 30 万册。《被压迫者的教育学》一书激励了无数年轻一代的教育者，该书提出的解放教育思想，不仅影响了第三世界国家教育理论与实践的发展，而且对包括美国在内的许多发达国家的教育及社会理论的发展都产生了极大的影响。各国的学者对弗莱雷的思想和理论都进行过广泛的研究，无论是课程论、教学论还是教育哲学领域，弗莱雷的思想都引起了人们极大的重视。弗莱雷的一生极具传奇色彩，被誉为"活着时就成为传奇"的人物。他以毕生的精力投入到建设民主社会和民众教育的理想事业中，在他的实践改革中，他将自己的教育理念运用于实际当中，并积累了大量的经验，形成了自己独特的教育思想体系和教学方法，在世界教育史上产生了深远的影响。

## 第一节　解放教育理论的代表人物：弗莱雷

### 一、弗莱雷生平——执着于理想，为理想的实现奋斗终生

保罗·弗莱雷曾说过："我执着于理想。我的行动也是为了实现理想——建立一种没有压迫、没有歧视、没有种族主义、没有大男子主义的社会，建立一种更加开放的社会，服务于得不到保护、被人看不起的下层民众的利益，而不是仅仅服务于富人的利益。我不在乎名利。我主要的事业便是诚实、认真地工作，以便建立一个更好、更公正的社会。"[①]

#### (一) 在苦难中体味压迫，在教育实践活动中积累经验

1921 年，保罗·弗莱雷出生在巴西东北部伯南布哥州的累西腓市，父亲是州警察局的普通军士，家境并不宽裕。1929 年世界性经济危机的爆发，加之 1934 年父亲的去世，使弗莱雷一家的经济状况陷入困境。饥饿、贫困——这些所有下层人民遭遇到的苦难他基本都有深刻的体验。弗莱雷在青少年时代就深深地体会到了生活的艰难和阶级间的差别，也了解了社会的残酷。这为他以后透彻而深刻地认识压迫世界提供了经验性基础。[②]

在正式投入社会工作之前，弗莱雷曾在中学担任葡萄牙语教师。1947 年，他到伯南布哥州的工业社会服务社(SEST)工作。在工作期间，他广泛接触工人群众，了解他们的学习特点，并且还积极研究学生、教师与家长之间的关系。由于工作出色，他被任

---

① 关守义. 弗莱雷解放教育思想研究及启示[D]. 河北大学，2006.
② 黄志成. 被压迫者的教育学——弗莱雷解放教育理论与实践[M]. 北京：人民教育出版社，2003：2.

命为该组织教育和文化署的负责人,参与了许多重要的政治活动和教育工作。在该组织工作了近十年之后,他又以葡萄牙语教师的身份投入到巴西的大众文化运动(MCP)、累西腓大学的文化扩展服务(SEC)等教育实践活动中。① 弗莱雷由于杰出表现和所进行的一些创新活动,开始受到当地人的注意。

**(二) 在成人扫盲教育工作中崭露头角,"解放教育"理论基本形成**

1959 年,弗莱雷以《巴西目前的教育》一书获得博士学位,并成为累西腓大学教育史和教育哲学教授。整个 50 年代,弗莱雷在巴西东北地区参加成人扫盲工作,积累了不少成人扫盲的工作经验。60 年代初,弗莱雷参加了"累西腓民众文化运动",担任"累西腓民众文化运动"成人教育计划的总协调员。② 在参加"民众文化运动"的过程中,弗莱雷与该文化圈成员讨论民众问题和扫盲问题,并在此基础上形成了自己成人扫盲教育的基本思想。随后,弗莱雷运用自己的成人扫盲教育方法,开展了大量教育实验,取得了令人瞩目的成就。1963 年,古拉特政府教育部长邀请弗莱雷担任全国扫盲计划总协调员,负责巴西东北部的成人识字工作,并安排其在全国各地组织扫盲协调员的培训工作。③ 由于弗莱雷工作和长期教育实验所取得的成果,尤其是他的解放教育的基本思想为大众所知,广泛流传,弗莱雷的影响瞬间就从累西腓市扩大到了整个巴西的东北地区,很快又闻名全国乃至世界。

**(三) 流亡国外,创建"解放教育"理论**

正当弗莱雷准备大展宏图之时,1964 年,巴西发生军事政变,以古拉特总统为首的民主领导被推翻,取而代之的是军人独裁统治。弗莱雷也以"天主教和巴西人民的叛徒"之名义遭到逮捕,随后开始了他长达 16 年的流亡生活。1964,他先到玻利维亚,后到智利。当时智利正在进行农业改革,弗莱雷在智利农业部下属的培训部工作,积极培训教师和技术人员。1969 年,弗莱雷成为哈佛大学教育与发展研究中心的访问学者。1970 年,他出版了最有影响的著作——《被压迫者的教育学》,同年,他受邀到总部设在日内瓦的世界教廷议会工作,并以教育顾问的身份参加了第三世界国家的成人识字工作。1970—1971 年,弗莱雷首次到非洲的坦桑尼亚和赞比亚指导识字工作。1975 年,他接受原葡萄牙殖民地几内亚比绍教育部长的邀请,参加该国的识字发展项目,以后又在圣多美和普林西比参加成人识字工作。④ 由于其理论和实践活动的广泛影响,自 70 年代以来,包括比利时卢万大学、美国密歇根大学、瑞士日内瓦大学在内的许多世界知名大学都授予了他名誉博士学位。此外,他还应邀到澳大利亚、意大利、安哥拉、尼加拉瓜、印度等国进行了访问或参与了相应的工作。

**(四) 归国实施教育改革,成效显著**

1980 年,弗莱雷结束流亡生涯,回到巴西。回国后,他在继续担任尼加拉瓜和格林纳达成人识字顾问的同时,又积极投身于国内的教育事业和各项社会活动中。1986 年,弗莱雷获得联合国教科文组织颁发的教育和平奖。1989 年,他担任圣保罗市的教

---

① 关守义.弗莱雷解放教育思想研究及启示[D].河北大学,2006.
② 黄志成.被压迫者的教育学——弗莱雷解放教育理论与实践[M].北京:人民教育出版社,2003:3.
③ 黄志成.被压迫者的教育学——弗莱雷解放教育理论与实践[M].北京:人民教育出版社,2003:3.
④ 黄志成.被压迫者的教育学——弗莱雷解放教育理论与实践[M].北京:人民教育出版社,2003:3—4.

育局长一职,积极开展教育改革,包括课程改革、师资培训、教师工资改革和成立学生会以及以教师、家长和政府官员为主的校务会,不断探索学校行政管理的新模式。此外,他还发起了圣保罗市的成人识字培训运动,该项运动对圣保罗市以及周边城市的影响很大,并得到了非政府组织的广泛支持。

**(五) 著书立说,奋斗到生命最后一刻**

1991 年 5 月,他辞去教育局长一职,重新开始他著书立说的学术活动。一方面,他继续着在担任局长之前就已经开始的四本书的写作,另一方面,他也时常外出讲学、作报告。1997 年,弗莱雷因病去世。

综上所述,弗莱雷的一生是为建设民主社会和民众教育的理想而奋斗的一生;是为教育理想的实现付出满腔激情的一生;是执着于理想、追求理想、勇于实践的一生;是伟大而平凡的一生。

## 二、弗莱雷的主要贡献

弗莱雷一生最主要的贡献如下:提出了以批判意识为目的的解放教育理论;从文化人类学角度探究了教育与觉悟之间的关系;从成人教育着手,注重教育与现实相结合,提出了情景提问对话式的教学方法;从教育哲学角度论述了教育与政治之间的关系,提出教育即政治的观点。

弗莱雷一生著述甚多,他在长期的教育和工作实践中写出了《作为解放实践的教育学》(1967)、《教育政治学:文化、权力与解放》(1985)、《扫盲:识字和识世》(1987)、《被压迫者的教育学》(1970)、《给克里斯娜的信:对我的生活和工作之思考》(1996)等著作。

**(一)《作为解放实践的教育学》——弗莱雷"解放教育理论"的"序言"**

该书是以弗莱雷在巴西的扫盲教育实践为根据,对其早期教育思想和实践的一个总结。在该书中,弗莱雷首先分析了巴西的社会状况,揭露了巴西封闭式的、无民主的社会特征,主张通过教育的变革达到社会的变革;接着弗莱雷分析了教育与觉悟的关系,提出了教育应使人们觉悟的思想;最后,弗莱雷总结了他在巴西开展的扫盲教育实践,将扫盲教育与解放相联系,提出了著名的解放教育思想,并提出了成人扫盲教育的有效教学方法。

该书是弗莱雷从事广泛、艰巨、深奥的教育学研究的一个出发点,也是他构建解放教育理论的一个里程碑。

**(二)《被压迫者的教育学》——弗莱雷"解放教育理论"的"正文"**

在该书中,弗莱雷分析了压迫者与被压迫者的具体情况以及它们之间存在的社会矛盾,提出了通过教育来获得解放的思想,尖锐地揭露了传统教育是统治阶级的压迫工具,提出了"教育即政治"的观点,从而构建了他的解放教育思想理论基础。

**(三)《解放教育学》——弗莱雷"解放教育理论"的"进一步发展"**

该书较为系统地论述了何为解放教育以及如何进行解放教育改革。在该书中,作者重点讨论了什么是解放教育学;教师该怎样把自己转变成解放教育的教育者;学生该如何转变;师生该如何看待解放教育;在解放教育中教师与学生的关系;解放教育的结构是怎样的;解放教育中的自由和限制;什么是对话式教学;在解放教育的课堂里教师应该怎样上课；怎样实施解放教育的课程；第三世界国家的解放教育可否应用到第一世界国家；怎样把有关种族、性别、阶级等主题与解放过程联系起来；解放教育者如何克服与学生在语言上的差异等等。

该书回答了在实施解放教育过程中碰到的许多实际问题，为人们开展解放教育提供了详细的指南。

**(四)《城市教育学》——弗莱雷"解放教育理论"的具体应用**

本书为弗莱雷担任圣保罗市教育局长时与各国学者的谈话录。

该书谈到他任职后的设想、已经进行的改革和即将采取的措施；论述了当代城市地区该如何进行解放教育的问题。弗莱雷运用自己的解放教育思想进行了一系列大胆的改革实验：提出整修校舍，反对官僚主义作风；强调民主，消除教育不公平现象；实施集体领导，下放决策权；建立校务委员会，增强全体成员的参与性等。弗莱雷还在本书中提出要对课程进行全面改革，教学内容要强调与学生的生活经验相联系，要开展跨学科的新课程计划和教师的再培训计划。

**(五)《发展中的教育学——几内亚比绍信札》——弗莱雷成人扫盲教育理论的基础**

该书可以说是对非洲国家具体教育实践的调查报告，也可以说是关于扫盲理论的批判性研究报告。

在该书中，弗莱雷系统地论述了其在几内亚比绍开展扫盲教育运动的过程，比较了非洲国家和拉丁美洲国家扫盲教育的不同背景；揭示了他的扫盲方法在非洲国家运用过程中所遇到的问题以及他在非洲开展扫盲教育运动所受到的限制；分析了几内亚比绍在社会重建过程中扫盲教育运动的重大意义。

**(六)《扫盲：识字和识世》——弗莱雷成人扫盲教育理论的进一步深化**

在该书中，弗莱雷主要论述了扫盲的重要意义，主张将认识词汇和认识世界联系起来，指出了扫盲不仅仅是要让人们学会读书，更重要的是让人们能更好地认识世界和改造世界。主张成人扫盲教育要与民众的解放、培养民众的批判意识相联系，提出了扫盲是一种文化政治形式，从而进一步丰富了其成人扫盲教育理论。此外，该书还对其他国家开展的成人扫盲教育进行了总结。

## 第二节　解放教育思想产生的背景

弗莱雷解放教育思想的产生，有其自身的社会历史背景和深刻的思想渊源。因而，在分析和研究弗莱雷的教育思想时，不能将之与弗莱雷所处地区的具体环境、巴西全国的背景、拉丁美洲的背景乃至世界范围的背景割裂开来。只有将两者结合起来看，才能更好地理解为什么弗莱雷提出了他的解放教育理论，才能更为客观地评价弗莱雷的教育思想和其产生的影响。

**一、社会背景——乱世的哲思**
**(一) 巴西东北地区背景——矛盾的焦点，各种思想运动竞争的舞台**
巴西东北地区远远落后于巴西的其他地区，尤其与东南地区的差距极大。但该地区的累西腓市因为濒临大西洋,地理位置得天独厚,故而成为了该地区的重要城市,外来思想在这个城市传播速度很快。20 世纪 60 年代初,在巴西发展现代化的进程中,累西腓逐渐发展成为东北地区的工业中心,这同时也带来了许多社会问题,加剧了当地社会政治文化的紧张局势,而城市化进程又进一步加剧了贫富之间的差距。哪里的压迫越深,哪里的反抗就越激烈。巴西东北部在深刻的压迫中形成了深厚的反抗传统。60 年代的巴西,尤其是巴西东北部,遂成为各种思想、运动竞争的舞台。[①]

弗莱雷出生在该地区的一个小市镇,他长期生活、学习和工作在这块土地上,从小就深深地感受到了当地民众的贫苦生活以及劳工斗争的残酷,并积极地投身于累西腓的民众文化运动中,致力于实施成人扫盲教育计划。这种背景为弗莱雷提供了接触各种思想、党派的机会,使他可以在激烈的社会运动中逐步丰富自己。可以说,在巴西东北地区发生的各种形式相似但思想意识各异的运动都对弗莱雷的思想发展产生了极大的影响。

**(二) 巴西全国的背景——社会矛盾严重,教育发展不均衡**

战后初期,巴西在工业发展方面取得了一定的成就,逐渐向工业化、现代化迈进。然而,国家在发展经济的过程中却忽视了教育、卫生、运输和社会服务等方面的发展,使得通货膨胀率急剧上升,贫富之间的差距进一步扩大;加之这一时期政府并未制定任何社会发展计划或教育计划,导致教育发展严重滞后。60 年代初,巴西颁布了第一部教育法——《全国教育方针与基础法》确定了教育分权化管理体系;与此同时,巴西经历了历时两年多的政治和社会动荡以及经济危机,巴西开始了军人独裁统治时期。此时,巴西的社会矛盾依然很严重,巴西国内形成了两种社会:一种是北部和东北部的传统、农业、落后社会;另一种是南部和东南部的现代、工业、发达社会。[②] 同一地区贫富差距也很明显,这种差别深深地影响了巴西的教育,使巴西的教育发展极度不平衡,再加上巴西政府对教育的投资有限,对教育资源分配不公和大量资源的浪费,造成巴西大批穷人的孩子失去受教育的机会,巴西文盲数量激增。在这种社会发展的过程中,一方面,统治阶级用主流文化强化了贫富分化、两极分化的现实;另一方面,为改变这种不民主、不公平的社会现状,出现了主张用民众主义反对主流文化统治的思潮。[③]

弗莱雷根据巴西社会现实,结合多年扫盲教育实践经验,提出了他的“解放教育思想”。可以说,弗莱雷的思想适应了当时巴西社会发展中的一部分需要,是顺应历史发展潮流的。

**(三) 拉丁美洲的背景——社会、政治、经济发展矛盾尖锐**

弗莱雷的教育思想是在拉丁美洲国家社会、政治、经济发展过程中矛盾十分尖锐的时代形成的。因此,要考察弗莱雷教育思想的形成、发展和广泛传播的原因,就要先了解拉丁美洲社会历史的发展过程。

1. 社会政治发展背景

二战后,渴望政治民主、争取民主独立、谋求经济发展成为拉丁美洲社会发展的一

---

① 关守义.弗莱雷解放教育思想研究及启示[D].河北大学,2006.

② 关守义.弗莱雷解放教育思想研究及启示[D].河北大学,2006.

③ 黄志成.被压迫者的教育学——弗莱雷解放教育理论与实践[M].北京:人民教育出版社,2003:20—22.

个总趋势。由于拉丁美洲第一个社会主义政权——古巴的出现,以及民众主义的影响和美国政府财政援助力度的增强,拉丁美洲国家通过进口替代,工业化的进程不断加快并向多样化的方向发展。与此同时,拉丁美洲国家出现了"独裁危机"的早期症状。军人执政导致了拉丁美洲国家民众革命运动不断兴起,整个拉丁美洲形成了一股强大的民众主义思潮,当时很多拉丁美洲国家政府都实施民众主义政策。到 20 世纪 60 年代,民众主义运动的不断发展和古巴革命的胜利进一步推动了拉丁美洲左派激进力量的壮大。从 60 年代到 80 年代,大多数拉丁美洲国家军人政府实施了为促进国家现代化发展的新权威主义政策,其中就包括积极推行社会变革,而教育变革也是其中要考虑的重点。[①]

在这种情况之下,拉丁美洲人开始思考教育改革。在社会变革过程中,教育意味着什么？拉丁美洲的出生率居世界首位,有一半人口在 19 岁以下,有成千上万的文盲,怎样理解拉丁美洲教育的发展？

正是在这一时期,弗莱雷提出了作为解放实践的教育观点和被压迫者教育学的观点,这些观点自然为拉丁美洲国家进步主义教育工作者所接受并被用于实验。

### 2. 社会经济发展背景

二战后,拉丁美洲各国陆续实行对发展民族经济有利的自主开放政策,废除对发展民族经济不利的做法,对外资既限制又利用,这种外向型的经济发展模式,一方面加快了拉丁美洲经济的发展速度,但另一方面也带来了很多问题。拉丁美洲国家的经济还是远远落后于发达国家。因此,在拉丁美洲国家中出现了诸多谋求经济发展的理论和思潮,其中影响比较大的是"发展主义理论"和"依附论"。[②]

弗莱雷提出的"被压迫者教育学"所要解决的问题是"在非人性的社会中,被压迫者如何通过教育获得解放",这与拉美思想家的问题意识是一致的,是思考依赖与独立问题的一个组成部分。[③] 它们都受到六七十年代拉美人民革命运动的推动,从属于积极参与变革社会秩序斗争的解放实践。

综上所述,巴西及拉丁美洲为弗莱雷教育思想的生长提供了土壤,弗莱雷对现实世界的最初判断都是由这些背景出发的,其后期的经验正是前期经验扩大、生长的结果。离开这些,我们无法解释弗莱雷教育思想形成的原因。

## 二、理论渊源——解放教育理论的思想基础

弗莱雷教育思想的形成主要受马克思主义和基督教的影响。对此,弗莱雷曾经说过:"对于革命思想家的阅读(尤其是反独裁的思想)为我的伦理和政治信仰提供了科学基础。""其他的一些东西也可以解释我的政治性教育学实践:我的基督教教育"。[④] 我对基督充满了爱,基督是光,他将我引向了马克思。山涧、树林、沼泽中被压迫者的悲惨

① 黄志成.被压迫者的教育学——弗莱雷解放教育理论与实践[M].北京:人民教育出版社,2003:23—25.
② 黄志成.被压迫者的教育学——弗莱雷解放教育理论与实践[M].北京:人民教育出版社,2003:23—26.
③ 关守义.弗莱雷解放教育思想研究及启示[D].河北大学,2006.
④ Freire, P. Letters to Cristina: Reflections on My Life and Work [M]. New York: Routledge, 1996: 86.

现实将我引向马克思。我与马克思的关系从来就不意味着我要抛弃基督。"①对被压迫者深刻的爱和对自由世界的憧憬，是弗莱雷同时信仰马克思主义和基督教的基础。弗莱雷对马克思主义和基督教的特殊理解与取用，前者表现为实践哲学，后者表现为解放神学。

**（一）对马克思主义的理解和取用**

弗莱雷对马克思主义的理解取向于实践哲学，主要与三个因素联系在一起：马克思的《关于费尔巴哈的提纲》、葛兰西，以及捷克马克思主义者卡莱尔·科西克（Karel Kosik）。

弗莱雷经常将马克思的《关于费尔巴哈的提纲》视作有助于其思想发展的最重要的文献之一。该文献的核心思想就是关于"哲学家们只是用不同的方式解释世界，问题在于改变世界"的论断。这个论断是实践哲学的标志，它的本质特征是改变世界，"使现存世界革命化"。实践哲学的中心任务不在于认识世界，而在于通过认识世界而改造世界。弗莱雷的解放教育学对马克思主义的这个精神实质的把握是准确的。在他看来，现实社会中的统治阶级为了维护现状，将教育打扮成价值中立的样子，将认识与行动分离，抹杀了教育本身的政治性。解放教育学的首要任务就是要揭露统治的伪装，那么如何去揭露呢？通过将识字与识世结合起来，赋予他们以改造现实的能力。弗莱雷的解放教育学贯彻于认识与改变、理论与实践、言与行的关系中。②

如果说马克思在纲领和精神上引导了弗莱雷，那么，除了在坚持马克思的实践哲学的路线方面的一致之外，葛兰西与弗莱雷的联系是多方面的、具体的。葛兰西和弗莱雷分别生活于20世纪上下半叶，葛兰西是弗莱雷非常欣赏的一位思想家，弗莱雷在自己的著作中经常提到他。葛兰西关于文化霸权、成人教育、对受教育者力量的肯定的思想对弗莱雷产生了直接影响。在对于教育中的权力的认识上，葛兰西的文化霸权概念则对弗莱雷产生了重要的影响。而弗莱雷要努力做到的正是打破压迫者的统治权力结构，通过意识化，使被压迫者增权，获得改造世界的力量。并且他们都致力于成人教育领域的革命性工作。在对被压迫者的力量肯定和知识观上，弗莱雷和葛兰西都强调了人民认识世界的能力和经验。从知识观上来看，弗莱雷不认为有人拥有绝对的"知识权威"，知识是一个动态的探究过程，"知识只有通过发明和再发明，通过人类在世界上、人类与世界一道以及人类相互之间永不满足的、耐心的、不断的、充满希望的探究才能出现"。③ 作为知识的探索者，被压迫者与哲学家是平等的。弗莱雷坚信，每个人，不管他多么无知，都能够批判性地看待他周围的环境。这是他的教育理论的基础。

另一个不为人注意但对弗莱雷产生过重要影响的作者是捷克马克思主义者科西克。科西克是一位有世界声誉的哲学家，是东欧新马克思主义最有影响力的代表人物之一。他对弗莱雷人道主义的马克思主义思想产生了重要影响。科西克的代表作《具体辩证法》的副标题是：关于人与世界问题的研究。泰勒对科西克的《具体辩证法》和

① Freire, P. Letters to Cristina: Reflections on My Life and Work [M]. New York: Routledge, 1996: 87.
② 徐渊. 第三次教育理论改革——解放教育学的核心观念及形成[D]. 华南师范大学, 2003.
③ [巴西] 保罗·弗莱雷. 被压迫者教育学 (30 周年纪念版) [M]. 顾建新等译. 上海: 华东师范大学出版社, 2001: 25.

弗莱雷的《被压迫者教育学》进行了比较①，他认为两本书在结构上极为相似，如科西克使用社会再生产、社会储蓄（social banking）结构、识世、自由实践等概念，与此对应，弗莱雷使用压迫现实、教育储蓄（education banking）系统、意识化、教育实践等概念。泰勒认为弗莱雷吸收了科西克的思想和语言，正如弗莱雷吸收其他思想家的思想和语言一样，这并不妨碍他形成一套创造性的理论。

尽管弗莱雷一直反复赞美正统的马克思主义，但他不是马克思主义教条的遵循者。比如在对待马克思的阶级分析的方法上，他"确信斗争事实上普遍存在，阶级冲突在不同的背景中表现为不同的形式"。② 在保留阶级斗争的首要性的同时，弗莱雷坚持提升了性别、性和种族的地位，持一种多因素分析的方法。怀疑一切，批判一切，既是马克思的武器，也是弗莱雷的武器。这是他对马克思主义的继承与发展。

**（二）基督教对弗莱雷教育思想的影响**

弗莱雷的基督教信仰是与拉丁美洲的解放神学运动联系在一起的。弗莱雷从小就受到母亲和巴西社会环境的影响，信仰天主教。他对被压迫者的深切同情与天主教信仰中的人道主义是分不开的。进入大学后，弗莱雷开始涉猎基督教神学家的作品。"他们不仅赋予弗莱雷以文本，而且赋予了弗莱雷锻造解放教育学的背景。他们对他的影响并不直接地通过大学课堂，而是通过天主教会。"③后来，弗莱雷出于与累西腓地区大主教卡马拉的密切关系，参与了巴西"基层基督教团体"的活动，"基层基督教团体"是席卷拉美大陆的解放神学的直接先声。解放神学的核心在于号召实践，要求基督徒不仅要反省世界，而且"要成为改造世界的一部分力量"。

解放神学还与马克思主义结合起来，认为马克思主义可以成为基督教用来解释和摧毁第三世界独裁者"制度罪恶"的工具。④ 解放神学论者力主神学和政治不可分离，真正的问题在于神学是自觉还是不自觉地发挥自己的政治作用。弗莱雷是解放神学的积极倡导者，解放神学的特点也体现在他的解放教育学中。解放教育学和解放神学在精神上是一致的，它们同属于 20 世纪六七十年代拉美解放实践的组成部分。在形式上它们还相互借鉴，弗莱雷扫盲活动中的文化小组就是借鉴了"基层基督教团体"的组织形式。⑤

## 第三节　解放教育理论的主要观点

弗莱雷的解放教育理论起源于他的扫盲教育实践。在长期的扫盲教育实践中，他提出了许多与传统教育截然相反的新观点，形成了他丰富的解放教育理论。

---

① Taylor, P. V. The Texts of Paulo Freire [M]. Buckingham：Open University Press, 1993：44.
② 徐渊.第三次教育理论改革——解放教育学的核心观念及形成[D].华南师范大学,2003.
③ Taylor, P. V. The Texts of Paulo Freire [M]. Buckingham：Open University Press, 1993：39.
④ 徐渊.第三次教育理论改革——解放教育学的核心观念及形成[D].华南师范大学,2003.
⑤ 徐渊.第三次教育理论改革——解放教育学的核心观念及形成[D].华南师范大学,2003.

### 一、教育的本质——"教育即政治"

保罗·弗莱雷认为:"教育的全部活动在本质上都是政治的。政治不是教或学的某一方面。不管教师和学生是否承认他们工作和学习的政治性,教育的所有形式都是政治的。"①

教育的非中立性,即教育的政治性,是弗莱雷的教育思想中最重要、也最有影响力的观点。弗莱雷在他后期的许多著作或谈话中,都明确提出了"教育即政治"的思想。"教育是否具有政治性"这个问题是他在长期的教育实践中一直思考的问题。在对教育与政治的关系的看法上,弗莱雷的思想因其个人经历和社会背景的影响,有一个从"教育与政治无关"到"教育的政治方面"到"教育作为政治"到"教育即政治"的发展过程。弗莱雷从学校功能、学校教师作用以及学校教学过程等方面论述了教育的政治性问题,最后得出"教育即政治"的观点。在弗莱雷看来,教育和政治是密切相联的,一切教育活动都具有政治性。"教育是政治行为,政治是教育的灵魂。"②他认为,教育是统治阶级意识形态再造的手段,即使在高度现代化的社会,统治阶级也真切地意识到教育的作用,努力使之为其统治服务。教育能够驯化个体,使人们积极或被动地接受现实生活。同时,教育又能够解放人们,为人们积极把握知识和社会之间的辩证关系提供帮助。③弗莱雷指出,教育之所以是政治性的,是因为教育领域是塑造个人和改造社会的场所。正是由于人类和社会通过教育朝着这个方向或那个方向发展,所以学习过程不可避免地具有政治性。④

改革开放后,我国从计划经济走向市场经济,这一社会改革也影响了教育的发展。然而,教育又是一个比较特殊的领域,教育发展既要适应并促进社会的发展,又要遵循其自身的发展规律。也就是说,教育本身有许多重要的特性,如经济性、社会性、科学性和政治性等,在教育发展的过程中处理好这些关系是我们在进行教育改革时必须要考虑的问题。我们一度夸大了教育的政治性,忽视了教育的其他特性。在目前以经济发展为中心的国策下,我们谈论教育的政治性少了,更多地关注起了教育的经济性,但不可否认,教育本身具有很强的政治性。如果我们现在的教育又仅注重教育的经济性,忽视教育的其他方面,教育单位把经济效益放在首位,忽视其他主要功能,我们的教育肯定还会出问题。因此,在教育发展的过程中处理好这些关系是非常重要的。弗莱雷解放教育理论提出的"教育即政治"的思想,可以为我们的教育改革提供以下思路。⑤

- 我们的教育制度的运行和发展应该以什么样的思想和理论为指导?
- 我们的教育实践是否仍然关注和重视教育的政治性?
- 我们的教育是否注意到教育所具有的各种特性?
- 我们的学校和教师是否正确地理解了政治与业务之间的关系?

---

① 黄志成.被压迫者的教育学——弗莱雷解放教育理论与实践[M].北京:人民教育出版社,2003:182.
② Freire, P. The Politics of Education [M]. London: Macmillan, 1985:188.
③ 黄志成.试论弗莱雷解放教育理论的现实意义[J].外国教育研究,2003(7):7.
④ 黄志成.被压迫者的教育学——弗莱雷解放教育理论与实践[M].北京:人民教育出版社,2003:182.
⑤ 黄志成.被压迫者的教育学——弗莱雷解放教育理论与实践[M].北京:人民教育出版社,2003:213—214.

## 二、解放教育的实质——教育的批判性问题

保罗·弗莱雷指出："解放教育就是批判性教育。解放教育是从揭示、到批判、再到创造的这样一个过程。在这一过程中，教师和学生必须结合在一起，共同进行创造和再创造。"①弗莱雷的解放教育学就是一种批判教育学。他说："不管是进行对话式教学还是讲授式教学，最重要的是看有没有用正确的方法揭示事实，有没有激发学生的批判性思维，有没有批判地使学生重新认识社会。"②弗莱雷认为解放教育的主要目的和任务是揭示和批判，培养批判意识，在他看来，所谓的批判意识指的是"人作为知识的主体，而不是被动的受体，对于形成他生活的社会文化现实及其改变现实之能力的深刻意识"。③而且弗莱雷的教育理论是建立在这样一个坚定的信念之上的，即人类能够对其自身及环境持批判的态度。他主张通过教育，使人能够对自身及生活现实有一个正确的认识，并投身于改变现实的斗争中去。

当前，我国教育的发展正由应试教育阶段走向素质教育阶段。但是传统教育思想根深蒂固，这种教育培养的学生都要按照规定的标准和要求学习，学习意味着学生被动地储存教师传授的所有知识；学生只是被动地接受教师所讲的内容，课本内容即为真理，一切为了考试……这一教育场景下的学生已异化为一种考试机器。而反观弗莱雷的解放教育思想，他认为教育不应简化成为一种机械式的教学方式，学习也不应该是单纯地记忆大量信息和技巧。在批判教育学中，教师是问题的提供者，能够激励并促进学生提出并解决问题；学生是主动的，他们积极地提出问题，进行批判性思考，他们把教育过程当成自己主动从事的一项工作，而不是被动地接受知识的过程。弗莱雷非常强调批判性的培养，这种思想给我们当前的教育改革提供了思路。④

- 我们的教育目的是什么？仅仅是传授知识吗？
- 在我们的教育过程中是否要重视对批判意识的培养？
- 我们的教育是否鼓励学生对现有知识、现实甚至权威提出质疑？
- 有助于批判意识形成的对话式教学，是否能够在学校中继续实施？

## 三、解放教育的基本主张——教育的民主性问题

弗莱雷的解放教育是追求民主平等的教育。他认为，人们是在反对压迫、争取解放的过程中获得真正的民主的。弗莱雷的解放教育主张学校要试试民主参与的管理。参与的管理不是压制人、操纵人和征服人的，而是畅所欲言、团结合作、组织协调的。参与的管理重视团体中每个人的作用，发挥每个人的积极性，不排斥任何人。弗莱雷还指出，教育的评价不应是唯智的、片面的；教育的功能不应是筛选式的、淘汰式的。

### （一）教学方式：提倡"平等对话式"教学，反对"银行储蓄式"教学

对话式教学方法被弗莱雷认为是一切教育活动中最为有效的方法。他认为人生来

---

① 转引自黄志成.被压迫者的教育学——弗莱雷解放教育理论与实践[M].北京：人民教育出版社，2003：175.
② 黄志成.被压迫者的教育学——弗莱雷解放教育理论与实践[M].北京：人民教育出版社，2003：173.
③ 巨瑛梅.试析保罗·弗莱雷的教育思想[J].外国教育研究，1999(4)：8.
④ 黄志成.被压迫者的教育学——弗莱雷解放教育理论与实践[M].北京：人民教育出版社，2003：216.

便是互相交流的,人类通过必要的交际而建立起关系,没有对话就没有人类的进步,诚如他所说的"认识永远是个过程,并且始终要求对话"①,但是,由于几个世纪以来人民处于统治者的文化压制的沉默状态,因此要使人民对对话产生需要并非易事。在弗莱雷看来,由统治者的精英分子提出的对话是垂直式的,在这种对话中,受教育者被认为只须听和顺从,它阻止了受教育者表达他们的思想。他认为,对话应是水平面式的关系,它由爱、平等、谦虚、希望、信仰和信心组成,它通过与受教育者相关的各种课程赋予对话的传统特征以新的内涵。

弗莱雷的对话式教学与传统的"储蓄式教育"(banking education)的教学方法形成了鲜明的对比。在传统的"储蓄式教育"的教学中,教育者无所不知,而受教育者一无所知;教育者讲和思考,受教育者听和接受思想;教育者选择教学内容,而受教育者被动地接受规定的内容;教育者是主体,受教育者是客体。弗莱雷的对话式教学正是在对这种传统的"储蓄式教育"教学的批判的基础上产生的。他认为,在对话式教学中,教师与学生都是主体,教学是在教师的指导下,学生以分析问题的方式进行的感受现实并对之加以分析,从而重建现实的过程。②"学生——不再是温顺的听众——在与教师进行对话的过程中是批判性的合作调查者"。③ 在对话式教学中,课程内容建立在学生已有经验的基础之上,教学须激发学生的批判意识和创造性,学习便是一种创造性的活动。

### (二) 师生关系观:师生平等,均为主体

弗莱雷认为,在批判教育教学过程中,教师和学生是平等的,二者都是主体,"教师是教学活动的主体,学生是学习活动的主体"。④ 他认为,"不能将学习简化为仅仅学习词、音节或者字母,即一种教师用词填满假设为'一无所知'的学习者头脑中的教学过程",⑤相反地,在教学过程中,他坚决主张不管学习者是何种水平,都应该让他们自己成为求知活动中的主体。虽然"在任何学习背景下,学生都需要教师的帮助,但是,这并不意味着教师的帮助使学生的创造性及建构语言的能力显得微不足道"。⑥"教育者决不能允许其好奇心凌驾于学生之上,从而使学生处于教育者的阴影之下"。⑦ 可见,重视学生的主体性,发展学生的好奇心及培养学生的批判能力是弗莱雷一直强调的。但是,这一切并不意味着他对教师作用的否定或忽视。弗莱雷认为,在教学过程中,教师必须具有一定的权力,"没有权力也就没有纪律,而唯有放纵"。权力来自教师对其所教学科知识的深度和广度的把握上。他认为,"教师的权力是发展学生的自由所不可缺少的。教师滥用职权,成为独裁主义者,或者放弃权力,成为放任主义者,这一切都会使发展学生的自由这一过程受到挫折"。⑧ 并且他在《被压迫者的教育学》中提到,"如果教

① 杨春华,林世员.保罗·弗莱雷成人教学思想述评[J].继续教育研究,2006(5):135.
② 黄志成.被压迫者的教育学——弗莱雷解放教育理论与实践[M].北京:人民教育出版社,2003:173.
③ 杨春华,林世员.保罗·弗莱雷成人教学思想述评[J].继续教育研究,2006(5):135.
④ [巴西]保罗·弗莱雷.被压迫者教育学(30周年纪念版)[M].顾建新等译.上海:华东师范大学出版社,2001:73—76.
⑤ Freire, P., et al. Literaoy: Reading the word and the world [M]. Berging Garvey Publishers, 1987:34.
⑥ Freire, P., et al. Literaoy: Reading the word and the world [M]. Berging Garvey Publishers, 1987:105.
⑦ Freire, P., et al. Literaoy: Reading the word and the world [M]. Berging Garvey Publishers, 1987:140.
⑧ Freire, P. Letters to Cristina: Reflectionson My Life and work [M]. New York:Routledge, 1996:163.

育者的确始终是民主的,那么他所做的便是精心地行使其权力。一位教师行使其权力的最好方法便是尊重学生的自由"。① 可见,弗莱雷既强调学生的主体性,又主张教师应具有一定的权力;既反对压制学生的积极性和创造性,又反对教师采取放任主义的态度。当然,弗莱雷认为教师的权力根植于教师所应具有的品质上。他认为,教师必须具有人道主义精神,必须宽容和充满友爱之情。在他去世之前。他还向朋友表示,"我永远不能想象没有爱的教育,这就是为什么我是一位教育家,因为首先我感受到爱……"②

当前,教育民主化思潮已深入人心,许多国家的教育正在向民主化的方向发展。在民主化的进程中,在我国,教育机会均等、教育民主化等问题已受到密切关注。我国学龄儿童入学率稳步增长;义务教育的年限逐渐延长;教育的质量不断提高;高等教育正在走向大众化;越来越多的人有机会选择适合自己需求的学校接受教育。但我国在教育理念、教育体制、教育管理、教育实践中,还存在许多不民主的问题,在某些情况下,我们甚至还没意识到这种教育的不民主以及这种不民主会给教育发展带来哪些严重后果。例如,在教育理念上,仍将教育功能仅仅看作是筛选,选拔少数人,淘汰大多数人;在教育体制上,仍有人将人分类分等,实施歧视人、排斥人的教育;在教育管理上,仍有主张大而统,决策专断,管理专权,以家长取代民主的作风;在教育实践上,仍有以教师为权威,学生被动学,师生间没有平等的交流和对话的现象存在。弗莱雷解放教育理论所强调的教育民主的思想,可以为我们今天的教育改革提供思路。④

- 我们的教育是为了筛选淘汰学生还是为了促进学生的发展?
- 我们应该如何正确看待和评价学生?
- 我们在教育管理中如何体现民主参与?
- 我们在教学中如何做到师生间能够平等对话?

### 四、解放教育课程改革论——课程改革的问题

保罗·弗莱雷提出:"真正的教育不是教师'对'学生的教育,是将现实世界作为中介的教育。也就是说,课程学习的主体是教师和学生双方,而客体是现实世界。教育的内容产生于人们生活的现实世界,课程内容就可以在这个基础上建构。"⑤弗莱雷还认为,课程内容不能忽视或不顾学生带到学校来的有关生活经验的知识,应以学生的生活经验为基础,应重视和尊重学生的文化和他们带到学校的知识的价值。因此,他强调,课程内容的建构必须从学生带到学校的知识开始。课程内容应促进学生的思考,应与对现实的批判相联系。因此,课程内容的出发点应是现实的、具体的并能反映学生意愿的情境。教育者应从这些情境中找出学生关心的问题,向他们提出各种挑战,促进他们思考。弗莱雷既反对课程内容远离社会现实,也不主张为了训练思维而脱离教学任务。课程的建构必须以全体成员的参与为基础,而不应由某些教育者以他们自己的观念、用强制的方式来确定。弗莱雷主张教育者应与学习者一起在他们所处的现实中共同寻求

---

① Freire, P. Letters to Cristina: Reflectionson My Life and work [M]. New York: Routledge, 1996: 164.
② Freire, P. Letters to Cristina: Reflectionson My Life and work [M]. New York: Routledge, 1996: 164.
④ 黄志成.被压迫者的教育学——弗莱雷解放教育理论与实践[M].北京: 人民教育出版社,2003: 217—218.
⑤ 黄志成.被压迫者的教育学——弗莱雷解放教育理论与实践[M].北京: 人民教育出版社,2003: 220.

教育课程内容,学校不仅仅是一个批判性地重构知识的场所和进行社会批判的场所,更是一个产生民众文化的中心。① 总而言之,弗莱雷的解放教育课程观注重全体成员参与课程开发,强调课程内容要源于学生的生活经验,主张以学生熟悉的主题来构建课程内容,提倡课程要培养学生的批判意识和创造力。

素质教育在我国已经开始全面推行。为更好地实施素质教育,我国开展了多次课程改革,新一轮的基础教育课程改革也已经开始实施。虽然取得了一定的成果,但是素质教育的成效并不十分明显,仍然是口号多,研究少,基础教育还没有摆脱应试教育的强大影响。这主要是因为我们的教育观念并没有真正转变;课程结构单一封闭;课程内容陈旧繁难;课程评价还是注重筛选;课程管理强调统一。这表明,在实施素质教育的过程中,仍然还有许多问题需要我们去思考、去研究。在课程改革方面,弗莱雷的解放教育课程观是值得我们研究和学习的,是值得我们借鉴的。弗莱雷解放教育课程改革观可以给我们的课程改革提供以下思路。②

- 我们的课程是注重知识的传授,还是注重培养学生的思维和批判意识?
- 我们的课程是基于陈旧的书本知识,还是基于学生的生活经验?
- 我们的课程是强调学科的封闭体系,还是联系社会现实适应时代的发展?
- 我们的课程是由少部分人决定的,还是鼓励由教育中甚或社会上的全体成员共同参与决定?

### 五、解放教育教学观——教学改革的问题

弗莱雷的教学观认为,教师和学生都是教学中的主体,而客体是要了解的现实世界。因此在教学中,教师和学生是相互平等的、相互信任的、相互合作的关系。教学的目的是要在了解现实世界的过程中,发展学生的批判意识和创造性思维。他还主张,教学应该是对话式的,教学过程就是认知双方在认知客体的过程中进行交流、进行对话、共同学习。③ 对话的教学不仅建立了平等的师生关系,而且促进教师在教学中与学生共同发展。教师不仅仅是教,他们在对话中也会获得许多教益。对话是一种创造活动,对话教学要求教师不要按照传统的方式进行教学,这会促进教师进行创新;同时,对学生而言,对话教学能促进学生思考,他们不再被动地接受知识,而是不断地去发现,不断地去创新。

教学问题一直都是教育中的一个核心问题,因为教育发展、课程改革和教育思想的贯彻执行最终都要通过教学过程来落实。尽管我国的教学改革已经使得学校教学发生了一些变化,但是毋庸置疑,目前学校中的教学现状仍不容乐观。不管是在小学、中学,还是在大学,教学过程普遍上仍然是以教师为中心、或以教材为中心、或以课堂为中心。教师以讲为中心,学生以记为学,通过题海式的训练,以求在考试中取得好分数,教师和学生之间缺少甚至没有平等的交流与对话。总体来说,我们的教学思想、教学模式、教学

① 黄志成.被压迫者的教育学——弗莱雷解放教育理论与实践[M].北京:人民教育出版社,2003:220—221.
② 黄志成.被压迫者的教育学——弗莱雷解放教育理论与实践[M].北京:人民教育出版社,2003:221.
③ 黄志成.被压迫者的教育学——弗莱雷解放教育理论与实践[M].北京:人民教育出版社,2003:222.

方法依然没有突破传统教学的框架,应试教育的残存影响极大地阻碍了教学改革的步伐。

在当前我国进行的素质教育改革过程中,如何按照课程改革的要求,在教学中落实素质教育的思想是至关重要的。在这一方面,弗莱雷解放教育的教学观对我们颇有启发。弗莱雷解放教育的教学观可以给我们的教学改革提供如下思路。①

- 我们的教学主体是谁? 客体又是谁?
- 我们的教学是应以讲授为主,还是以对话为主?
- 对话式教学在目前的学校教育中是否切实可行?
- 我们的教学方法应如何改进才能促进学生创造力的发展?

## 第四节　解放教育理论的影响与评价

生于乱世,直面压迫;生活困苦,工作努力;执着于自己的教育理想,因扫盲教育实践闻名于世,在国外流亡的时候创建了自己解放教育的思想体系;归国后开展教育改革实践,将解放教育思想在自己的国家付诸实施,在生命的最后几年仍然著书立说——这就是伟大的巴西教育家保罗·弗莱雷的一生,他及他的解放教育思想属于整个世界。

学者们从各种不同的角度研究弗莱雷和他的"被压迫者教育学",对他的评价众口不一:有人认为他是努力为穷人的解放而战的斗士,也有人认为他是一个好战的天主教徒;有人认为他的思想是各种思想的混合,实际上是一种折中主义;有人称赞他对巴西社会的批判,也有人认为他是一个乌托邦式的梦想家,幻想通过教育解决一切;有人认为他在拉丁美洲思想界所起到的作用可与黑格尔在欧洲思想界所起到的作用相媲美;有人认为他就是拉丁美洲的杜威。②

尽管在学术界,对弗莱雷的教育思想和理论存在不同的理解和不同的看法,但毫无疑问,弗莱雷已经成为巴西及发展中国家最著名的、最有影响力的教育家之一。

弗莱雷丰富的教育思想为人类留下了一笔宝贵的遗产,他的教育实践为后人开辟了种种教育改革的可能性,他对教育理想的执着追求激励了无数从事教育事业的工作者。时至今日,仍有许多教师在引用弗莱雷的观点,借用他的思想批判课堂上的"压迫"现象,运用他的对话教育思想进行教育改革,借鉴他的成人教育方法改进扫盲教育实践。他的思想将继续对全世界的教育事业产生持续而深远的影响。

保罗·弗莱雷的教育思想也深刻地影响了我国的课程改革和教学改革,给广大教育工作者提供了一种在新的时代重新审视教育和教学的视角。在中国,无论是教育学者,还是教学工作者,都对他的教育思想产生了极大的兴趣,纷纷进行理论结合实际的研究和实践工作。鉴于能力、时间和篇幅的限制,无法在这里一一对其进行论述,下面将主要介绍保罗·弗莱雷的"对话教育"对中国教育教学实践的影响及相关应用,并深入探讨中国教育工作者是如何"执前人之道,以御今之有",如何在正确理解弗莱雷"对话教育"思想内涵的基础上结合我国教学实际状况,将之应用到教学中的(以语文教学为例)。

---

① 黄志成.被压迫者的教育学——弗莱雷解放教育理论与实践[M].北京: 人民教育出版社,2003: 223.
② 黄志成.被压迫者的教育学——弗莱雷解放教育理论与实践[M].北京: 人民教育出版社,2003: 10.

# 对话式教育，撞击人的潜能

"对话像是一种撞击，把潜力激发出来，没有这种撞击把潜力激发出来，潜力再大也出不来。"

对话教育主要强调教师与学生的对话式相互作用，强调让师生在对话造成的"边缘领域"进行不断的创新和创见。

对话教育是在反思传统的灌输教育及现代的园丁教育的基础上逐步发展起来的一种新的教育理念和新的教育实践，是对话精神在教育领域的回应，是一种通过教师与学生的对话式相互作用来实现学生自主和自由发展的教育。在对话中人们不是探讨一个确定的主题，而意在找寻一种有待发现的真理；参与对话的人之间并非对立关系，他们只是想搞清楚共同面对的问题。它意味着对话双方彼此敞开心扉，相互接纳。教师不是简单的教学管理者，也不是单纯的知识传授者，而是学生学习的伙伴，是"平等中的首席"。对话与过去的"谈话"截然不同。过去的谈话，虽然表面上是师生间的一问一答，但骨子里教师仍然是居高临下传授知识的权威。教师的提问是有"底牌"的，学生的回答不过是猜测教师的"底牌"而已，最后还是要由教师一锤定音。在阅读教学中，"对话"是学生对"文本"的理解、欣赏和批判，是师生双方敞开心灵，人格对等的精神交流。

# 对话式教育，洋溢生命的关怀

弗莱雷在《被压迫者的教育学》一书中写道："通过对话，学生的教师和教师的学生不复存在，取而代之的是新的术语：教师式学生及学生式教师。教师不再仅仅去教而且也通过'对话'被教，学生在被教的同时，也在教。他们共同对整个成长过程负责。在这个过程中，'特权式'讨论已不再奏效……这里没有谁教谁，也没有自己教自己，只有从头至尾在相互地教。"教师应充当什么样的角色呢？教师好像一个"婚姻介绍人"，其任务是把文本介绍给学生，促使学生直接面对文本，跟文本的作者直接"对话"、交流感情。

# 对话式教育，激发生命的灵光

对话式教育永远是一个开放的未完成的运动过程，作为阅读教学的新形态，"对话"凸显着创造和生成。新课标倡导让课堂充满生命活力，就是要努力构建充满活力的"新课堂"，作为学生发展的引导者和促进者，教师就要唤醒生命，激扬生命，引导学生去展示生命的力量，使生命通过对话式教育而获得自身的透明性，迸发"对话的灵光"，使课堂充满生命活力。

摘自：王振权教育博客

# "对话教育"在语文教学中的应用

"在所有的教学中，都进行着最广义的对话，不管哪一种教学方式占支配

> 地位,相互作用的对话都是优秀教学的一种本质性标识。"
>
> ——克林柏林
>
> "阅读教学是学生、教师、文本之间对话的过程。"
>
> ——《语文课程标准》

的确,语文教学与其他学科相比,在对话上有着独特的魅力,因为它是最重要的交际工具,是人类文化的重要组成部分。语文教材很精彩:或语言优美,朗朗上口;或形象生动,扣人心弦;或哲理深刻,发人深思……语文学习更精彩:可以在富有韵味的语言世界里去体验五彩斑斓的生活,去感悟善恶美丑的人性,去实现心灵与心灵的沟通……语文课堂,呼唤着生命的"对话":学生与文本的对话,学生与教师的对话,教师与作品的对话等等。因为,只有对话,才能真正地引导;只有对话,才能走进心灵;只有对话,才能相互倾听,相互接纳;只有对话,才能相互尊重,彰显个性。那么,应如何引领学生走进"对话"的语文课堂呢?

## 民主平等,引发学生与教师对话

对话教育认为,师生的关系应该是互为主体的平等关系。这就意味着在课堂教学中师生应对彼此敞开心扉,相互接纳。这时的教师已不再是简单的教学管理者,也不是单纯的知识传授者,而应是学生学习的伙伴,是平等中的"首席"。

● 要学会尊重

要实现师生之间的平等,在交往过程中教师首先要承认学生的主体性,给予学生所应该享有的权利,给予学生主动发言、参与的机会。同时,教师更要尊重学生,转变"权威"角色,与学生平等沟通,相互敞开、接纳、分享。

对话,是师生平等的对话,是激活思维的对话,是生命的对话,也是真正"研究"的对话。

● 要学会倾听

教师要学会"屈尊"、"倾听",欣赏学生们的"真情告白",只有学生们真正地拨动了自己的心灵之弦,我们的课堂才会产生最为壮美的和声。说真话,抒真情,超越课堂,超越学习,变学习为一种真正鲜活的生活。

因为倾听,才有了自然的心灵对话!

● 要学会点拨

教师还要善于利用课堂中的现场资源(学生说、读等活动),引发学生"对话"的契机,引领学生走进文本生发的世界,走进老师及同伴的心灵深处。

正是有了教师的点拨,课堂才会逸趣横生,焕发出生命的活力。

## 多元解读,引领学生与文本对话

语文教材中的一篇篇课文本身就是一个敞开的文本,具有生命的灵性。

学生与文本的对话正是语文课堂教学的中心。在阅读教学中,教师应该给学生巨大的空间,把学生当作学生,始终相信学生具有巨大的发展潜能,引领学生亲历阅读过程,多元解读,与文本直接"对话"。

● 让学生好奇地问

课堂上,许多学生都像个大问号,总是带着满脑子的问题走进教室。

让学生好奇地问的过程就是学生与文本直接对话的过程。这样,学生才能自主地走进文本言语的深处,"倾听"文本的声音,"触摸"作者的心灵,在与文本的对访过程中培养出创新的思维。

● 让学生尽情地读

教师要创设情境,引导学生反复诵读,整体感悟,使其通过尽情地读书,与文本进行跨越时空的心灵对话,构建理解的桥梁。

在教师的引领下,学生进入情境,体验角色,在诵读中逐步完成对文本的理解、欣赏与批判。学生的精神活动会因此变得积极活跃,整个课堂也会在心灵的对话中变得活力四射。

● 让学生大胆地说

如学完《寒号鸟》这一课后,教师引导学生:对喜鹊和寒号鸟的故事,我们还有什么想说的吗? 于是一场说法多多的交流便开始了。

生:喜鹊真好,它自己那么勤快,还关心寒号鸟,老劝它垒窝。寒号鸟要是能听喜鹊的劝,就不会冻死了。

生:我觉得寒号鸟太懒惰了,晚上冻得不行,白天还睡懒觉,或者到处游逛。它冻死了是自作自受。

生:我认为喜鹊也有错误,它不能只是口头上劝劝,要拿出行动来帮寒号鸟垒窝。如果喜鹊动手了,寒号鸟一定也会动手的。

生:我觉得这寒号鸟也太傻了,它临死的那天晚上,真冻得不行了,干吗不到喜鹊窝里去挤一夜? 这总比冻死强呀。

师:说得都很好。要说寒号鸟傻,寒号鸟确实傻。我看懒惰就是最傻的,是吗?

从这个案例中不难看出,只要让学生自由自在地去阅读交流,他们与文本之间的对话定是富有灵性的。案例中学生说"喜鹊也有错误",不仅有一定的道理,而且也反映了孩子心地善良,不希望寒号鸟冻死的真实想法。这不正是心灵的感悟,生命的对话吗?

● 让学生自由地想

一位哲人说过:比陆地更广阔的是海洋,比海洋更广阔的是天空,比天空更广阔的是人的心灵。在学生与文本对话的过程中,教师应精心引导,热情鼓励学生自由地表达自己的思想。

我们应当尊重学生对文本的独特感受,有些时候,有些事情,我们的确应该改一种看法,变一种说法,换一种做法。因为只有这样,学生的思想才能真正发出声音。

## 交流互动,引导学生与学生对话

平等对话离不开学生与学生的交流互动。这是因为学生之间年龄、心理水平相近,交往时最放松,而且,在交往中碰撞,在争论中启发,最能激发创新。为此,在课堂教学中,教师要留出充足的时间,让学生自己品味、讨论、交流,让他们享受学习的愉悦。

● 在合作中交流

要让学生有独立的人格,就要从小培养学生的对话意识和对话能力。萧伯纳说过:"你有一个苹果,我有一个苹果,互相交换,各自得到一个苹果;你有一种思想,我有一种思想,互相交换,各自都能得到两种思想。"学生之间的合作就是互相学习、共同讨论的过程。

● 在互动中沟通

在阅读教学中,教师应该对学生相互间的对话方式、方法给予适当的指导,引起学生学习的意向,唤醒学生的学习需要,开启学生的心智,挖掘学生的潜能,使学生一方面善于表达自己,另一方面又能够真正理解对方,从而促进相互间的理解沟通。

摘自:王振权教育博客

## 主要参考文献

[1] [巴西]保罗·弗莱雷.被压迫者教育学(30周年纪念版)[M].顾建新等译.上海:华东师范大学出版社,2001.

[2] 关守义.弗莱雷解放教育思想研究及启示[D].河北大学,2006.

[3] 黄志成.被压迫者的教育学——弗莱雷解放教育理论与实践[M].北京:人民教育出版社,2003.

[4] 黄志成.试论弗莱雷解放教育理论的现实意义[J].外国教育研究,2003(7).

[5] 巨瑛梅.试析保罗·弗莱雷的教育思想[J].外国教育研究,1999(4).

[6] 徐渊.第三次教育理论改革——解放教育学的核心观念及形成[D].华南师范大学,2003.

[7] 杨春华,林世员.保罗·弗莱雷成人教学思想述评[J].继续教育研究,2006(5).

[8] 张琨.教育及解放——弗莱雷教育思想研究[M].福建:福建教育出版社,2008.

[9] Taylor, P. V. The Texts of Paulo Freire[M]. Buckingham: Open University Press,1993.

## 思考题

请阅读下面两则材料:"画说教育"和"真实课堂放大镜",结合解放教育理论的主要思想和观点,谈谈你对教育目的的思考。

材料一:画说教育

### 丰子恺先生教育漫画

右图中,一个表情漠然的人,在支起的木板上,用同一个模子,一个接一个地制造

"泥人",木板的一端已经摆放了一批刚刚制造出来的一模一样的"泥人",另一端还有一堆待加工、制造的泥巴……

——千人一面出自同一个模子

这难道就是我们教育的目的和现状?

**材料二：真实课堂放大镜**

课堂上,老师和学生的对话……

● "树上有十只小鸟,用枪打掉一只,还有几只?""九只。""不对,树上一只小鸟也没有,这是因为其他的鸟听到枪声后吓坏了。""还有两只! 有一只聋哑的小鸟被吓得钻进树洞里去了。""你这孩子,净说不着边际的话,鸟怎么会有聋哑的呢!"

● "一张四方桌,锯掉一个角,还有几个角?""还有三个角。""错! 应该是还有五个角。""是还有三个角! 如果沿对角线锯就是三个角。""你这孩子别往歪处想,哪有这样锯的?"

● "雪融化了,变成了什么?""变成水。""对的。""变成了春天!""你又胡说,雪怎么会变成春天呢!""雪融化了,天气就暖和了。小草绿了,桃花红了,春天也就到了。难道春天不是吃雪长大的吗?"那个孩子想。那个孩子发誓:将来一定要当老师,给那些答树上有两只小鸟,桌子变成三个角,雪能变成春天的学生,打上一个大大的红钩。

链接：http://blog.sina.com.cn/s/blog_4ed4fecb01009bjl.html. (2016 - 05 - 01 16:33:01)

**聆听经典**

"每个孩子都是一个潜在的天才儿童,只是经常表现为不同的形式。"

——霍华德·加德纳

"多元智力理论:素质教育的最好诠释。"

——顾明远

1900 年,法国心理学家阿尔弗莱德·比奈成功地发明了"智商测试"。这种智商测试传入美国以后,在第一次世界大战前后,被用来测试 100 万名新兵。从那时起,智商理论开始产生广泛的影响,智商测试被认为是心理学最伟大的成就,是具有极其普遍实用价值的科学工具。然而,传统智力理论可以较好地预测学业成就,但难以预测个人在事业和生活上的成功。因此,不断有人对长期以来的以智商测试为主的单一智力理论提出质疑,而脑科学的研究成果强化了对传统智力理论的挑战。于是,一些专家提出了多元的智能理论,以回答单一智能理论所不能解决的理论与实践问题。在各种理论中影响最大的,应当是霍华德·加德纳提出的多元智能理论。

多元智能理论对传统智力理论指导下的教育特别是课程体系提出了挑战,在美国教育改革的理论和实践中产生了广泛的积极影响,并且已经成为当前美国教育改革的重要理论基础之一。同样,它对我国正在进行的课程改革也有着极为有益的启示。

## 第一节　多元智能理论的产生背景

每一种理论的产生,都有其特殊的社会、文化、科技和经济背景。加德纳多元智能理论的产生离不开其所处的教育改革发展的大环境,是在吸收借鉴脑科学、教育学、心理学特别是智力心理学研究的新成果,对传统智力理论提出批评和挑战的基础上产生的。

### 一、时代背景——美国教育改革的新诉求

20 世纪 80 年代以来,世界政治多极化、经济全球化、文化多元化趋势初露端倪,东西方关系由对抗转向对话,由紧张趋于缓和,南北差距扩大,矛盾加深,国与国之间的经济竞争更趋激烈。提高自己国家在国际市场上的竞争力,增强综合国力,成为推动教育改革的最直接的和深层次的动力。1983 年 4 月,美国高质量教育委员会发表了题为《国家处在危险之中——教育改革势在必行》(*A Nation at Risk: The Imperative for Educational Reform*)的报告,1985 年 3 月和 5 月英国政府向议会提交的《把学校办得更好》的白皮书指出:"……政府认为,现在我国的学生取得的平均成绩,既没有达到应当达到的标准,也不能适应面对 21 世纪世界的需要。"为此,白皮书提出了政府总的教育目标和责任,即"到学生离校时,他们应该获得远远超过目前的水平,并且应当获得适应技术时代工作要求的素质与技能。……政府有义务在确保提高质量方面起领导作用……",为了实现政府的教育目标,提高学校教育质量,白皮书提出要对课程设置、考试制度、教师、家长以及企业界人士在教育中的作用等方面进行改革。美英等国相继颁布的教育改革法案带动了世界性的教育改革浪潮。

在美国,由于民众对传统的智力观和实行了近半个世纪的成就测验的不满日益加深,力求平等与卓越的多元化教育成为教育改革的目标,建立灵活、多样的教育体制,追求自然主义与人本主义的统一成了教育的新理想。美国教育界提出了全面提高教育质量的文化脱盲、科学脱盲和建立全国标准等三大举措,要求检讨教育中的实用主义和功利主义思想,进一步加强教育与现代生产和实际生活的联系,不但要发展学生的智力,

而且要促进学生的全面协调发展,使教育适应急剧变化的社会发展和个人需要。要实现这些目标,认识智能的多元性和人类展现智能的多元方式,就是需要迈出的最重要的第一步,也是学校教育重心转移的关键。加德纳的多元智能理论正切合了时代的需求,受到了教育界的极大推崇。正如加德纳在《多元智能》(Multiple Intelligences)一书的序中所言:"恰恰在教育家和教育工作者对心理学家的有关测试不满的时候,多元智能理论对他们产生了如此巨大的吸引力。"①顺应时代的发展,多元智能理论的产生正是基于这样一个事实:我们的世界充满问题,如果还有可能解决,就必须运用我们所拥有的智能。

**(一) 对优质教育的强调**

20 世纪 60 年代以来,对高质量教育的重视和追求很快形成了一场席卷全美的教育改革运动,这场运动的主导精神就是让每一个儿童都能够学习并且能够达到学业上的高标准。加德纳的多元智力理论正是在这样一个教育改革大背景下提出的。多元智能理论所强调的发现和充分发挥每个人的潜力,以及它所延伸出来的因材施教的理念与当时这种追求高质量教育的潮流非常吻合,从而为美国的教育改革提供了一个更富有创新意义的理念引导与理论支持。

**(二) 对平等教育的追求**

第二次世界大战以后,美国各界人士逐渐认识到,任何一部分社会成员教育的失败都会直接威胁到国家在世界范围内的竞争力,因而追求教育机会均等不仅是对每一个个体基本人权的尊重,更是关系国家未来发展和生死存亡的重大问题。于是,20 世纪 60 年代,美国提出了"促进幼儿教育机会均等"的口号,要求为所有儿童特别是那些贫困家庭的子女提供早期教育的机会。而资助加德纳教授出版其《智力的结构》一书的基金会正是一个致力于帮助低能青少年的国际性非盈利组织。"人类潜能研究"也旨在开发包括低能儿童在内的所有孩子的潜能,这正好顺应了美国追求教育机会均等的改革大潮。

**(三) 对多元文化教育的关注**

20 世纪 60 年代的美国开始了追求多元文化教育的历程。多元文化的问题在美国这样一个号称民族"大熔炉"的国度里尤显突出和重要,60 年代多元文化主义的兴起开始了美国的多元文化教育,多元文化主义是对欧洲中心论、西方中心论等一元文化观以及派生出的同化政策的批判,多元文化主义主张学校教育在通过主流文化形成儿童共享文化的同时,应该承认学生来自不同的社会经济和文化背景,应该充分尊重少数民族群体的文化传统,追求形成这样一种共识,即少数民族文化是与主流文化享有同等权利的世界文化大家庭中的一员。② 多元文化教育追求文化多样性,尊重不同文化背景下的儿童,尊重每一个体之间的差异,要求促进全人类的社会公平与机会均等,加德纳的多元智能理论的精神与多元文化主义高度一致,再一次呼应和支持了美国二战后的教育改革。

---

① [美]霍华德·加德纳.多元智能[M].沈致隆译.北京:新华出版社,1999:2.
② Kincheloe, J. L. Multiple Intelligences Reconsidered [M]. New York: Peter Lang Publishing, Inc., 2004: 40, 5,1.

## 二、理论基础——生物学、智力心理学的研究进展

多元智能理论主要是在对传统智力理论特别是智商（IQ）理论的挑战和批判及吸收智力研究成果的基础上产生的。可以说，多元智能理论的理论基础也是多元的，下面作简要分析。

### （一）生物学基础：智能生物学、脑科学研究的进展

脑的发育是智力发展的生理条件，脑科学与神经科学为人类提供了智力及其发展的多元智能理论及其对素质教育的启示学依据。关于大脑的研究有许多理论和假说，其中脑功能定位、脑损伤障碍以及脑神经解剖学、脑神经生理学、脑神经心理学、认知神经科学（Cognitive Neuroscience）等研究，无疑为研究人的智能发展的"规定性"（Canalization：任何一种机体系统沿着某一条路线，而不是沿其他路线发展的倾向）、"关键期"和"可塑性"（Plasticity）提供了验证。事实证明，可塑性在个体早期生命阶段表现尤为突出，具体可归纳为幼儿时期的灵活性的最大限度问题；关键阶段的重要性问题；中介或调节发展因素问题以及灵活性在所涉及的神经系统区域之间是不相关联的问题等。这为智能发展过程中反映出的智力活动的多样性和复杂性奠定了基础。[1]

关于智能的研究和探索，还得益于智能生物学的研究成果。如依据神经生物学的基因型（一种遗传性向）和表现型（环境性向）两者的利用和区别，提出人的学习过程具有某种生物学基础，这从一定程度上又佐证了大脑组织的两大派观点：即功能定位派（潜力均等的器官组织）和组件式观（配合、互为一体的运算机制）。[2] 加德纳指出：幼儿是其能力与天赋的俘虏，这些能力与天赋也许以优秀的形式而存在，但它们又是相互孤立的，相互之间不能进行有创造力的联系。而成熟的个体能有意识地导向各种组件能力，并调动这些组件能力以达到其不同的目的。[3] 多元智能观本身的宗旨就在于，"早期介入与连续不断的训练都能在确定个体最高操作水准方面起决定性的作用"。[4] 事实证明，各种智能间都具有某种"交互作用"（Interaction），如果说，一种智能可为个体的人生或未来事业打开一种可能性的话，那么各种智能的培养和结合便可提供多种可能性和多种选择机会。

当然，对于多元智能理论的提出最直接的支持来自以下几个方面。

#### 1. 对大脑损伤病人的研究

在对脑损伤病人的研究中，加德纳观察到中风恢复后的病人智力发生了变化。加德纳曾经指出，从大脑损伤会使特定能力被单独地摧毁这个意义上来说，某种特定能力相对于其他能力的独立性便可以清楚地表现出来了。[5] 事实确如加德纳所说，大脑生理学的研究表明，大脑皮层中有与多种不同智能相对应的专门的生理区域来负责不同的智能。如果大脑皮层的某一特定区域受到伤害的话，某种特定的智能就会消失，但这种特定能力的消失对其他的各种智能没有影响，也就是说，某种特定的智能消失了，其

① [美]霍华德·加德纳.智能的结构[M].兰金仁译.北京：光明日报出版社,1990：40—60.
② [美]霍华德·加德纳.智能的结构[M].兰金仁译.北京：光明日报出版社,1990：60—64.
③ [美]霍华德·加德纳.智能的结构[M].兰金仁译.北京：光明日报出版社,1990：361.
④ [美]霍华德·加德纳.智能的结构[M].兰金仁译.北京：光明日报出版社,1990：364.
⑤ [美]霍华德·加德纳.智能的结构[M].兰金仁译.北京：光明日报出版社,1990：71—72.

他各种智能还能够继续正常发挥其各种功能。例如,大脑皮层左前叶的布罗卡区受到伤害,个体就会发生语言方面的障碍,但个体的数理能力和运动能力等仍会有正常的表现。再如,大脑额叶的特定区域受到伤害,个体就会发生自我认识和人际关系方面的障碍,自我反省能力和人际交往能力就会缺乏或消失,而其他能力仍不受影响。从多元智能理论及其对素质教育的启示来说,可以脑损伤病人为例,说明人类的神经系统经过一百多万年的演变,已经形成了多种智力的机能定位。由此,可以清楚地看出,个体身上确实存在着由特定大脑皮层主管的、相对独立的多种智能。最初,加德纳在对整个人脑进行深入研究和对大量的心理学实验数据与实例进行观察分析的基础上,指出人脑有7个不同的认知领域与人们的智力相联系,不同的人有不同的认知能力和认知方式,人的智力不应该是一元的,而应是多元化的。

2. 对不同智力领域需要不同神经机制或操作系统的研究

加德纳强调:"我关于智力问题的看法中最核心的内容之一是认为有一种或多种能处理特定输入物的神经机制或操作系统的存在。我们甚至可以把人类智力定义为一种神经机制或操作系统,这种机制或系统由遗传所编定,而由某种内在或外在的信息激发或'引发'出来。"①而不同的智能领域需要不同的神经机制或操作系统。如,音乐智力中的"最核心部分"是敏锐的对声音高低的区分能力,而对声音高低的区分能力应该在大脑中有自己特定的神经部位,即有自己特定的神经机制或操作系统;身体运动智力中的"最核心部分"是对别人动作的模仿能力,而对别人动作的模仿能力应该在大脑中有自己特定的神经部位,即有自己特定的神经机制或操作系统,等等。在加德纳看来,尽管对各种智能中"最核心部分"的确定目前还只是"猜测",但是基于研究和经验的这种"猜测"是十分重要的。现在的关键工作是通过"猜测"找到各种智能中的"最核心部分",确定它们的神经部位,然后再去证明这些不同智能的"最核心部分"确实是分离的。同时,在加德纳看来,如果我们在工作中发现我们所确定的某种智能的"最核心部分"与其他智力的"最核心部分"没有分离,这正好是一种线索,它指示我们应对这种智能的"最核心部分"进行重新确定或对这种智能的"最核心部分"进行调整。

3. 对特殊人群的研究

加德纳的研究小组在研究脑损伤病人、认知机制的同时也研究其他特殊的人群,如超常儿童、白痴学者、患孤独症儿童、学习障碍儿童等。他们注意到大多数有天赋的儿童并不是在所有能力上都表现出色的,而白痴儿童、患孤独症儿童和学习障碍儿童也"表现出参差不齐的认知能力,但这些能力很难用一元化的智能观点来解释"。② 一般来说,"神童"经常是在某一或某几个智力领域中从小就有突出表现的个体,但在加德纳所列举的8个方面的智力领域全都"早慧"的个体是难得见到的。同时,"在心智不健全而有专长的情况下,我们所见到的则是在其他领域中能力平庸或严重落后的背景下,某一特殊能力的超常现象。这些人的存在又使我们得以观察到相对孤立(甚至特别孤立)

---

① [美]霍华德·加德纳.智能的结构[M].兰金仁译.北京:光明日报出版社,1990:72.
② [美]霍华德·加德纳.多元智能[M].沈致隆译.北京:新华出版社,1999:8.

情况下的人类智能"。①

### (二) 对传统智力理论的批判和对多种智力学说的研究

智力心理学的研究始于 20 世纪初,但到了四五十年代曾一度陷入沉寂,自 60 年代后期又开始复苏,在较短的时间内取得了较大发展。心理学家们持续地采用新的方式方法进行研究,在对传统的智力理论提出质疑和补充的过程中,新的智力理论不断产生,这为多元智能理论的产生和发展奠定了基础。

#### 1. 对传统智力理论和智力测验理论的批评

传统的智力理论提出者主要从智力的活动成果入手,运用数学方法,尤其是因素分析方法,结合个别差异是由于因素差异所致的思想创立了智力因素论。其主要代表人物有斯皮尔曼、伯特、沃南、弗农、卡特尔等人,他们认为智力是由一种或几种智力因素综合而成的,认为人类一切基本能力中存在着共同成分,即"一般智能"②、"g 因素"或"智商(IQ)"等,各种能力之间存在着相互联系,一种能力的发展变化,会影响其他能力的发展变化。智力因素的优劣与个体的 IQ 呈正相关,智力因素的整体平均状态就是个体的智力水平状况。与之相应的是智力测验理论(二者都是从测量学方向研究智力)。智力测验以学校的学业内容为基础,主要测量儿童的判断、理解和推理能力,以鉴别儿童的个别差异。以智力行为——智力活动结果的测量分析为理论出发点所描述的仅仅是智力的静态结构,而难以揭示智力的本质活动(内部心理过程)规律,它只对智力行为特质进行了描述,而未作内部结构的分析,对杂质的智力行为和纯净的智力行为亦未作区分。正如美国著名心理学家斯腾伯格(R. J. Sternberg)指出的,传统智力研究的"基本出发点——对智力本质的看法,就是错误的,它将智力研究引入了歧途"。显然,仅用因素分析理论解释智力的结构是不够的。

加德纳批判地吸收了心理学界和教育界批评传统智力理论和智力测验理论的观点,成为向其提出严峻挑战的代表人物之一。他经过研究分析后发现,传统的智力观和智力测验关注的内容主要集中在受社会、文化尤其是学校重视的语言和数理逻辑能力等方面,而忽视了对人类的生存和发展具有同样重要作用的其他能力。智力测验的分数对一个人在学校以外的潜能及表现无法进行很好的预测,这使学生身上的许多重要潜能得不到确认和开发,造成了他们当中相当多的人虽然考试成绩很好,但走上社会后却不能独立解决实际问题的教育弊端,是人才的极大浪费。加德纳认为,只有当我们对人类智力的概念进行拓宽后,才有可能更恰当地评估智力并开发智力。

#### 2. 对皮亚杰智力理论的挑战

20 世纪五六十年代以来,皮亚杰的认知发展理论、多元智能理论及其对素质教育的启示开始流行,到 70 年代初期,它们成为了智力发展研究的重要理论。皮亚杰的理论与传统的心理测量观点不尽相同,他从主客体相互作用、机能主义、建构主义的方法论出发,阐述了智力是什么、智力的性质及其发展机制,并对智力的发展在运算的阶段上作了划分。他重视对儿童认知操作过程(而非认知结果)的研究,认为儿童的认知结

---

① [美]霍华德·加德纳. 智能的结构[M]. 兰金仁译. 北京: 光明日报出版社,1990: 72.
② 也译为"通用智能",指能够解决任何领域的问题,普遍适用的智能。

构在不同年龄阶段会产生质的变化,这一变化形式是逻辑——数学式的,通过儿童思维组织的顺应、同化而达到平衡。皮亚杰的理论得到了一系列实验的证实。到了80年代后期,皮亚杰的理论受到了较多学者的批评。这些批评主要集中在:第一,皮亚杰的理论构想与实验依据之间联系松散,缺乏有力的实验证据。许多实验证据并非理论设想的必然结果。第二,皮亚杰对个体智能发展的解释主要涉及逻辑思维。总之,批判者们认为皮亚杰的理论过分关注个体内部理想化的思维结构,忽略了社会关系对个体认知结构形成的影响,因此,它不能全面解释人类认知行为中的社会属性。加德纳的多元智能理论弥补了上述不足,十分重视社会文化因素和教育条件对儿童智力发展的影响。

加德纳对不同文化背景所看重的角色和技能进行了考察和深入研究。加德纳认为,人类虽是生物的一种,但却是有文化的生命体。即使在未出生之前还是母亲子宫内的未成熟胎儿时,个体就已经受到了反映其文化和亚文化的环境特点的人的习惯、行为方式和活动的影响。婴儿出生以后的生活与其所处的文化背景有着紧密的联系。他发现,尽管在各种社会文化环境和教育条件下人们身上都存在着多种智力,但受不同社会文化环境和教育条件的极大影响,人们智力发展的方向和程度有着鲜明的区别。就智力的发展方向而言,以生产工具为标志的不同生产力水平的社会文化重视的劳动力的智力类型不同。例如,以航海或建筑为生的人重视的是空间智力,生活在这种文化环境下的人,以空间认知和辨认方向等利用三维空间的能力相对发达为智力发展的共同特征;而以机械化和大规模复制产品为主要特征的工业化社会重视的是语言智力和逻辑数理智力。就智力的发展程度而言,无论是哪种智力,其最大限度的发展都有赖于环境和教育的影响,特别是教育的影响。同时,环境和教育还深刻地影响着人自身的思维内容和方式,影响着人与人之间交往的内容和方式、人与自然的交往内容和方式。

3. 对多种智力学说的研究

加德纳对其他智力学说的批判并不是采用"倒洗澡水连同婴儿都一起倒掉"的简单做法,而是善于批判性地吸收其他人智力研究中的一些合理成分。对智力本质的研究在20世纪,经历了三个取向(approach)变化:60年代前是因素分析(factor analysis),60年代到80年代为信息加工(information processing),80年代后为智力层面(stratification of intelligence),然而不管哪种取向,都认为智力是一种多元的结构。[①] 因素分析取向是研究智力构成要素(或因素)的学说。从英国心理学家斯皮尔曼(I. E. Spearman)的二因素说(g因素和s因素),到美国心理学家桑代克(E. L. Thorndike)的三因素说(特殊因素理论),到美国心理学家瑟斯顿(L. L. Thurstone)的多因素说(智力由记忆、流畅性、推理、知觉、空间、数学、言语等七种能力构成),再到美国心理学家吉尔福特(J. P. Guilford)的智力三维结构模型说(智力可以从操作、产物和内容三个维度考虑,共有150种智力因素)都认为智力是多元的。信息加工取向不是试图以因素去解释智力,而是确定构成智力活动基础的记忆、注意、表征、思维、想象等心理过程。典型的代表是戴斯(J. P. Das)及其助手们提出的智力PASS模型(Planning-Attention-Simultaneous-Successive Processing model)——信息加工由信息输入、感觉登记、中央加

---

① 林崇德.智力结构与多元智能[J].北京师范大学学报(人文社会科学版),2002(1):50.

工器和指令输出等四个单元整合而成。智力层面取向的实质是把因素分析和信息加工两种取向结合起来，既讲成分，又讲信息加工的过程。美国心理学家斯腾伯格(R. J. Sternberg)提出了智力的三元理论(成功智力理论 Successful Intelligence)，他认为人的智力是由分析能力、创造能力和实践能力三种相对独立的要素组成的交叉结构体，个体的智力差异主要表现为智力的这三个方面的不同组合；"成功智力只有在分析、创造和实践能力三方面协调、平衡时才最为有效"。同时，美国心理学家塞西(S. J. Cecl)提出了智力的领域独特性理论，认为每一学科或职业领域的活动都有其独特的内容和方式，从事不同学科研究或不同职业的人，在智力的活动方式上存在着差异。

　　加德纳对以上三种取向的智力理论进行了深入的研究，从他们那里找到了对多元智能理论的支持。在研究方法方面，加德纳更倾向于采用智力层面取向的研究方法。他既注意到智力的不同的表征方式，不同形式的智力具有不同的信息加工操作，指出信息加工对人的智力形成的发展是不可缺少的；又注意到了智力行为受文化背景的限制，同时强调智力对特定文化创造出来的符号系统的敏感性，认为这些符号系统是捕捉、表达、传播信息的重要形式。在加德纳看来，智力并不是抽象之物，而是一个靠符号系统支持和反映出来的实在之物，多元智能中的每一种智力都是通过一种或几种特定符号系统的支持反映出来的。不同的智力领域有着自己的相对独立性，这导致了不同符号系统的相对独立性，使得每一智力领域都有自己特定的接受和传达信息的方式以及解决问题的特点。人类赖以生存的符号系统的多元化，也从另一方面反映了人类智力的多元化。

### 三、实践基础——来自"零点项目"的支持

　　哈佛大学"零点项目"(Zero Program)研究所建立于 1967 年。其创始人哲学家尼尔森·古德曼教授认为，艺术过程是思维活动，艺术思维与科学思维是同等重要的一种认知方式。他还指出，人们过去花费了大量的精力和金钱以改进逻辑思维和科学教育，但对形象思维和艺术教育的认识却微乎其微。他立志从零开始，弥补科学教育研究和艺术教育研究之间的不平衡，并因此将项目命名为"零点项目"。加德纳从 1972 年与大卫·柏金斯共同在哈佛大学教育学院负责"零点项目"开始，就一直对正常儿童、天才儿童以及遭受脑损伤成人的认知能力和运用符号能力进行了研究，这为其提出多元智能理论奠定了基础。30 多年来，"零点项目"成为美国和世界教育界持续时间最长、规模最大的课题组，最多时有上百名科学家参与研究，至今已经投入了数亿美元的研究经费，该项目在心理学、教育学、艺术教育等方面取得了多项研究成果。特别是通过"多彩光谱"项目研究(Project Spectrum)，研究人员不但发现了 7 种智能的早期标志，而且从每一项智能中识别出了几种基本能力，对美国的教育理论和实践产生了深远的影响。1994 年，哈佛大学教育研究生院院长莫非(Murphy)教授发表文章称赞他们："这个项目的研究对人类的智能理论发起了挑战，使我们对创造性和认知的理解更进了一步。它还使我们不得不再一次思考教育的内涵，思考未来教育的模式。"从事研究以来，加德纳先后出版了《智能的结构》(*Frames of Mind*，1983)，《智能的新科学、认知革命的纪元》(*The Mind's New Science；A History of the Congnitive Revolution*，1985)，《多元智能》

(1993),《多元智能——实践中的理论》(*Multiple Intelligences——The Theory in Practice*,1993),《通往创造性思维的钥匙》(*Schluessel zum Kreativen Denken*,1996 德文版,1993 英文版),《领导者智能、领导分析》(*Leading Minds An Anatomy of Leadership*,1995)等近 20 本专著,标志着多元智能理论逐渐走向成熟。

## 第二节    多元智能理论的代表人物及其贡献

### 一、加德纳的生平

#### (一) 第一阶段:求学与探索

1943 年 7 月,霍华德·加德纳出生于美国宾西法尼亚州的一个普通德国犹太人家庭。幼年时,加德纳在音乐方面颇有天赋,曾想成为一名职业音乐家,尽管由于种种原因他最终放弃了这个理想,但音乐方面的爱好和特长却伴随他一生。

1962—1965 年,加德纳入读哈佛大学,主修历史学,在大学期间,他对心理学也产生了极大的兴趣,曾特别崇拜分析心理学的始祖弗洛伊德(Freud)和分析心理学家埃里克森(Eriksson)。后来,他被认知和教育心理学家布鲁纳(Bruner)以及布鲁纳的老师皮亚杰的著作深深地吸引,将对心理学的兴趣转移到了认知发展心理学上。1965 年他获得哈佛大学社会关系学学士学位,并且获得了到英国伦敦留学一年的奖学金。

1965 年下半年,加德纳来到英国,在伦敦经济学院研习哲学和社会学。在留学期间,他充分利用了伦敦这座文化和艺术古城的丰富资源,使自己的心理学知识水平和艺术水平同时得到了巨大提高。

1966 年,加德纳重返哈佛大学,攻读发展心理学博士学位。1967 年,他加入了尼尔森·古德曼(N. Goodman)教授的"零点项目"(Zero Project)研究小组,跟着古德曼教授做研究。

1971 年,加德纳获得发展心理学博士学位。之后,他作为哈佛医学院和波士顿大学失语症研究中心的博士后,开始了对大脑受损病人认知问题的长期研究。两年后,他完成了处女作《艺术与人的发展》(*The Arts and Human Development*,1973)。该书的出版是"零点项目"的一大成就,同时也奠定了他在古德曼教授心目中及其在项目组中的地位。加德纳的研究成果也随着研究的深入而不断增加,几部有关艺术教育和心理学关系的专著相继出版。如《受损的智力》(*The Shattered Mind*,1975)、《艺术涂抹》(*Artful Scribbles*,1980)、《艺术、智力和大脑:通往创造性的认知方法》(*Art,Mind and Brain:A Cognitive Approach to Creativity*,1982)等。[1]

#### (二) 第二阶段:研究方向的转变和教育界地位的奠定

1979 年是加德纳闻名于世的关键一年,他获得了伯纳德·凡·李尔基金会(Bernard van Leer Foundation)提供的 150 万美元的资助,这为他的研究提供了充足的资金保障。在这几年里,他把《心智的种类》(*Kinds of Minds*,1976)的大纲所涉及的内容补充完整。他从生物学、社会科学和文化科学等学术角度综合地提出了对"人类潜能

---

[1] 邓胜柱. 加德纳的教育思想初步探究[D]. 福建师范大学,2007.

的特性和实践"的新见解。最终，一部对教育有重要影响的巨著——《智力的结构》(*Frames of Mind：The Theory of Multiple Intelligence*，1983)诞生了。[①]

《智力的结构》出版几个月后，加德纳应邀在独立学校全国联合会的年会上发表演讲，座无虚席的情景给他带来了惊喜。从此，加德纳确立了其在教育界、乃至全国受人瞩目的地位。

1983年以来，他集中主要精力和哈佛大学"零点项目"研究所的许多同事以及其他研究开发组织一起"研究多元智力理论在教育学上的应用"。1983—1993年间，他与费尔德曼(Feldman)、克瑞谢夫斯基(Krechevsky)、斯拖克(Stock)等人合作"多彩光谱"项目(Project Spectrum)，创建了一套用以确定学龄前儿童或者小学低年级学生的智力层面的测量方法；加德纳还与印地安那波利斯市公立小学一起合作，对基于多元智力理论的"重点学校"(Key school)模式进行了实验；加德纳和斯腾伯格(Sternberg)以及他的同事建立了一套名为"学校实用智力"(practical intelligence for school)的初中课程体系；1985年，在洛克菲勒基金会艺术与人文学科部的鼓励和支持下，加德纳领导下的哈佛大学"零点项目"和教育考试服务社、匹兹堡公立学校一起进行了为期数年的"艺术推进"(*Arts Propel*)项目研究。[②]

**(三) 第三阶段：对多元智能理论的反思和拓展**

20世纪90年代中期，加德纳发现人们对他的多元智能理论有错误的解释，人们在实践中也存在着一些问题。这时，他开始区分他自己对多元智能理论的看法和其他人对多元智能理论的理解，同时他更积极地介入了教育改革。

在多元智能提出后的第一个10年，加德纳还做了些纯学术性的工作。他根据不同种类的智力的概念，研究了各个领域的杰出人物，并写出了关于创造性、领导能力和更广泛的突出成就的书，如《创造大师的头脑》(*Creating Minds*，1993)，《领袖人物的头脑》(*Leading Minds*，1995)，《杰出的头脑》(*Extraordinary Minds*，1997)。他于1994—1995年间利用假期的时间论证了自然智力(naturalist intelligence)的存在，并且提出有证据表明还存在着存在智力(existential intelligence)，但他还不能绝对肯定，因此，他坚持自己只提出了$8\frac{1}{2}$种智力。他还深入地探讨了各种智力与其他概念，如能力、天资等之间的关系。

加德纳是一位多产作家。迄今为止，他在发展心理学、神经心理学、教育学、美学和社会学等多个领域出版了约20本书，发表文章和书评约400篇。他出版的书籍除了《智力的结构》(*Frames of Mind：The Theory of Multiple Intelligence*，1983)外，还有对学校教育影响重大的《未受教育的智力》(*The Unschooled Mind：How children think and how schools should teach*，1991)，《多元智力：理论与实践》(*Multiple Intelligences：The theory in practice*，1993)，《智力重建》(*Intelligence refrained*，1999)，《受训练的智力》(*The Disciplined Mind：Beyond Facts And Standardized Tests，The K-12*

① 邓胜柱.加德纳的教育思想初步探究[D].福建师范大学,2007.
② 邓胜柱.加德纳的教育思想初步探究[D].福建师范大学,2007.

*Education That Every Child Deserves*，2000），《改变思维》（*Changing minds：The art and science of changing our own and other people's minds*，2004)等。①

### 二、加德纳的重要贡献：多元智能理论

#### （一）智能的含义

加德纳认为，人的智力表现在生活中各个不同的方面，应以实际解决问题的能力以及在现实环境中的创造力为指标来定义一个人的智力。基于多年来对人类潜能的大量实验研究和对众多智力理论的分析，他给智力赋予了新的含义，即"在特定的文化背景下或社会中，解决问题或制造产品的能力"。解决问题的能力，就是能够针对某一特定的目标，找到通向这一目标的正确路线；制造产品，则需要有获取知识、传播知识、表达个人观点或感受的能力。② 也就是说，人的智力应该包含一系列解决实际问题的能力，同时必须包含那些为获得新知识奠定基础的发现或创造问题的潜力，又必须包含能对自己所属文化提供有价值的创造和服务的能力。

加德纳的这一智力定义突出强调了智力的社会多元文化特性。他认为，智力与一定社会和文化环境下人们的价值标准有关，这使得不同社会和文化环境下的人们对智力的理解不尽相同，对智力表现形式的要求也不尽相同，而且在不同文化中所解决的问题或创造的新产品的价值存在着非常明显的差异。另一方面，加德纳还特别强调了智力是个体解决实际问题或生产及创造出社会需要的有效产品的能力。在这一点上，加德纳与斯腾伯格有着高度的一致性。在他们看来，传统的智力理论产生于重视语言智力和逻辑数理智力的现代工业社会，智力被解释为一种以语言能力和数理逻辑能力为核心的整合能力，而与解决实际问题的能力和创造有效产品的能力则几乎无关。加德纳指出，传统的智力测验也许对学生的在校学习成绩能够进行较好的评估和预测，但对于评估和预测学生在学校以外的表现和发挥，其作用则微乎其微。不少在校学习成绩"优秀"的学生进入社会后一事无成，而不少在校学习成绩一般的学生甚至是调皮捣蛋的"差生"却能于离校后在某一领域或行业创出佳绩就是很好的证明。加德纳认为，智力不是上天赐予少数幸运者的一种特殊脑内物质，而是每个人在不同方面、不同程度地拥有的一系列解决现实生活中实际问题，特别是难题的能力和发现新知识或创造出有效产品的能力。这样一来，不仅人们在解决实际问题时所需要的除语言智力和逻辑数理智力之外的其他五种智力被名正言顺地纳入了智力的神圣殿堂，而且作为人类进步最重要的推动力量的创造能力也被提到了一个应有的重要高度。正是基于以上两点，多元智能理论成为了在挑战传统智力理论方面最彻底、影响最深远的智力理论之一。

#### （二）多元智能的确立依据

加德纳研究智力的方法比较独特。他在"提出一组似乎是普遍的、真正有用的智力名单时"，并不是通过自己收集实验数据来支持和检验他的理论的，而是通过搜索各种与智力相关的各门学科的文献（含实验数据），采用一种他称之为"主观因素分析

---

① 邓胜柱.加德纳的教育思想初步探究[D].福建师范大学,2007.

② [美]霍华德·加德纳.多元智能[M].沈致隆译.北京：新华出版社,1999：15.

(subjective factor analysis)"的方法,确立了"智力选择依据系统","这样,任何一位受过训练的研究者都能确定某种智力是否符合入选的准则了"。①

加德纳认为,智力的选择依据既源于生物学,又要考虑根据一个或多个文化背景来对其进行评价。构成"智力选择依据系统"的标准或依据主要有:

1. 每一种智力都会因大脑相应部位受损而受到损害,大脑中某一部位受伤会使一个人失去某一种智力,而并不影响其他智力,由此可以将各种不同智力区分开来;

2. 白痴学者、天才以及其他异常个体,他们往往在某些智力上超常,而在另一些智力上却表现为缺失,这给我们提供了智力相对独立的证据;

3. 每一种智力都具有一种可辨别的核心操作或操作系列——基本能力的特征或一组特征,经所提供的内部或外部的特定信息的活化或激发,就可以证明存在不同种类的智力;

4. 每一种智力都有其独特的发展过程,借此可以区分各种不同的智力;

5. 不同智力的发展与人类进化及其他物种的进化有关,如果某种特定形式的智力在进化的历史上能够找到它的踪迹,或者它是一种与其他有机体共有的能力,那么这种智力的存在就显得更为合理;

6. 实验心理学证明了智力的可操作性,使我们可以研究各种特定形式的能力的细节,这为各种特定形式的能力是或不是同一种智力的表现提供了有说服力的支持;

7. 心理测量学中一种测验任务测出的智力与另一种任务测出的智力相关较高,而与另一种任务测出的智力相关较低,证明了不同种类的智力的存在;

8. 每一种智力都有其独特的(特定文化创造出来的)符号系统,这个符号系统是捕捉、表达、传播信息的重要形式。

按照加德纳的观点,确定某一种能力是否可以成为多元智能框架中的一种相对独立的智力,需要看它是否得到足够证据的支持,如果有,就可以在多元智能的框架中增加它们。需要特别指出的是,在加德纳看来,个体到底具有多少种智力是可以商榷和改变的,随着支持或不支持某一智力的科学研究成果的出现,人们掌握的证据可能会使现有的几种智力增加或减少。

**(三)多元智能的基本结构**

加德纳认为在实际生活中个体所表现出来的智力是多种多样的,在1983年出版的《智能的结构》一书中,加德纳首次提出并着重论述了他所谓的多元智能理论的基本结构。加德纳认为,智力应该是一组能力而不应是一种能力,而且这组能力中的各种能力不是以整合的形式存在的,个体身上相对独立存在着的、与特定的认知领域或知识范畴相联系的七种智力构成了多元智能的基本结构。1998年,加德纳根据"智力选择依据系统",经过严格论证筛选,又在多元智能框架中增加了第八种智力。这些智力包括:语言智力、数学逻辑智力、空间智力、身体运动智力、音乐智力、人际关系智力、自我认识智力和自然观察智力。

其基本性质是多元的——不是一种能力而是一组能力,其基本结构也是多元

① [美]霍华德·加德纳.智能的结构[M].兰金仁译.北京:光明日报出版社,1990:71.

的——各种能力不是以整合的形式存在而是以相对独立的形式存在。① 现代社会是需要各种人才的时代,这就要求教育必须促进每个人各种智力的全面发展,让个性得到充分的发展和完善。

1. 言语—语言智力

言语—语言智力(Verbal/Linguistic Intelligence)是指外语的听、说、读、写的能力,表现为个人能够顺利而高效地利用语言描述事件、表达思想并与人交流的能力。② 这种智力在记者、编辑、作家、演说家和政治领袖等人身上有比较突出的表现,例如由记者转变为演说家、作家和政治领袖的丘吉尔。这是一种与生俱来的口才能力,但是和知识面无关。拥有这种智力的个体在语言摹仿上也表现得很出色,在演讲、教育、辩论方面有着一流的口才能力。

2. 音乐—节奏智力

音乐—节奏智力(Musical/Rhythmical Intelligence)是指感受、辨别、记忆、改变和表达音乐的能力,具体表现为个人对音乐的节奏、音准、音色和旋律的感知度,以及通过作曲、演奏和歌唱等表达音乐的能力。③ 这种智力在作曲家、指挥家、歌唱家、演奏家、乐器制造者和乐器调音师身上有比较突出的表现,例如音乐天才莫扎特。

3. 逻辑—数理智力

逻辑—数理智力(Logical/Mathematical Intelligence)是指运算和推理的能力,表现为对事物间各种关系如类比、对比、因果和逻辑等关系的敏感,以及通过数理运算和逻辑推理等进行思维的能力。它是一种对于理性逻辑思维较显著的智力体现。拥有这种智力的个体在数字,物理,几何,化学,乃至各种理科高级知识的掌握及应用方面有超常人的表现。④ 一些数学家,物理科学家往往这个方面的智力点数都不低。这种智力在侦探、律师、工程师、科学家和数学家身上有比较突出的表现,例如相对论的提出者爱因斯坦。

4. 视觉—空间智力

视觉—空间智力(Visual/Spatial Intelligence)是指感受、辨别、记忆、改变物体的空间关系,并借此表达思想和情感的能力,表现为对线条、形状、结构、色彩和空间关系的敏感,以及通过平面图形和立体造型将它们表现出来的能力。⑤ 而对宇宙、时空、维度空间及方向等领域的掌握理解,是更高一层的智力体现,是以相当的理性思维基础习惯为依托及前提的。这种智力在画家、雕刻家、建筑师、航海家、博物学家和军事战略家的身上有比较突出的表现,例如画家达·芬奇。

---

① Sternberg, R. J. & Detterman, D. K. What is intelligence? Contemporary viewpoints on its nature and definition [M]. Norwood, NJ: Ablex, 1986.
② [美]霍华德·加德纳. 智力的结构[M]. 沈致隆译. 北京: 新华出版社, 2004: 32.
③ 陈杰琦, 玛拉·克瑞克维斯基, 朱莉·维恩斯编. 多元智能的理论与实践让每个儿童在自己强项的基础上发展[M]. 方均君译. 北京师范大学出版社, 2002: 11—16.
④ [美]霍华德·加德纳. 智力的结构[M]. 沈致隆译. 北京: 新华出版社, 2004: 32.
⑤ Gardner, H. The arts and human development: with a new introduction by the author[M]. New York. Basic Books, 1973.

## 5. 身体—运动智力

身体—运动智力(Bodily/Kinesthetic Intelligence)是所有体育运动员必须具备的一种智力。它是指个体运用四肢和躯干的能力,表现为个人能够较好地控制自己的身体,对事件能够作出恰当的身体反应,以及善于利用身体语言表达自己的思想和情感的能力。[①] 这种智力在运动员、舞蹈家、外科医生、赛车手和发明家身上有比较突出的表现,例如美国篮球运动员迈克尔·乔丹。

## 6. 自知—自省智力

自知—自省智力(Self/Questioning Intelligence)是指认识洞察和反省自身的能力,表现为能够正确地意识和评价自身的情感、动机、欲望、个性、意志,并在正确的自我意识和自我评价的基础上形成自尊、自律和自制的能力。[②] 这种智力在哲学家、思想家、小说家等人身上有比较突出的表现,例如哲学家柏拉图。

## 7. 交往—交流智力

交往—交流智力(Interpersonal Intelligence)是指与人相处和交往的能力,表现为觉察、体验他人情绪、情感和意图,并据此作出适宜反应的能力,也是情商的最好展现。因为人和人的交流就是靠语言或眼神以及文字书写方式来实现的。[③] 往往这些人具有相当的蛊惑力或者煽动性,是组织的焦点,明星或者政客等。这种智力在教师、律师、推销员、公关人员、谈话节目主持人、管理者和政治家等人身上有比较突出的表现,例如美国黑人领袖、社会活动家马丁·路德·金。

## 8. 自然观察智力(加德纳在 1995 年补充)

自然观察者(Naturalist Intelligence)是指认识世界、适应世界的能力,是一种在自然世界里辨别差异的能力,如植物区系和动物区系、地质特征和气候。[④] 同时,它也是一种对我们自己身处的这个大自然环境的规律认知,如历史、人体构造、季节变化、方向的确立、磁极的存在、感知灵性空间的超自然科学能力,以及适应不同环境的生存能力。

## 9. 存在智力(加德纳后补充)

存在智力(Existential Intelligence)是指陈述、思考有关生与死和终极世界的倾向性,即人们的生存方式及其潜在的能力。如人为何要到地球上来,在人类出现之前,地球是怎样的,在另外的星球上生命是怎样的,以及动物之间是否能相互理解等[⑤]。

每个人都在不同程度上拥有上述几种基本智力,智力之间的不同组合形成了个体间的智力差异。教育的起点不在于一个人有多么聪明,而在于怎样令其变得聪明,在哪些方面变得聪明。在加德纳看来,能否解决实际生活中的问题和创造出社会所需要的有效产品是衡量一个人智力高低的标准。因此,可以说,智力是个体解决实际问题的能

---

① [美]霍华德·加德纳.智力的结构[M].沈致隆译.北京:新华出版社,2004:33.

② Sternberg, R. J. & Detterman, D. K. What is intelligence? Contemporary viewpoints on its nature and definition [M]. Norwood, NJ: Ablex,1986.

③ Sternberg, R. J. The triarchic mind: A new theory of human intelligence [M]. New York: Penguin,1989.

④ Sternberg, R. J. Successful intelligence [M]. New York: Simon & Schuster,1996.

⑤ Gardner, H. Are there additional intelligences? The case for naturalist, spiritual, and existential intelligences [M]. In J. Kane (Ed.), Education, information, and transformation. Englewood Cliffs, NJ: Prentice-Hall, 1998.

力和生产出或创造出具有社会价值的有效的产品的能力。

就多元智能本身的性质而言，要理解其结构及含义，还应把握以下几个主要观点。

第一，加德纳认为，以上这些多元智能可能被包含在三个更广阔的范畴当中：一是由个体在环境中被所面临的物体控制而形成的"与物体相关（object-related）"的智能范畴，包括空间智力、数学逻辑智力、身体运动智力、自然观察智力等；二是不依赖于物理世界而形成的"与物体无关（object-free）"的智能范畴，包括语言智力、音乐智力；三是反映着一套强有力的均衡倾向的"与人相关（person-related）"的智能范畴，包括人际关系智力和自我认识智力。①

第二，加德纳特别指出，每一种智能还包含有次级智能（sub-intelligences）。如在音乐智力领域中就包括演奏、歌唱、作曲、指挥、评论和欣赏等次级智能，因而存在诸如一个人可能歌唱得不好却很会作曲，不会演奏却善于批评鉴赏等情况。其他七种智能也都包含有各自的多种构成要素。

第三，每一种智能都是一个单独的功能系统，代表着一种不同于其他智能的独特的思维模式，然而它们并非独立运作的，而是同时并存、相互补充、统合运作，并由此产生外显的智力行为。例如，一位优秀的舞蹈家必须同时具备良好的音乐智力（以了解音乐的节奏与变化）、良好的身体运动智力（能够灵活而协调地完成身体动作）和良好的人际关系智力（能通过身体动作来鼓舞或感动观众）。

第四，加德纳谨慎地指出，人类的智能不应局限于他所确认的这几种类型，以上八种智能模式是暂时性的，除上述八项智能之外，仍可能有其他智能存在。他相信，相对于先前的一元智力理论，多元智能理论能够更为准确地描绘人类能力的全貌。

**（四）多元智能的特点**

加德纳认为，"所有类型的智能都是遗传基因的一部分"，②因而人类成员中的每一个体都具备这些基本的多元智能，多元智能不是固定与静态的实体，它们能被强化与扩大，但由于遗传与环境因素的差异，在每个个体身上多元智能的发展会表现出明显的差异。多元智能的发展呈现出以下特点。

1. 阶段性。加德纳认为，每一种智能都具有独特的发展顺序，它们在人生的不同阶段萌芽、开花。在婴儿阶段，"每一种智能发展的自然轨迹，都来源于原生的模仿能力，如音乐智力中分辨音高的能力，空间智力中辨认三度空间的能力等"。③ 在幼儿的早期，智能发展为对于初级符号的掌握，如语言智力通过句子和故事表达、音乐智力通过唱歌来表达等，在此阶段，儿童对各种符号系统的掌握情况，就表现了他们各类智能的潜力。学龄儿童的智能发展则表现为对第二级符号系统的掌握，如数学公式、地图、字母、乐谱等。到成熟期，智能则是通过对理想的职业和业余爱好的追求来表现的。

2. 不平衡性。一方面，每一个体各种智力之间存在着不平衡的发展现象。每一种智力都有自己独立的发生、发展历程，发生的年龄是不一样的，发展的"平原时期"和"高

① [美]坎贝尔.多元智能教与学的策略[M].王成全译.北京：中国轻工业出版社,2001：4.
② [美]霍华德·加德纳.多元智能[M].沈致隆译.北京：新华出版社,1999：30.
③ [美]霍华德·加德纳.多元智能[M].沈致隆译.北京：新华出版社,1999：30.

峰时期"也不同。如音乐智力的天赋显现最早,有些个体在孩提时就能表现出卓越的音乐天赋,如莫扎特。至于其原因,加德纳暗示,这种智能可能不必依赖人的生活经验。而发展"与人相关"的智能,则必须有广泛地与他人交往并给予反馈的经验。另一方面,由于遗传、早期训练的作用,加之每个人会以不同方法统合(blend)这八种智能(加德纳称之为智能光谱 Intelligence Spectrum),某些个体在某些能力方面的发展就比其他个体要好得多。对于每一个正常的个体,只要他稍有一点机会,便都会使其每一种智力得到某种程度的发展。然而,大部分人只在某一两个特定的领域有出色的表现。如爱因斯坦虽然在数学和科学方面表现出卓越的天赋,但在语言、身体运动和人际关系方面却未显示出与之相媲美的才能。

3. 可加工性。加德纳认为在各种智能的内核中肯定存在着一种运算能力或信息加工设备。正常的个体,其身体的构成就足以使他对某种信息内容很敏感,当这种特殊的信息形式呈现到他面前时,他的神经系统的各种不同机制便被激发起来,开始对其进行特殊的运算。通过对这些不同运算设备进行反复的运用和拓展,通过它们之间的交互作用,个体最终形成了"智力"这一认知形式。当人们有机会通过高效的学习来挖掘自身潜能时,他们将在认知、情绪、社会关系甚至生理等各方面发生积极的变化。每一种智力通过恰当的教育和训练都可以发展到更高的水平,因此对于具有特殊智力的儿童,用特殊的方案训练他们,为他们设计增进措施或弥补措施,可以使他们获得更好的发展。

4. 受制约性。在加德纳看来,智力实质上是在一定文化背景中由学习机会和生理特征相互作用而形成的产物,个体智力的发展受到文化、环境包括社会环境、自然环境和教育条件的极大影响甚至制约,不同的文化或社会对不同类型的智能有不同的评价,使得个体在各种智能的发展上有不同的动机,也使某一社会的人群在某些智能上有高度的发展。

## 第三节　多元智能理论的教育主张

### 一、教育目的
#### (一) 加德纳关于教育目的的总体思考

加德纳在《学习的纪律》一书中,对教育的问题进行了广泛的论述,阐明了他个人的教育哲学。他论及教育的区域性与人类性的统一,教育发展的常数和变数(即影响教育发展的因素),以及各种教育思想对教育内涵与目标的理解,理想的教育等问题。这里仅对他关于教育目的的思考作些介绍和分析。他非常重视教育目的的价值。他说:"确认理想是一件不容怠慢的大事,当我们展望未来的新时代与新世界之际,忽视教育理想绝非明智之举。"[①]他认为我们的讨论仅停留在关于教育的管理体制(诸如私立学校、教育券等问题)和教育方法的层面是不够的,应该更关注教育的目的,这是教育最基本的问题,是核心。

---

① 钟祖荣,伍芳辉.多元智能理论解读[M].北京:开明出版社,2003:81.

1. 教育的内涵是对于真善美的追求

他谈到,全人类共同关心的问题,或者教育的内涵就是对真善美的追求。尽管不同的地区有不同的文化和价值观,对真善美有不同的理解;尽管后现代主义认为真善美是虚妄的、不存在的,多元主义认为真善美是多元的,不可能有纯粹单一的真善美,但加德纳仍然坚持对于真善美的追求是非常重要的。[①]

真善美是三个不同的领域:真对应假,是科学的领域,解释事实和规律;善对应恶,是道德的领域,是价值的判断;美对应丑,是艺术的领域,是艺术地表达事物的形式。每个国家都以真善美为教育的内容。加德纳研究了三个问题,分别代表了这三个领域,一个是达尔文的进化论,代表科学领域;一个是莫扎特的歌剧《费加罗的婚礼》,代表艺术领域;一个是纳粹屠杀犹太人的事件,代表道德领域。加德纳主张通过对典型问题的研究,让学生掌握学科的思维方式,真正理解什么叫真善美,使学生真正成为对社会有用的人才。他不主张学习很多知识,他说:"我不相信所谓的'核心知识'和'文化水准',这样的教育不仅是徒劳无功的,而且说得好听一点,是一种肤浅的教育观,说得难听一点,就是反智的教育观。"[②]

2. 四项教育的目标与理想

加德纳认为,长久以来,教育有四个不可或缺的目标或者说未曾改变的教育理想,即角色的扮演、价值观的传递、识字和符号的学习、学科思维方式,这四个方面实际上也代表了加德纳的教育理想。他说:"我心目中理想的世界公民,应该具备高超的文化水准,训练有素,能够进行批判性与创造性的思考,对文化有深入的了解,能够针对人类的新发现与新选择积极参与讨论,而且愿意挺身拥护自己的信念。"[③]

**(二) 真正理解是教育的一个直接目的**

关于加德纳的教育目的观,很多人以为就是开发多元智能,其实,加德纳对教育和教育目的的理解远不止于此,他更强调的是理解和应用。他甚至提出了一个命题或者说口号来表明自己的观点,这就是"为了理解的教育"。

加德纳为什么提出这个口号,书中并没有具体的说明。但我们从他的论述中可以推测,这是他从对教育现象的观察和反思中总结出来的。他列举了大量学生不能理解所学的情况,并表示惊奇和不安。他在《未受教育的心理》一书中谈到,他通过阅读很多研究报告得出了一个结论:即使是就读于一流学校的一流学生,也都存在对所学内容不甚理解的情况。他认为很多大学生尽管接受了多年的学校教育,但是他们的思考仍然处于没有受过训练的状态,也就是他们的思维还停留在早期形成的一些思考模式上。学习数学只不过是套公式,如果题目中缺乏足够的条件,他们甚至不知道该用什么公式;如果他们忘记了公式,那就束手无策了,因为他们自己推导不出公式来,不理解公式的真正含义和来源,公式对他们而言只不过是一堆要记忆的材料而已。在人文学科中,学生对于大量的材料也只是死记硬背而已,并不能够用材料去分析问题、分析事物发展

① 钟祖荣,伍芳辉.多元智能理论解读[M].北京:开明出版社,2003:81.
② [美]加德纳.学习的纪律[M].鲁燕萍译.台湾:台湾商务印书馆股份有限公司,2000:15.
③ [美]加德纳.学习的纪律[M].鲁燕萍译.台湾:台湾商务印书馆股份有限公司,2000:15.

的趋势。

这种现象在加德纳看来是比较普遍的现象。我们重视知识的学习,但是,由于内容太多,方法单一,时间紧张,学生往往对其理解得很肤浅。针对这种问题,加德纳提出:真正理解并学以致用是教育的一个直接目的。他说:"教育家应该追求更远大的目标,也就是真正理解并学以致用的教育。"①当然,加德纳提出这个观点,并把它作为自己思想的重要内容或核心概念,不只是针对问题而发的,还基于他的"智能"观。他认为,真正的智能不是记住一堆知识,而是解决问题或者制造产品。如果没有理解所学,没有形成解决问题的思维模式,不能于具体情境中运用所学知识,那就没有发展智能。"真正理解并学以致用"是智能的具体表现。

### 二、教育内容

#### (一) 开发多种智能

多元智能理论认为,人们在实际活动中不是靠单一的智能来解决实际问题,而是需要运用一定的智能组合来解决实际问题的。一般而言,任何活动都是复杂的,涉及人的智能的许多方面。比如,与人商谈一件事,自然要用到语言智力,语言流畅,甚至生动幽默风趣,就能够打动人,事情就容易谈成功;另一方面,很多事情是需要商量的,要看他人有无兴趣,是什么样的意愿,他人处在什么样的精神和心理状态,这就要求个体善于"察言观色",审时度势,以决定自己说什么,怎么说,这是人际关系智力;谈什么,怎么谈,自己要思考,要有条理,这就要运用到数学逻辑智力。因此,我们要培养学生的多种智能,当然,这不意味着每个人都是八项全能,但是他应该形成某些智能的结构和组合,以便在学习过程中和将来的工作中做到应付自如。②

既然学生有八项智能,在解决问题的过程中又是综合运用多种智能,通过智能的组合来完成任务的,那么,我们就既有发展多种智能的必要,也有发展多种智能的可能。所以,在教育上,我们要尽可能地发展学生多方面的能力。加德纳对此有明确的说法:"按照我的观点,学校教育的宗旨应该是开发多种智能并帮助学生发现适合其智能特点的职业和业余爱好。我相信得到这种帮助的人在事业上将会更投入、更具有竞争力,因此将会以一种更具建设性的方式服务于社会。"③

#### (二) 扬长教育

1. 扬长是成才的规律

加德纳在《杰出的头脑》中总结了杰出人物成功的三大特点:沉思、发挥、调整。所谓沉思,就是参照更长远的目标对日常生活、对自己、对自己的工作等进行经常性的思考,理解发生了什么,意味着什么。发挥就是发挥自己的优势。调整就是对自己的挫折与失败进行分析和反思,激发前进的动力。这可以说是人才成功的规律。

加德纳还说:"杰出者身上的不和谐因素并不比普通人少,只是他们能清楚地认识

① [美]霍华德·加德纳.多元智能[M].沈致隆译.北京:新华出版社,1999:238.
② 钟祖荣,伍芳辉.多元智能理论解读[M].北京:开明出版社,2003:72.
③ [美]霍华德·加德纳.多元智能[M].沈致隆译.北京:新华出版社,1999:10.

到自己的特点并积极地利用它们。我所说的发挥,是指某些人能忽略自己的弱势,并反过来问'我怎样能在自己选择的领域里利用自己的能力获得竞争的优势?'"①我们可以通过爱迪生、爱因斯坦等人来说明这一规律,他们都是发挥了自己的强项,在各自的领域作出了贡献。

2. 扬长教育是培养人才的规律

既然扬长是成才的规律,那么,教育应该按照成才的规律培养人才,即进行扬长教育。扬长教育可以说是古老的"因材施教"原则的具体体现和现代表达。如果我们给它一个描述性的定义的话,那么可以说,扬长教育就是教师发现学生素质上的长项,特别是智能上的优势,并为其提供生长和发挥的机会、条件,使之成为更加突出的素质的一种教育理念与原则。如何在教育实践中实现扬长教育?简单地说,首先要能够发现学生的长处,然后采取措施培养他们的长处,使之成为优势。②

**(三) 专业知识与通识知识之间的平衡**

1. 通与专、全面发展与差异教育的关系

加德纳在《多元智能》中提出:"在社会所需要的通用知识和承认个人的兴趣和天分之间,怎样才能寻求协调?"他认为这是教育面临的一个挑战,也是常常被讨论的一个普遍问题。在教育上,从古至今,许多教育家都有让学生全面发展的理想,比如夸美纽斯主张培养百科全书式的人。在我国教育界,全面发展也已成为所有学校和教育者的一种理念。因此,我们开设的课程是多方面的。可是,是否所有的人都能够达到这样的预期?显然不是。这是因为人有差异性,我们在培养的过程中应该顺应这种差异,因材施教,发扬他们的长处,避开他们的短处。加德纳对这对矛盾的关注集中在发展个人的兴趣,他说:"后者其实是多元智能理论关注的中心。"

在处理这对矛盾的问题上,不同的人有不同的主张。一种主张是,在坚持全面发展的前提下,兼顾人的差异性;另外一种主张提倡"宁要片面发展的人才,不要全面发展的庸才"。两种观点强调的重点不同。但是如果走极端,过分强调某一个方面,都是没有意义的,也必然产生误导。加德纳主张在专业知识和通识知识之间建立一种平衡。

2. 通识知识与专业知识的安排顺序

通常的观点是先打基础,培养学生广泛的兴趣,等到少年期或者青年期,再帮助他们选择努力的方向和职业的方向,也就是说,先博而后专。加德纳的看法与一般的看法相反。他作为一个发展心理学家,看问题用的是一种发展的动态的观点。他说:"答案的一部分,就在于能够敏锐地觉察到在不同的发展阶段和发展水平上,什么样的教育是有意义的。"加德纳认为,在儿童时期,教育的任务和目标是两方面的:一方面是使儿童掌握基本的读写能力、自身文化中的记号系统(或符号系统),另一方面是培养专门的技能,就是培养特长。

而到了青少年时期,人们发生了三个变化,即他们的世界变得更加开阔、更加高级、

---

① [美]霍华德·加德纳. 杰出的头脑:对我们自身的检验[M]. 乐文卿,王莉译. 北京:中国友谊出版公司,2000:204.

② 钟祖荣,伍芳辉. 多元智能理论解读[M]. 北京:开明出版社,2003:73.

更加深入。所谓开阔，就是他们生活和了解的范围更大了，从家庭、社区，到更大的范围——整个社会和世界；所谓高级，就是他们的思维方式更抽象，能够进行更加复杂的思考，探询更加复杂的世界和事物；所谓深入，就是更加深入到自己的内心世界，探询自己生活的意义和价值。基于这三个变化，加德纳认为，青少年正在通过范围更加广阔的活动来确定自己的人生坐标，此时，他们应该继续接触广泛的话题、主题、学科、价值体系，包括科学技术、文学艺术、政治社会、经济商业、伦理道德等，以及各种不同的观点。总之，应该重视综合性知识，思考一些综合性的问题，即进行通识教育。这样才能使青少年对以前专门化的领域获得更广泛、更深刻的理解，从而成为这一领域的有用之才。就像一个喜好写作的学生，通过广泛的学习，他就能够写出题材更广、材料更丰富、内容更多样的作品来。①

### 三、教育评价

在许多方面，多元智能理论与西方社会对标准化测验的强调背道而驰。首先，加德纳认为，标准化测验主要集中在对语言智力和数学逻辑智力的测量上。它实际上忽视了人类的其他智力：音乐、空间、身体运动、人际关系、自我反省、自然观察和存在智力。其次，标准化测验反对依据上下文情境进行学习。例如，测验中的问题远离真实的情境，要求学生在没有任何帮助或工具的条件下去完成。而大多数真实世界的情境中的问题往往需要运用多种方法、工具和身体行为，并经过一定时间才能完成。再次，加德纳指出，多元智能理论强调智力和创造力可以用多种方式表达，而西方对标准化测验和选择填空的强调则束缚了这种表达。实际上，大多数标准化测验只有对在校学生的表现进行预测时才有用，它们在预测学生在未来工作或职业中的成功方面则相当无能。由于多元智能理论对智力概念的拓展，人们越来越认识到用纸笔完成的测验只是收集学生学习信息的方式之一。多元智能理论的支持者声称，评价的更好的方式是允许学生使用不同的智力，以他们自己的方式解释材料。评价概念的重新界定，拓宽了收集的有关学生学习信息的种类、丰富了这些信息用于学生学习评价时的使用方式，并在课程评价领域引起了以下变革。

#### （一）以多元智能理论为依据的教学评价特点

传统的评价只着眼于人才的选拔与淘汰。布鲁姆指出："许多世纪以来，世界各地的教育强调了一种选拔功能，教师与行政人员的许多精力都用于确定每个重要的教育计划阶段应淘汰的学生。"也就是说，评价就是选拔学生的工具，评价的主要目的在于选拔和淘汰。与传统教学评价相比，以多元智能理论为依据的教学评价具有以下几个方面的特点：1.评价更为关注学生所具有的智能种类，强调识别学生智能的强项和弱项，以便依据评价结果为学生的下一步学习提出建议。2.评价应该成为自然的学习环境中的一部分，在整个学习和生活过程中随时进行。评价应该在学生解决实际问题的活动过程中进行，应在更接近学生"实际工作情况"的条件下进行，这样才能对个体的最终表现作出准确的评价。3.评价的方式应当随学生的个体差异及成长

① 钟祖荣,伍芳辉.多元智能理论解读[M].北京：开明出版社,2003：79.

阶段而变化,教师对于学生的个体差异、发展阶段和知识形式情况应保持高度的敏感。4.学生应该成为主动的自我评价者,学生的自我评价在整个教育评价中占有重要地位。①

多元智能理论认为,每个学生由于自身遗传因素、学校教育和家庭生活、人际关系、社会环境等各方面的不同,其智能发展过程也会呈现出差异。然而,每个人都至少拥有前文提到过的8种智能。所不同的是,这8种智能在不同的人身上表现出的强弱程度不同,形成的组合不同。这就意味着教育评价承担着鉴别学生智能类型,鼓励学生进一步发展,并为学生的继续学习提供建议的任务。可以说,对学生进行科学、合理的评价,有利于学生的发展;单一、片面的不科学的评价则会给学生的发展带来不良影响,甚至成为学生健康成长的障碍。②

**(二) 评价的目的是帮助学生全面发展**

传统的教学评价认为,在人的智能中,语言智力和数学逻辑智力是最重要的,人的思维就是快速回答问题的能力,而这种能力所需要的只是语言和逻辑分析技巧。评价学生,首先要看这两种智能是否得到充分发展。而多元智能理论则认为,每一种智能在人类认识世界和改造世界的过程中都发挥着巨大的作用,仅凭一两种智能是不能快速、有效地解决现实问题的。能够在特定情景中解决问题,并有所创造,这就需要多种智能。从某种意义上讲,解决问题的过程,是各种智能相互协调、共同作用的过程。只不过面对不同的问题情境,各种智能所起的作用不同而已。同时,各种智能无高低贵贱之分,他们在评价学生时具有同样重要的地位。

实际上,8种智能的不同组合使得每个人的智能结构各具特点,即使是同一项智能,其表现形式也是多种多样的。传统观念里的“差生”,只是语言智力或数学逻辑智力方面的表现不够好,但他们有可能在其他智能上表现得相当出色,他们的听说能力、动手能力可能比笔试成绩高的学生要强。从这个意义上说,每个学生都是最优秀的,不存在智能高低的问题,只存在智能类型和学习类型的差异问题。因此,教师应当树立积极乐观的学生观,相信每一个学生都是可塑之才。基于这种观点,教育评价应该关注学生的8种智能,使学生从不同方面实现个人价值,树立信心,形成特长。③

**(三) 从一元评价到多元评价**

随着多元智能理论的发展和逐渐被接受,不同智力和技能在学校中越来越受重视,传统的一直强调数学逻辑智力和语言智力,而将其他智力排除在评价程序之外的单一评价,也受到了来自多元评价的挑战。多元评价的意思是对学生的评价将基于一个对智力和学习的更广泛的概念。在多元评价中,不仅学生的逻辑和语言能力会得到继续评估,而且视觉、听觉、运动、自我反省智力和人际交往智力等也将得到评估。这就意味着学生的学习策略、与他人交往的技巧以及知识在日常生活甚至在不同文化背景情境中的运用能力都将得到评价。这种多元评价是一个与真实生活相关、以程序为定向、能

---

① 林宪生编著.多元智能理论在教学中的应用[M].北京:开明出版社,2003:222.
② 林宪生编著.多元智能理论在教学中的应用[M].北京:开明出版社,2003:222.
③ 林宪生编著.多元智能理论在教学中的应用[M].北京:开明出版社,2003:223.

提供一个有关学生学习的丰富描述的多元测量系统。①

**(四) 从孤立评价到整体评价**

随着从一元评价向多元评价的转变,在教育评价领域又出现了一种将评价与课堂教学过程整合在一起的趋势。多元智能理论认为,评价是一个不断发展的动态过程。将测验只看作是标志着教学完成的一个"结果"的做法,在将学习看成是学生在不同的学习任务和阶段安排并调节学习策略的过程的多元智能理论中,就不再适合了。在多元智能理论者的视野中,评价不是孤立单一的,而是动态整体的,这种评价应主要关注学生需要多少帮助才能激发他们在特定领域的学习潜力,而不是对已经获得的知识进行静态的测量。

**(五) 课程评价体系的实际应用——多彩光谱评价**

多彩光谱评价方案(Project Spectrum Preschool Assessment)以加德纳的多元智能理论和费尔德曼的认知发展非普遍性理论为基础,此二者都注重智能发展的多元本质,强调个体在各个领域的智能表现是不一样的,每个儿童都有自己的智能强项和弱项,因此,教育要为每个儿童提供能充分展示他们的智能强项和风格特征的平等机会。②

多彩光谱评价方案由两大部分组成,即评价活动与活动风格评价。其中,评价活动的设计充分体现了这一方案的突出特点,即教师对幼儿的评价并不是通过某种测试、量表来完成的,而是在有意义的、真实的、结构化的评价活动中,通过观察幼儿操作材料、与人交往以及在活动中的各种表现来评价幼儿。为此,该方案为教师设计了涵盖运动、语言、数学、科学、社会、视觉艺术以及音乐等7个智能领域的15个评价活动,并详细说明了每一种活动的目的、材料、组织、具体程序、评价的过程和注意事项,还提供了适宜于每个活动的、具体的观察指标、评价标准以及方便实用的观察表。③

该评价方案的第二部分内容是7个智能领域都适用的活动风格评价。活动风格用于"描述儿童在各种情境中与任务和材料的互动关系⋯⋯从过程维度而不是结果上来反映儿童的学习或游戏"。其具体内容涉及幼儿是否愿意参与活动、参与活动时的自信心表现、游戏性、专注程度、坚持性、工作速度、健谈性、计划性、创新性、成就感以及与成人的互动等18种明显的风格特征。评价方案对每种活动风格都进行了详细界定和说明,并设计了活动风格检表。教师可以运用这些检表,参照对风格的界定和说明,考察幼儿在各个领域活动时所展现的不同风格特征。④

多彩光谱评价方案的优势十分明显。首先,它所运用的评价方法不是依靠某种测试,而是为幼儿提供接近真实情境的评价活动,进而考察幼儿在活动中所展示的智能强

---

① Gardner, H. Are there additional intelligences? The case for naturalist, spiritual, and existential intelligences [M]. In J. Kane (Ed.), Education, information, and transformation. Englewood Cliffs, NJ: Prentice-Hall, 1988.

② 于开莲,焦艳.两种学前教育评价新方案的对比——多彩光谱评价方案与作品取样系统[J].学前教育研究,2009(08):9.

③ 于开莲,焦艳.两种学前教育评价新方案的对比——多彩光谱评价方案与作品取样系统[J].学前教育研究,2009(08):10.

④ 于开莲,焦艳.两种学前教育评价新方案的对比——多彩光谱评价方案与作品取样系统[J].学前教育研究,2009(08):10.

项和弱项,以获得真实的、有意义的评价信息。其次,多彩光谱评价方案为教师提供的是一种结构化的评价活动,也就是说,活动的设计与组织不是盲目、无目的的,而是事先精心选择了某一领域的核心能力,确定相应的活动目标,然后再设计能够反映活动目标的评价活动,明确说明活动的组织方式、具体程序及所需要的材料等。第三,多彩光谱评价方案强调评价与课程和教学的结合,模糊课程和评价之间的绝对界限,认为评价活动应成为教师日常组织课程与教学工作的有机组成部分。第四,关注对活动风格的评价,十分注重收集不同幼儿在活动过程中的具体表现和活动方式,有助于教师依据评价信息进行个别化教学。第五,尊重智能发展的个体差异性和多样性,对各种智能一视同仁。最后,教师可根据评价结果,发展下一步课程,在评价与课程、教学之间搭建"桥梁"。[①]

然而略有不足的是,该评价方案所提出的教学建议和课程发展方向往往是针对整个智能领域或活动的,而不是面向个体幼儿的不同表现的,因此这些建议的针对性和有效性相对欠缺。[②]

## 第四节　多元智能理论的影响

### 一、多元智能理论在教育改革中的积极意义

多元智能理论自 80 年代中期被提出后很快就在美国教育界引起了强烈的反响甚至是轰动,并迅速成为当今美国和西方国家教育改革包括幼儿教育改革的理论基础之一。运用多元智能理论分析我国的教育改革问题,我们认为它至少可以从以下几个方面对我国的教育改革产生积极的影响。

#### (一) 树立新的儿童观、教育观和评价观

根据加德纳的多元智能理论,我们应该树立积极乐观的儿童观。加德纳的多元智能理论告诉我们,每个幼儿的智力都是由 8 种相对独立的智力以不同方式、不同程度组合形成的。每个幼儿都有自己的智力特点,如优势智力领域和弱势智力领域,有自己的学习类型和方法。因此,我们的幼儿园里再也不应该有"笨孩子"的存在,只有各有智力特点、学习类型和发展方向的可造就的幼苗。我们看待幼儿时应该时刻清醒地认识到,以后在我们的幼儿教育中再也不存在一个幼儿有多聪明的问题,而只存在一个幼儿在哪些方面聪明和怎样聪明的问题。[③]

同样,根据加德纳的多元智能理论,我们应该树立"对症下药"的教育观。"对症下药"的教育观有两个方面的含义:其一是针对不同智力特点的"对症下药"。加德纳的多元智能理论认为不同的智力领域都有自己独特的发展规律并使用不同的符号系统,这就要求幼儿教师的教育方法和手段应该根据不同的教育内容而有所变化,如语言教

---

① 于开莲,焦艳.两种学前教育评价新方案的对比——多彩光谱评价方案与作品取样系统[J].学前教育研究,2009(08): 10.

② 于开莲,焦艳.两种学前教育评价新方案的对比——多彩光谱评价方案与作品取样系统[J].学前教育研究,2009(08): 10.

③ 霍力岩.加德纳的多元智力理论及其对我国幼儿教育改革的积极意义[J].学前教育研究,2000(02): 12.

育活动的组织和美术教育活动的组织的方法和手段就有所不同,教学的启蒙和社会性的培养方法和手段也应该有所不同。其二是针对不同幼儿的"对症下药"。加德纳的多元智力理论认为每个幼儿都是各有智力特点和发展方向的可造就之才,这就要求幼儿教师的教育方法和手段应该根据不同的教育对象有所变化。即使是同样的教育内容,由于幼儿的智力特点不同,我们的教育也应该针对每个幼儿的智力特点和发展方向"对症下药"。①

另外,根据加德纳的多元智能理论,我们应该树立灵活多样的评价观。在传统的幼儿园教育中,智力测验分数是评价幼儿发展的主要指标,而智力测验题目过分强调幼儿的语言表达能力和逻辑推理能力,不仅难以反映加德纳所说的幼儿多方面的智力,而且难以对幼儿的应用能力和创造能力作出客观评价,难以真实、准确地反映幼儿解决问题的初步能力和创造出各种精神产品和物质产品的初步能力。

既然我们有建立在加德纳多元智能理论基础上的积极儿童观和"对症下药"的教育观,我们就应该摒弃以标准的智力测验为重点的评价观,我们对幼儿发展的评价应该通过多渠道、采取多种形式、在多种不同的实际生活和游戏活动情景中进行,切实考查幼儿多方面的解决实际问题的能力和创造出精神产品和物质产品的能力;我们的幼儿教师也应该从多方面观察、评价和分析幼儿的优点和弱点,并把这种从多方面观察、评价和分析幼儿所得的资料作为服务于幼儿的基础,以此为依据选择和设计适宜的教育内容和教育方法,使评价成为促进幼儿发展的有效手段。②

**（二）向幼儿展示多方面的智力领域**

根据多元智能理论,人的智力领域是多方面的,人们在解决实际问题时所需要的智力也是多方面的,所以,我们向幼儿展示的智力领域也应该是多方面的。在幼儿教育活动中,我们可以在多元智能理论的指导下重新思考和设计我们的教育活动。譬如,我们可以设计并组织按照不同智力领域划分的活动区教育活动,每一活动区又可根据幼儿的发展水平分为几个层次,从而使得我们的幼儿教师可以在幼儿园教育中向幼儿展示多方面的智力领域,并帮助幼儿选择自己感兴趣的活动区域以及适合于自己发展水平的具体活动。需要指出的是,我们可以按照不同智力领域划分活动区,也可以按照不同的知识领域来划分活动区。由于幼儿是通过和环境相互作用的活动来表现和运用自己的智力特点的,而多数活动的进行都需要一种以上的智力,故而,设计并组织各种活动区教育活动更容易被幼儿教师和幼儿操作;而且由于知识领域是我们幼儿教育中一直采用的领域划分法,与现行的幼儿园教育工作较易衔接,所以在现阶段设计并组织各种按照知识领域划分的活动区也更容易被教师和幼儿接受。来自加德纳及其同事的研究表明,他们也倾向于认为在教育实践中以知识领域而不以智力特点为基础来设计和组织活动区教育活动是较为适当的。③

**（三）注意发展幼儿的优势智力领域**

在多元智能理论看来,每一位幼儿都有相对而言的优势智力领域,如有的幼儿更容

① 霍力岩.加德纳的多元智力理论及其对我国幼儿教育改革的积极意义[J].学前教育研究,2000(02):12.
② 霍力岩.加德纳的多元智力理论及其对我国幼儿教育改革的积极意义[J].学前教育研究,2000(02):12.
③ 霍力岩.加德纳的多元智力理论及其对我国幼儿教育改革的积极意义[J].学前教育研究,2000(02):12.

易通过音乐来理解问题,有的幼儿更容易通过数学来理解问题。同时,在多元智能理论看来,幼儿各种智力的发展包括优势智力领域的充分发展有赖于环境和教育的影响,只有在成人有目的、有计划、有组织地安排的教育活动中,在对丰富的教育材料的接触和运用中,幼儿的智力潜能特别是优势智力潜能才能得到最大化、最优化的发展。所以,多元智能理论主张我们应该注意发现幼儿的优势智力领域并加以挖掘和发展。多元智能理论要求幼儿教育要有意识地培养和发展幼儿优势智力领域的意义不仅仅在于促进幼儿的智力潜能得到最大化、最优化的发展,更在于提高幼儿的自尊心、自信心,并帮助他们形成热爱教师、热爱同伴和热爱幼儿园的情感。这一点对于那些优势智力领域不在语言和数学方面的幼儿尤为重要。在传统的幼儿教育实践中,语言智力和数学逻辑智力被看作是最基本的能力,而其他智力则在不同程度上被看作是无碍大局甚至是可有可无的。所以,语言能力和数学能力发展欠佳的孩子经常会受到教师的批评和其他小朋友的蔑视,久而久之,这些孩子的自尊心和自信心会由减弱到丧失,以至于出现各种各样的行为问题。以多元智能理论为指导的教育强调幼儿教师应该懂得每个幼儿都不同程度地拥有 8 种基本智力,能够欣赏、重视他们的某一优势智力领域如体育或绘画,并培养和发展不同幼儿多种多样的优势智力领域。如果我们的幼儿教师做到了欣赏和重视每个孩子的某一优势智力领域,使每一个幼儿都生活在教师的欣赏、尊重之中,幼儿的自尊心和自信心就会逐步提高,他们就会热爱幼儿教师、同伴和幼儿园,并为将优势智力领域的特点迁移到其他智力领域,为自身的全面发展奠定良好的基础。[①]

根据加德纳的多元智能理论,每一个体都有相对而言的优势智力领域,如有的人显露出过人的"音乐天才",有的则表现出超常的"数学天才",而每一个体不同优势智力领域的充分发展才能使个体的特殊才能得到充分展示、个性得以充分体现,才能保证个体适应并立足于当今这个极具个性化的时代。由此,加德纳的多元智能理论为我们促进学生特殊才能的充分展示提供了理论上的新依据——人的智力特点和表现是不平衡的,我们的教育教学应该充分尊重每个学生的优势智力领域,并努力挖掘每一个学生特殊才能的巨大潜力。[②]

### (四) 帮助幼儿将优势智力领域的特点迁移到其他智力领域

多元智能理论认为每一个幼儿都有自己的优势智力领域和弱势智力领域,幼儿教师应该在充分认识、肯定和欣赏幼儿优势智力领域的基础上鼓励和帮助幼儿将自己优势智力领域的特点迁移到弱势智力领域中去,从而使自己的弱势智力领域也得到最大化的发展。根据多元智能理论,教师在帮助儿童将自己优势智力领域的特点迁移到弱势智力领域中去的时候,最重要的是要引导儿童将自己在优势智力领域中表现出来的智力特点和意志品质迁移到弱势智力领域中。[③]

由此,加德纳的多元智能理论为我们帮助学生有效地发展其弱势智力领域提供了一个理论上的新思路——充分认识、肯定和欣赏学生的优势智力领域并引导和帮助学

---

① 霍力岩.加德纳的多元智力理论及其对我国幼儿教育改革的积极意义[J].学前教育研究,2000(02): 13.

② 霍力岩.多元智力理论及其对我们的启示[J].教育研究,2000(09): 75.

③ 霍力岩.加德纳的多元智力理论及其对我国幼儿教育改革的积极意义[J].学前教育研究,2000(02): 13.

生将自己优势智力领域的特点迁移到弱势智力领域中去,这是我们教育工作者的责任和义务。帮助学生将优势智力领域的特点迁移到弱势智力领域,要求我们教育工作者做到以下两点。

第一,帮助学生发现自己的优势智力领域和弱势智力领域之间的某些联系,并以此为切入点使学生对需要克服种种困难完成的任务(弱势智力领域)与他最感兴趣的活动(优势智力领域)形成联系。

第二,引导学生将自己从事优势智力领域活动时所表现出来的智力特点和意志品质迁移到弱势智力领域中。教师可以通过肯定学生在优势智力领域中取得的成绩帮助学生树立起自信心和自尊心,并在此基础上帮助学生清醒地认识到他在从事优势智力领域活动时所表现出来的智力特点和意志品质如持久的注意力、积极主动的思维和克服困难的勇气等,然后有意识地引导学生将自己从事优势智力领域活动时所表现出来的这些智力特点和意志品质迁移到弱势智力领域中。[①]

## 二、多元智能理论的问题与不足

加德纳的多元智能理论在世界各国盛行的同时,也受到了西方学术界广泛的讨论和质疑。质疑的焦点主要集中在以下几个方面。

### (一) 理论基础不够扎实

#### 1. 缺乏实证研究

在加德纳看来,"理论"一词包含两种不同的意思:一种是像物理学研究那样的"理论",这样的理论有一系列具体的相互关联的假设,并可以通过系统的实验加以验证;另一种"理论"的用法则没有那么严密,就是指任意一套口头上的或书面表达的想法。加德纳明确表示,多元智能理论恰恰处于这两种理论之间,因此,加德纳眼中的多元智能理论就是一个处在中间状态的理论,我们简称其为中间态理论。同时,加德纳坦言,尽管他的理论是在对大量研究结果进行归纳总结的基础上综合分析得出的,但《智力的结构》所呈现的仍然是一种"主观因素分析"。[②] 加德纳指出:"多元智能理论不是一种即将用某一种或某一系列实验室研究来证明其正确与否的理论。"[③]他对用控制性实验来证实或推翻多元智能理论很不以为然。

加德纳教授采用的是推理、类比和总结等研究方法提出的多元智能理论,而没有采用实证研究对其加以检验。他通过"对艺术的酷爱、对脑损伤者与天才儿童等的研究兴趣、对传统智力理论与 IQ 测验的质疑,到依据神经心理学、脑科学等方面的研究发现进行理论铺垫,再到对每项智力的逐一描述,再到对其教育意义的阐释,多元智能更像是一种对人类智力与教育的理想状态的展望和设想,它在感性层面上的内容似乎比理性层面上的内容要多。而理论之所以成为理论,应该有一套完整的假设、推导及验证过程。或许从这个意义上来讲,多元智能理论的内容在某种程度上是有待检验的假说"。[④]

① 霍力岩.多元智力理论及其对我们的启示[J].教育研究,2000(09):76.
② [美]Joe L. Kincheloe 主编.多元智能再思考[M].霍力岩,李敏谊等译.北京:中国轻工业出版社,2004:Ⅳ
③ 转引自霍力岩等.多元智能理论与多元智能课程研究[M].北京:教育科学出版社,2003:143.
④ 霍力岩,沙莉."多元智能热"的背后与多元智能理论的"软肋"[J].比较教育研究,2006(1):53

如斯腾伯格说多元智能理论"没有研究设计,是一种思辨性的理论"①。在人们越来越重视"循证"和"量化"的今天,单纯的思辨理论似乎略显单薄。

2. 多局限于个案研究

多元智能理论选择了"纯个案"来表示智力形式,即智力发展的终极状态,是给智力发展规定了一个最高极限。毕加索、丘吉尔等人在哪一方面有优势是非常显然的,但大多数人的表现没有这么明确,或者说对于大多数普通人来说,各种智力都比较平衡,无法分清自己在哪种智力领域的表现更出色一点,而事实上:要想在任何领域有杰出表现,需要多种智力协作。② 但加德纳指出,所有的终极状态仅仅是其中的一个例子,不排除还有其他形式的存在,我们不妨把这些纯个案理解为"标准"(标准在这里代表优质,而非标准化),一个值得去追求的终极目标。事实上,在根据多元智能理论进行的光谱评估方案中,"成人终极状态"(adult end states)就是一种指导着所有的评估和课程活动的标准,它确定了各领域所必须的关键能力。③

内森·布罗迪(Nathan Brody)也指出,从某种意义上来讲,加德纳教授开列的 7 种或后来的 8 种智力清单是武断的。加德纳教授试图以忽略普遍因素来对智力进行重新架构,然而,这一做法并不比心理测量学家提出"一般"因素更为高明。另外,他还认为,对天才或是有脑损伤的个案的研究并不能有力地说明普通人群的情形。

### (二) 智力筛选框架不够科学

加德纳多元智能理论的主要依据是什么? 在"提出一组似乎是普遍的、真正有用的智力名单时",他有 8 个方面的依据。正是基于这 8 个方面的依据,加德纳建立了一个智力选择系统——确定某一种能力是否可以成为多元智能框架中的一种相对独立的智力的"智力选择依据系统","这样,任何一位受过训练的研究者都能确定某种智力是否符合入选准则"。加德纳最初提出的 7 种相对独立的智力正是加德纳及其哈佛大学的同事们根据这样一个"智力选择依据系统"确定的,而且,他们依然据此确定个体身上是否还存在着前述 7 种智力以外的智力。④

加德纳"智力选择依据系统"的 8 个标准是⑤——脑损伤揭示出智力的潜在独立性、特殊个体表现出智力的不均衡发展、智力应包含核心而基础的信息处理操作或机制、智力应有其独特发展历程与相应的专家"终极状态"(end states)、智力应有其生物进化史的渊源及进化的可塑性、多项智力可以协同作用、传统心理测验学对智力的评价不够全面和准确、智力与符号系统关系密切。加德纳指出,满足其中 1—2 个标准的智力并不能进入他的研究框架,但也并非意味着一定要同时满足所有标准才可能进入他的智力框架。⑥ 这其中显然存在问题:首先,这 8 个标准究竟是怎样得出的,为什么不是 6 个

---

① 转引自霍力岩等.多元智能理论与多元智能课程研究[M].北京: 教育科学出版社,2003: 143.

② 转引自霍力岩等.多元智能理论与多元智能课程研究[M].北京: 教育科学出版社,2003: 145.

③ 霍力岩等.多元智能理论与多元智能课程研究[M].北京: 教育科学出版社,2003: 145.

④ 霍力岩.加德纳的多元智能理论及其主要依据探析[J].比较教育研究,2000(03): 38—43.

⑤ Gardner, H. Frames of Mind: The Theory of Multiple Intelligences [M]. Basic Books, Inc., 1983:63—66,62, 60—61.

⑥ Gardner, H. Frames of Mind: The Theory of Multiple Intelligences [M]. Basic Books, Inc., 1983:63—66,62, 60—61.

或 7 个,还有没有第 9 个、第 10 个? 另外,加德纳也并未对一项智力到底在多大程度上满足这 8 个标准才可被归入这个智力框架作出明确而客观的论述,此处主观推测的成分未免较多一些。总之,纵观加德纳所谓的筛选多元智能的 8 个标准,这些标准似乎更适合作为"推测 8 项智力的依据",而不是加德纳所标榜的科学判定某种能力是否是智力的标准。①

这一点从西方学者的批判和反思中可以找到共鸣。詹姆斯·赛普斯(James Sempsey)就对加德纳筛选智力的标准提出了质疑。他指出即使是一只蜜蜂在蜂巢里的行为也是基本符合这一系列智力标准的,但问题是,建筑蜂巢及其在蜂巢里生活的能力并不是在所有文化中都被珍视的,至少在大多数人类文明中不被珍视,那么,这种能力难道也可以被纳入多元智能的框架中吗?②

**(三) 文化视角不够彻底**

**1. 对心智与文化的关系认识不彻底**

一些西方学者指出"加德纳教授没有驾驭社会、文化和政治力量的能力"。"加德纳教授从来就没有通过权力、价值观、道德问题、情感和社会结构这些所有问题的复杂互动,达成对心智与文化之间关系的认识。他从来没有注意到文化促进或者破坏了心智权力实现其潜能的方式。他提及了心智的社会定位,但没有从历史或哲学背景去想象这一过程可能涉及的因素"。③ 的确,这一点在加德纳探讨其自知自省智力和人际交往智力的时候尤为明显。虽然对加德纳来说,社会文化背景被视为理解自我的一个必不可少的维度,但当我们阅读了《智力的结构》以及加德纳随后的著作后便可以看出,在他那里,自我和背景是两个完全分离的领域。④

**2. 多元文化视角不彻底**

加德纳也没有将自己所倡导的多元文化视角进行到底,他倡导的仍是一种西方主流文化、欧洲精英主义、白人文化、上流社会等的一元文化。进而,加德纳的教育民主化的理想也就屈从了一元文化中主流社会的学校教育理念,弱势群体也就依然没有得到足够的重视和应有的地位,反而被进一步边缘化了。或许加德纳的初衷是好的,但由于一定的时代背景、理论背景和个人经历的局限,他并没有像他所设想的那样充分强调文化背景在塑造个人智力过程中的重要作用,也没有促成真正的基于多元智能理论的多元文化教育与教育的民主化。⑤

**3. 对教育目的的认识不彻底**

教育如何能使公民和压迫作斗争、支持社会正义、认识和参与到解放的民主生活中去并为建构他们自己的身份作准备,这些重大问题在加德纳的著作里明显缺失了。⑥加德纳的研究仅仅是拒绝理解当前学校为服务于新工业秩序而筛选角色,并未认识到

① 霍力岩,沙莉."多元智能热"的背后与多元智能理论的"软肋"[J].比较教育研究,2006(1): 54
② 转引自霍力岩,沙莉."多元智能热"的背后与多元智能理论的"软肋"[J].比较教育研究,2006(1): 53.
③ 转引自霍力岩,沙莉."多元智能热"的背后与多元智能理论的"软肋"[J].比较教育研究,2006(1): 53
④ 霍力岩,沙莉."多元智能热"的背后与多元智能理论的"软肋"[J].比较教育研究,2006(1): 54.
⑤ 霍力岩,沙莉."多元智能热"的背后与多元智能理论的"软肋"[J].比较教育研究,2006(1): 54.
⑥ [美]Joe L. Kincheloe 主编.多元智能再思考[M].霍力岩,李敏谊译.北京: 中国轻工业出版社,2004: 270.

男性至上和欧洲中心的教育实践、社会经济阶级、家长制、同性恋和种族主义等问题,尤其是原始的后现代资本主义(primitive postmodern capitalism)非人道的实践是如何执行建构和压制自由教育实践的。结果他的理论只为对后形式主义进行彻底检查的急切需求作出了有限的贡献。①

　　作为中国的多元智能理论的学习者,一方面,我们应该进一步探讨多元智能理论中蕴含的能够促进我国基础教育改革的有益成分,并认识到如何在我们的教育改革实践中利用多元智能理论的一切可以利用的积极因素,理解如何在我国的基础教育中实现实践教育、创造教育、差异教育和个性教育。② 另一方面我们也应该关注世界各国特别是西方国家围绕多元智能理论展开的讨论甚至是质疑,并对其进行反思,使我们对多元智能理论的理解更深刻。

### 主要参考文献

[ 1 ] [美]霍华德·加德纳.多元智能[M].沈致隆译.北京:新华出版社,1999.

[ 2 ] [美]霍华德·加德纳.智能的结构[M].兰金仁译.北京:光明日报出版社,1990.

[ 3 ] 林崇德.智力结构与多元智能[J].北京师范大学学报(人文社会科学版),2002(1).

[ 4 ] [美]坎贝尔.多元智能教与学的策略[M].王成全译.北京:中国轻工业出版社,2001.

[ 5 ] [美]霍华德·加德纳.智力的结构[M].沈致隆译.北京:新华出版社,2004.

[ 6 ] 陈杰琦,玛拉·克瑞克维斯基,朱莉·维恩斯编.多元智能的理论与实践让每个儿童在自己强项的基础上发展[M].方均君译.北京师范大学出版社,2002.

[ 7 ] [美]玛拉·克瑞克维斯基编.多元智能的理论与学前儿童能力的评价[M].李季湄,方均君译.北京:北京师范大学出版社,2002.

[ 8 ] [美]Joe L. Kincheloe主编.多元智能再思考[M].霍力岩,李敏谊等译.北京:中国轻工业出版社,2004.

[ 9 ] 霍力岩等.多元智能理论与多元智能课程研究[M].北京:教育科学出版社,2003.

[10] 霍力岩,沙莉."多元智能热"的背后与多元智能理论的"软肋"[J].比较教育研究,2006(1).

[11] 霍力岩.加德纳的多元智能理论及其主要依据探析[J].比较教育研究,2000(03).

[12] 霍力岩.加德纳的多元智力理论及其对我国幼儿教育改革的积极意义[J].学前教育研究,2000(02).

[13] 霍力岩.多元智力理论及其对我们的启示[J].教育研究,2000(09).

[14] 于开莲,焦艳.两种学前教育评价新方案的对比——多彩光谱评价方案与作品取样系统[J].学前教育研究,2009(08).

---

① [美]Joe L. Kincheloe主编.多元智能再思考[M].霍力岩,李敏谊译.北京:中国轻工业出版社,2004:270.
② 霍力岩等.多元智能理论与多元智能课程研究[M].北京:教育科学出版社,2003:1.

[15] Sternberg，R. J. & Detterman，D. K. What is intelligence? Contemporary viewpoints on its nature and definition [M]. Norwood，NJ：Ablex，1986.

[16] Gardner，H. The arts and human development [M]. Basic Books，1973.

[17] Sternberg，R. J. The triarchic mind：A new theory of human intelligence [M]. New York：Penguin，1989.

[18] Sternberg，R. J. Successful intelligence. New York：Simon & Schuster，1996.

[19] Gardner，H. Are there additional intelligences? The case for naturalist，spiritual，and existential intelligences [M]. In J. Kane（Ed.），Education，information，and transformation. Englewood Cliffs，NJ：Prentice-Hall，1998.

[20] Newell，A. Unified theories of cognition. Cambridge [M]. MA：Harvard University Press，1990.

## 思考题

请运用多元智能理论，对给出的材料进行分析，思考高考制度用于高等人才选拔存在哪些问题，并提出一些建议。

### 不拘一格选人才

#### 刘清华

高校招生需要不拘一格选才，具体手段上要考虑利用多种考试评价方式选才，竞争渠道上要考虑利用多种管道选才，以更好地适应高等教育培养各级各类高级人才的需求。

**利用多种评价方式选才**

我国高校招生当前存在的一个突出问题是，高考选拔标准的同一性与社会对人才要求的多样性，以及人的发展的个性化、多样化不相适应。有研究显示，我们录取的高分文理科学生，他们分别具有相同或相似的心理特点和潜能优势，除了数理化、文学、历史等科目，更多学生的学业适应性明显不足。现在的学科统一考试有利于数理逻辑能力和语言能力强的学生，其他方面能力强的学生往往被压抑和冷落，不大符合高等教育培养"有创新精神和实践能力"的"各级各类"高级专门人才的要求。

**利用多种管道选才**

我国高等教育规模持续扩大，1998 年全国高考报名人数为 320 万，2004 年上升至 723 万，2005 年突破 800 万达到 867 万。今年高考报名人数再创历史新高，达到 950 万人。将来很长一段时间，考生数量会超过 1 000 万。如此大规模的考生数量，是美国考生的 3—4 倍，是日本、韩国等国家的几十倍，全世界没有任何国家可与此相比。如果他们都挤在省市举办的一次性统一高考这座"独木桥"上，教育与考试职能部门的压力相当大，很大程度上还会加剧竞争并给社会带来一些不利因素……

**聆听经典**

"人不能两次踏进同一条河流。"

——赫拉克利特

"教育的全部目的在于活跃人的思维。"

——怀特海

"不要教过多的科目……教什么就要教得彻底……引入儿童教育的主要观点应少而重要,并使它们形成各种可能的组合。"

——怀特海

过程哲学(process philosophy)是当代正在蓬勃发展的哲学,是建设性后现代主义思潮的哲学基础。在国外,过程哲学被看作是一切新思想的渊源。过程哲学认为,世界和宇宙是一个活生生的、有生命的机体,它处于永恒的创造进化过程之中。有机体的根本特征是活动,活动表现为过程,过程则是构成有机体的各元素之间具有内在联系的、持续的创造过程,它表明一个机体可以转化为另一机体,因而整个宇宙也就表现为一个生生不息的活动过程。①

## 第一节　过程哲学的起源与发展

过程思想源远流长,西方可以追溯到赫拉克利特,东方可以追溯到佛教。古希腊哲学家赫拉克利特的"一切皆流"、"人不能两次踏进同一条河流",佛教的有因必有果、因果循环都是过程思想最早、最经典的表述。② 近代的怀特海和哈茨霍恩对过程哲学的产生有着杰出贡献。现代的量子物理学和相对论也是过程哲学的重要思想来源。

怀特海将这种过程思想系统化与条理化,并把它作为一种哲学而提出来,所以说,过程哲学起源于20世纪20年代中期怀特海晚年在哈佛大学讲授哲学的时期,经历30—50年代哈茨霍恩、芝加哥学派和70年代后期小约翰·科布和大卫·格里芬等人的发展,这些学者通过将怀特海晦涩的哲学语言进行重新阐释和对其思想发展进行梳理,使怀特海的哲学得到了越来越多人的关注,其影响力也越来越大,迄今已成为蓬勃发展的现代西方学派,并成为建设性后现代主义思潮的组成部分。③

尽管过程哲学起源于20世纪20年代中期怀特海在哈佛的授课时期,但芝加哥大学(芝加哥学派)却是怀特海和哈茨霍恩思想影响的主要中心。哈茨霍恩于1925—1928年在哈佛作为怀特海的助手研究哲学,1928—1955年受聘于芝加哥大学,他无疑是怀特海哲学的精神传人,而且对芝加哥学派的影响尤为强烈。小约翰·科布就是芝加哥神学院的毕业生,小约翰·B·科布和大卫·格里芬于1973年创立了过程研究中心。科布本人尽管也是芝加哥学派的重要成员,但他和他的学生格里芬密切合作,使克莱蒙特的过程研究中心成为当今世界过程思想研究领域最活跃的中心。该中心鼓励对怀特海和哈茨霍恩及相关思想家的过程哲学进行研究和思考,致力于推动这一世界观在其他领域的思想和实践中的应用和检验。④

## 第二节　过程哲学的代表人物及其思想

过程哲学两个最有影响力的代表人物是英国的哲学家阿尔弗雷德·诺斯·怀特海(Alfred North Whitehead,1861—1947)和美国的哲学家查尔斯·哈茨霍恩(Charles Hartshorne,1897—2000)。需要说明的是,他们二人已经用了不同的词语表明了他们

---

① 王洪席,靳玉乐.课程改革:过程哲学之思[J].全球教育展望,2010(04):27—31.
② 王俊锋.查尔斯·哈茨霍恩思想研究[D].浙江大学,2013.
③ 李世雁,曲跃厚.论过程哲学[J].清华大学学报(哲学社会科学版),2004(02):24—28.
④ 李世雁,曲跃厚.论过程哲学[J].清华大学学报(哲学社会科学版),2004(02):24—28.

对过程哲学的认识。怀特海把他的思想说成是"有机体哲学",以表明他对世界组成的理解。哈茨霍恩则谈论"社会实在论",以强调存在着一种密切相关的多元实在者。[①]尽管他们有所区别,但他们共同坚持的观点就是过程哲学。

### 一、怀特海的过程哲学

怀特海是 19 世纪末至 20 世纪上半叶活跃于英国和美国学术界的一位著名的教育理论家、数学家、哲学家和宇宙论形而上学家,是"过程哲学"的创始人。[②]

怀特海的过程哲学思想主要体现在他的哲学代表作《过程与实在》[③]一书中,这本书是根据他 1927—1928 年间在爱丁堡大学吉福德讲座上所作的讲演写成的,相当完备和系统地阐述了怀特海的本体论和宇宙论观点,奠定了他所创立的"过程哲学"理论基础。

总的来说,怀特海的过程哲学强调过程就是实在,实在就是过程,并试图把世界描述成事件个体的实际存在物的合生过程,其中每一种实际存在物都有它自身的自我造就能力。在认识论上,怀特海坚持认识的主体与客体都是在认识的过程中产生的,主体与客体之间的关系也是在这一过程中逐步生成的,并且提出,对认识的检验是在认识的过程中完成的,而不是对认识结果的最终检验。在宇宙论上,怀特海过程哲学思想描述了一个在整体上相互依存的宇宙世界,他认为宇宙是开放的、无限的,充满了创造性、多样性、秩序性、规范性和自由性,是一种更加根本的开放性、秩序性、无限性与有限性结合的宇宙世界。在价值论上,怀特海过程哲学思想认为,审美价值与自然紧密地结合在一起,事件是宇宙的基本单位,而价值却被视为事件的内部实在,构成一种永恒的、独立的内在领域。任何事件都有其自身的内在价值,这是事件自身存在的客观条件。[④]

在怀特海的过程哲学中,"过程"这一概念是其哲学中心,具有三方面的意义。

首先,过程在时空世界里是普遍发生的,自然界的每个点都处于变化的过程之中,有的变化快些,有的变化慢些。自然界中没有任何永恒不变的实体,没有任何固定不变的物质粒子,没有任何自足的实在。在他看来,生成(becoming)、变化在形而上学中具有比存在更加重要的意义[⑤]。

其次,过程或者生成并不是简单的流动,不是一种没有形式的连续,而是被个别化为了许多单位。正在消逝的事件引入了新的过程,新生事件的创造性活动把以前事件的许多因素带进新的事件之中,形成一种具有新质的综合物。到适当的时候,这种新的综合物又开始分解,变为未来事件的材料。世界过程的这种发展模式是没有止境的。

最后,一个特定的过程并非仅仅是一个物理事件,而是经验的中心。个别化的过程是人类经验的缩影,它们具有感觉,具有一定的目标。甚至原子和分子也是由一些具有内在经验的过程组成的。无论是在怀特海的科学哲学中,还是在他后来的思辨哲学中,

① [美]小约翰·科布,大卫·格里芬.过程哲学[M].北京:中央编译出版社,1999:2.
② http://www.edu11.net/space-6-do-blog-id-18309.html,登陆日期:2015-3-31.
③ [英]阿尔弗雷德·诺斯·怀特海.过程与实在:宇宙论研究[M].杨富斌译.北京:中国城市出版社,2003.
④ 卢琛琛.怀特海过程哲学思想研究[D].河北师范大学,2012.
⑤ [英]A.N.怀特海著.过程与实在(卷一)[M].周邦宪译.贵阳:贵州人民出版社,2006:24.

"过程"一直是一个核心概念。随着他的思想发展,这个概念的内容也在不断变化和充实。①

## 二、哈茨霍恩的过程哲学思想

查尔斯·哈茨霍恩(Charles Hartshorne,1897—2000)是美国当代著名哲学家和神学家,他被西方学术界所熟知是由于他依据过程思想而发展出的过程神学思想,特别是他对上帝存在的证明。虽然在怀特海的著作《过程与实在》中已经包含了过程神学的思想,但将怀特海的过程神学思想完全展开并构建了一套完整的神学思想,是哈茨霍恩整个学术生涯的主要工作和兴趣所在,这也是怀特海和哈茨霍恩的一个重要不同点。②

哈茨霍恩反对古典有神论,反对那种认为上帝决定了一切事件和一切细节的古典万能论,认为上帝只是创造了秩序和自由之间最佳平衡的条件,在一定条件下,受造物乃是决策的受造物,决定了事件的细节。他还对上帝存在的本体论证明给予了特别的关注,他坚持认为,上帝的存在既是有限的也是无限的,既是暂时的也是永恒的,既是偶然的也是必然的。他的这种观点又被称为两极有神论或新古典形而上学。③ 他的主要观点体现在以下两个方面。

### (一)形而上学

形而上学是指哲学中探究宇宙万物根本原理的那一部分,他认为,形而上学是对具体过程的非限制性的一般规律的探索。④ 哈茨霍恩的形而上学是处理上帝的观念,他认为上帝包含了所有的可能性,它超越了所有的历史纪元;另一方面,上帝是完全包容和普遍的现实体,他对所有具体事件的发生都作出即时反应并将这种具体化融合在自身之中,以此作为新的现实化的起点。这两种属性相结合的上帝,不仅包含了所有的实现和所有的可能性,同时也是永恒的存在和永恒的创造。⑤

### (二)泛灵论

哈茨霍恩认为所有具体、现实的存在都有着生命存在的基本特征,它们都是鲜活的。哈茨霍恩的泛灵论是基于他的新古典有神论而建立的。不仅上帝活着,而且上帝生命的活力联系着世界与世界上所有的生命。如果世界上没有生命而只有死寂的物质,那么上帝的生命就失去了意义,而且,造物与造物主之间的联系这一说法也失去了意义。⑥

此外,哈茨霍恩认为每一个真正的个体都有精神方面的属性,这些个体组成了宇宙的实体,并依据精神属性程度的不同组成一个阶梯性的世界。除了我们人类之外,其他的高等动物和社会性动物,它们都有感觉和意识。依据哈茨霍恩的观点,所有真正的实体,从最小的原子到整个宇宙,它们都在不同程度上展现了社会特征,如自由和感知。⑦

① 卢琛琛.怀特海过程哲学思想研究[D].河北师范大学,2012.
② 王俊锋.查尔斯·哈茨霍恩思想研究[D].浙江大学,2013.
③ 曲跃厚.过程哲学:当代哲学发展的一个新生长点——科布教授访谈录[J].哲学动态,2002(08):33—36.
④ 王俊锋.查尔斯·哈茨霍恩思想研究[D].浙江大学,2013.
⑤ 王俊锋.查尔斯·哈茨霍恩思想研究[D].浙江大学,2013.
⑥ 王俊锋.查尔斯·哈茨霍恩思想研究[D].浙江大学,2013.
⑦ 王俊锋.查尔斯·哈茨霍恩思想研究[D].浙江大学,2013.

不管是有组织的机体还是无组织的存在,它们都是宇宙这个机体的有机组成部分。

## 第三节　过程哲学影响下的教育图景

以传统哲学为理论基础,不同的教育流派形成了不同的教学观。怀特海从过程哲学出发,排斥实体观念,指出世界的本源既不是精神实体也不是物质实体。构成世界的最终实在事物是"活动性存在"(Actual Entity),也可称为"活动性发生"(Actual Occasion)。怀特海把世界的本质理解为过程,认为世界的实在性正在于它的过程性,过程就是世界,世界就是过程。若以怀特海过程哲学的视野为理论依据,阐述过程哲学观下的课程与教学,我们可以分别从过程哲学观中课程与教学的本质、目的、要素、主体、动力等部分展开论述,并对其进行探讨。

### 一、关于教育的本质——过程

怀特海说:"实际存在物是如何生成的? 构成这个实际存在物的是什么……它们的'存在'是由它的'生成'所构成的。这就是'过程原理'。"[1]

第一,生成,是具有新质的综合物的形成,是创造。过程哲学认为,所有的现实存在都是一种创造性的过程。"一"、"多"、"创造性"作为描述过程原理的基本概念,也就是所谓的"终极范畴"。"创造性",指每个现实实有所具有的独特性;"多",指现实实有的分离的杂多性;"一"指现实实有连接的统一性。所有的事物,包括宇宙的发展就是由一而多、由多而一的过程。由一而多叫分离,多个分离就是共在(together)。由多而一叫合生(concrescence)。这个"一而多,多而一"的过程根本性特征就是"创造性进展",怀特海认为创造活动是世界运行、万物生成的根本原因,是其内部的推动力,是一个不断创造的过程,现实世界是一个过程,此过程形成了活动性存在,因此,活动性存在就是过程的一种创造性活动。

第二,生成,不是简单的流动,不是一种没有形式的连续,而是从一个阶段进展到另一个阶段的过程,其中每一个阶段都是后继阶段走向完善的现实基础。

第三,生成,是通过新生事件的创造性活动,将正在消失的事件的许多因素引入新的过程。也就是说,生成,是实践的生成[2]。用怀德海的过程原理来解释课程与教学过程,就是如果认为课程与教学的构成要素都是活动性存在,在实践过程中,诸因素之间出现活动性的发生、把握、合生关系,并且持续不断,生生不息,那么,这个过程就是一个不断生成、不断创造的过程。

### 二、关于教育的目的——生成智慧

怀特海指出:"教育的全部目的在于活跃人的思维。"过程哲学解构了西方思维中的

---

① [英]阿尔弗雷德·诺斯·怀特海.过程与实在:宇宙论研究[M].杨富斌译.北京:中国城市出版社,2003:38.
② 裴娣娜.现代教学论生成发展之思——怀特海过程哲学的方法论启示[J].教育学报,2005(03):3—7.

实体,也批判了这种实体性思维下的现代教育。在古代的学园中,哲学家们渴望传授智慧,而在今天的大学里,教育的目的却是教授各种科目,从古人向往追求神圣的智慧降低到现代人获得各个科目的书本知识,这意味着在漫长的时间里教育的失败。实体思维必然重视知识的结果,从而将传授各种学科知识作为现代教育的主要目的,却忽视了学生的自我创造过程。

以怀特海为代表的过程哲学家认为教育应该充满活力与生气,反对向学生灌输知识,主张引导他们自我发展。过程教育的目的不是一个可以被预见的计划,也不是一个实体的目标,而是内在于每个教育行为生成的过程中,或者说,教育的目的是"内向的",是一种无目的的目的性。

有现代学者把教学过程的基本目的定位为:使学生努力学会不断地、从不同方面丰富自己的经验世界,努力学会实现个人的经验世界与社会共有的"精神文化世界"的沟通和富有创造性的转换;逐渐完成个人精神世界对社会共有精神财富富有个性化和创生性的占有;充分发挥人类创造的文化、科学对学生"主动、健康发展"所应有的教育价值。这里重点强调了学生对社会共有精神财富的"个性化和创生性的占有"。

"个性化"是指个人的动机、需要、基础、兴趣、特长、倾向性、学习的风格和思维方式等因素的组合,它使每个人从社会共有精神财富中获取的内容、方式都带有个人的选择和特征,并形成其个人精神世界的特质从而促进个性化的丰富和发展。强调的是教学不应该培养出"统一的标准化"学生。[①]

创生性的"占有"过程,对于学生的发展具有生成的意义,它不仅表现在丰富、形成和发展了学生的内在精神世界,培养学生获得各种能力和加速其社会化的进程,而且表现在学生在对自我的期望、信心和发展意识、策略等方面的提升。第二,创生性的占有是学生创造能力的开发、生成和积聚[②],以及对创造性活动的理解和体验过程。它不是知识的灌输与简单积累,而是用科学、文化内含的创造力,去激发、促进学生个体生命创造力发展的过程。它重点考查的是学生的学习过程,而不是学习分数[③]。

### 三、关于教育的要素——教学事件

根据古希腊哲学家"人不能两次踏进同一条河流"这一观念,过程哲学家认为,唯一的基本存在是万物的变动过程,世界即过程,过程即世界。构成过程的单位叫作活动性存在(Actual Entity)或事件(Event),是世界最后终极性的构成物。同一时刻所有活动性存在的集合叫活动性世界(Actual World),也叫事件世界。因此过程哲学中的世界不是传统哲学所说的由物质实体或精神构成的世界。[④]

按照过程哲学的说法,课程与教学的基本要素不是学生、教师、教材、教学手段等,

---

① 叶澜.重建课堂教学过程观——"新基础教育"课堂教学改革的理论与实践探究之二[J].教育研究,2002:10.
② 赵鹤龄.当代过程哲学与中国教育思想及其实践研究——三种哲学观下的课程与教学[J].湖南第一师范学院学报,2010(04):1—8.
③ 王伟.怀特海过程哲学视野中的教学观[D].哈尔滨师范大学,2011.
④ 赵鹤龄.当代过程哲学与中国教育思想及其实践研究——三种哲学观下的课程与教学[J].湖南第一师范学院学报,2010(04):1—8.

而是教学过程,是种种持续不断的教学活动,或者说是不断发生的教学事件。一个教育事件就是一个活动,它可以被分解为不同形式的各种作用:教师与学生的相互作用,教师与学习材料的相互作用,学生与学习材料的相互作用,教师与情境的相互作用等,它们一起构成了教育事件的生成过程。事实上,这与我们观察的经验是相符合的。教学不是一种物质或精神实体,只单纯讲学生、教师、教材,或者讲教学思想、目标、方法,都不能构成教学。教学是教与学的一种关系,一种相互作用,一种双边活动。从古至今,课程与教学在不断变革,就某个时期而言,学生和教师都像河水一样流动着,某种具体的、现实性的教学双边活动构成只是时间性的,是不可重复的教学事件。我们通常认为,即使学生、教师和所学的内容一样,也不会存在两堂完全一样的课程,也不会有真正的重复课。过程哲学讲过程的不可逆性,就是这个道理。它认为只有教学的过程是永久的。无论如何变化,只要教学在,过程就在,事件就在,怀特海所说的活动性存在,是课程与教学最终的构成因素。

## 四、关于教育的主体——泛主体

在传统的师生观中,强调主客二分,要么教师是教学活动的主体,要么学生是教学活动的主体。而在过程哲学中,原先实体即主体的模式转向了事件即主体的模式(主体和客体都不限于人,更不是预成的),即世界万物是平等的,它们都可以是主体和客体,相互依存,相互生成,相互把握(prehansion)。因此,过程哲学主张"泛主体论"(pan subjectivism),认为在现实中的事物,从其自身的角度来考察时都是主体,而从他者的立场来看便都是客体。从主体到客体,从客体到主体的相互变换,都被视为"过程"的真意所在。但在过程哲学中,把握是一切活动性存在的方式,它不仅是存在论概念,也是认识论概念和价值论概念。事物之间只有发生了存在论、认识论、价值论意义的相互关系,它们才能成为活动性存在,才能相互成为主客体。

依据过程哲学的上述原理,主体是被当成事件来把握的,也就是说在教学活动当中,主体不是预成的而是在具体的教学过程当中形成的。教师、学生、教材、教学手段、方法、目标等教学因素都有可能成为教学过程的主客体,因为在具体的教学活动中,他们之间都要发生相互把握,以及从主体到客体、从客体到主体的能动的相互变换。教育活动中的主体不再是教师或学生,教师与学生不再固守着主体、客体,或互为主体的关系,教师与学生的角色在主体——客体的交换中不停地转化。教师不再是永恒的主体,学生也不再是永恒的客体或主体。但是,只有这些因素真正地参与到教学活动中,他们才能成为教学过程中的活动性存在,才能真正地形成主客体关系。例如:在教室里,教师的教并没有引起学生的学,学生的合理求知要求并没有得到教师的足够重视,这些情况下都没有出现教学的活动性存在,就更不用讨论谁为主体的问题了。①

## 五、关于教育发展的动力——活动性

在哲学上说世界是过程,那么推动这个过程永恒存在的动力是什么?怀特海的过

---

① 王伟.怀特海过程哲学视野中的教学观[D].哈尔滨师范大学,2011.

程哲学认为：活动性存在是世界的终极存在，用传统哲学来说，是世界的本原、始基。因为活动性存在的本性、本质就是它的活动性。所以，世界过程的动力就是活动性存在的。依据过程哲学概念，课程与教学的动力就是构成其过程的种种活动性存在，也就是参与教学活动并发生活动性关系的教师、学生、教材、教学手段以及教学思想、目标、方法等因素。[①] 这里的教师和学生，以及他们参与活动的积极性，教材、教学手段和教学思想、目标、方法等因素需要我们从生态学视角来理解。

## 第四节　对过程哲学的评价

过程哲学历经 100 余年的发展，已经呈现出蓬勃之势，有学者甚至将其称为西方哲学新的生长点，在现代教育面临凸显问题的今天，过程哲学思想具有极强的现代意义，人们对这一理论的关注也呈现出前所未有的热情，有研究者专门研究怀特海的教育思想；有研究者关注如何将过程哲学思想运用到教育的具体领域中，如美国一些学校试验的"整合教育模式"、奥地利实施的基础教育课程改革都是对怀特海教育思想的积极实践[②]；还有研究者在过程哲学影响下提出了新的学习理论等，过程哲学对现代的教育研究和实践产生了重要的影响。

### 一、过程哲学对我国教育改革的意义

怀特海说："思辨哲学既有理性的一面，也有经验的一面。"[③]理性一面是自身体系的逻辑一致性，经验一面是其对实践的解释性。过程哲学在理性方面会提高我们对教育现象的理性思考水平，也有利于我们对当下教育改革的目的、意义的深层反思。

#### （一）树立有机生态的教学观

产生于工业化时代的现代教育体系在促使经济与社会发展方面发挥了重大作用，但现代教育的种种弊端也不容忽视：教育的工具合理性代替了教育的价值合理性；教育的理性化代替了教育的精神性；道德教育让位于科学知识教育等。现代教育从其存在来看，是基于实体思维之上的教育形态，它主张科学和理性，促成了科学化的概念系统：概念、实体和属性的范畴、物质世界观和机械论世界观，在此概念下的现代教学也具有明显的"理性至上"和"工具主义"色彩，在教育目的上，重视教育的结果产出和知识技能的获得，或"主知主义"，即夸美纽斯所谓的教师要"把一切知识教给一切人"；在教育要素上，将教育内部的教师、学生、学校环境等要素看作一个个实体，学校是一个生产人才的"加工厂"，是输入教育资源用于培养人才然后再向社会输出的机构，担负着教育输入和教育输出的转化功能；在教育内容上，是由各门学科所构造的知识实体，每个学科具有相对的系统性和独立性，学科之间存在较为森严的壁垒，出现所谓的"隔行如隔山"现象；在教育方法上，面对不同学校、不同学生的教育者，强调"普适"的教学法；在师

---

① 赵鹤龄.当代过程哲学与中国教育思想及其实践研究——三种哲学观下的课程与教学[J].湖南第一师范学院学报,2010(04)：1—8.

② 张香兰.从实体到过程——现代教育的思维转向[D].山东师范大学,2007.

③ [英]阿尔弗雷德·诺斯·怀特海.过程与实在：宇宙论研究[M].杨富斌译.北京：中国城市出版社,2003.

生关系上,教师一般代表着知识的权威,在这一关系中具有较高地位,学生则是被教育的对象,常常会陷入主体性危机。

面对现代教育的种种困境,过程哲学提供了一种新的思维方式,也就是从实体思维到过程思维的转变。从过程哲学的视域研究教学,赋予了教学新的内涵、特质与价值诉求,关注的是过程性的教学目的、师生过程性的发展和成长,享受过程成为教育教学的重要主题。教学的基本要素不是教师、学生、物与环境的简单构成,教学成为由身在其中的人、事、物、环境及其之间的联系和变化的实践的不断升值及发展构成的鲜活有机体。教师和学生之间、教师与教师之间、学科与学科之间、知识与智慧之间以及个体的过去、现在与将来之间的割裂状态得到改善;教学的本质成为了尊重师生经历和已有经验,尊重师生成长发展的过程,即将教学与师生的发展视为一个流变和生成的创造过程,个体的精神、直觉、感情和感受得到发现和尊重,教育教学将走出抽象简单的“科学性”,而回归丰富具体的“生活性”,教学成为师生享受生命发展的过程,成为培养学生的想象力和创新能力的过程;同时,当下的教学对教师和学生的吸引力得到了增强,师生能在享受教与学的过程中共生共长。[①]

**(二) 重新建构教学的“过程”**

“过程”是过程哲学的核心范畴,是宇宙的存在,万事万物都由过程所生,万事万物也都是过程。因此,教学也是一个过程。教学过程作为一种学校为实现教育目标而进行的人为活动,是由被策划者认识了的人类需要所造就的,对教学过程的研究就是对有效实现这些需要的活动构建的合理性的认识。新课程倡导教学过程的“交往”本质论,教学过程是教师与学生以课堂为主要渠道的交往过程。因此“教”的过程和“学”的过程,都不能代替教学的过程。[②] 重构教学观,重在考查学生的学习过程,而不是学习分数。

在过程哲学的影响下,我国有学者从主体能动行为的角度去考察,将教学过程系统划分为两个子系统:“教”的子系统和“学”的子系统。[③]

1. “教”的子系统

从系统管理的角度研究“教”的子系统,其必然经历“计划、实施、总结”三个阶段。在“计划”阶段,教师对教学进行准备,设计教学方案等,可称为“教学设计”;“实施”阶段,教师通过师生交往互动,促进学生建构知识,可称为“师生互动”;“总结”阶段,教师通过教学目标的完成情况,检验教学方案的得失,进行反思,以求改善,主要在课堂教学之后发生,可称为“总结反思”。由此把“教”的子系统划分为三个相对应的分支系统:教学设计系统、师生互动系统、总结反思系统。

2. “学”的子系统

在课程改革背景下,学生由知识的接受者转变为知识的建构者,在教学过程中必然要对学习进行管理。从系统管理的角度研究“学”的子系统,也必然经历“计划、实施、总

---

① 魏善春.过程哲学视域中的教学生活研究[D].南京师范大学,2015.

② 张华.课程与教学论[M].上海:上海教育出版社,2000:359

③ 杨光岐.教学过程“新五段论”[J].教育研究,2006(02):64—68.

结"三个阶段。"计划"阶段,学生要进行课堂学习准备,这是为在课堂上能够自主建构知识而进行的"条件"准备,包括心理准备(动机、态度、责任),方法准备(学习方法、方式),知识准备(预习、搜集学习资料),可把这三个方面的"条件"准备统称为"自能"(学生自主学习和发展所初步具备的一般能力)。"实施"阶段,指课堂内外的学习,在教师的指导帮助下,学生通过"师生互动"的方式进行自主建构,也称为"师生互动"。"总结"阶段包括两个环节:一是通过课堂上的总结、评价(教师的反馈和自我评价),改善学习,努力实现学习目标;二是课堂之后的总结反思,针对在课堂上没有实现的学习目标,在课后继续改善,以求完成目标。可把这两个环节称为"自为"(学生自我内化和建构)。因此,可把"学"的子系统划分为三个相对应的分支系统:学生自能系统、师生互动系统、学生自为系统。

3. 教学过程模型图

在教学过程系统中,"教"的子系统和"学"的子系统各包含三个分支系统,双方共有一个"师生互动系统",它成为师生的"学习共同体"。教师和学生在学习共同体内发生交往,形成一种相互制约、相互促进、相辅相成、共同发展的关系。(教学过程系统模型见下图)。

**教学过程系统模型图**

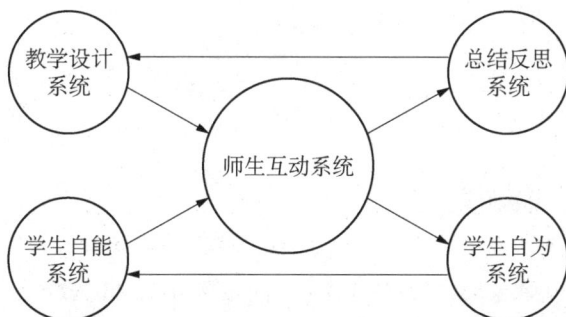

上部是"教"的子系统,下部是"学"的子系统,各自组成一个管理环路。教学过程系统的发展进程包括三个大的阶段:左边是"准备阶段",包含"教"的"教学设计系统"和"学"的"学生自能系统";中间是"师生互动阶段";右边是"反思改善阶段",包含"教"的"总结反思系统"和"学"的"学生自为系统"。教师与学生之间、学生与学生之间多向的、复杂的交往行为,主要在"师生互动阶段"进行。

**(三)重新理解教育中的师生关系**

反思我国的基础教育改革,对人的"关系"的重新定义是过程哲学理论带来的影响。传统的二元论思维在师生关系上的表现就是师生之间的主客体关系。当我们把教师与学生分别看作独立存在的实体时,他们就成为互不联系的独立存在。教师与学生不存在内在联系,而是被看作相互无涉的个体。由于教师在年龄、知识和人生阅历等方面的优势,他们被先行设定为本然存在的主体,学生则是教师教育活动的对象客体,学生相对于教师处于被动地位,教师则处于中心位置。教师对学生拥有控制权,二者处于明显的对立地位,是一种对象性关系。在这种对象性关系的系统中,教师居于中心或主导地位,学生则处于边缘或从属地位,此系统得以确立的前提是双方对这种等级秩序的服从。

　　在过程理论指导下,我国学者杨光岐重新定义了教学过程中的"师生关系",他认为,只有从"教"与"学"两个子系统交互作用的准备、发生、发展的过程去考察,才可能比较准确地把握"教学过程"的阶段性特征。基点是首先把握好"教"与"学"两个子系统各自的发展阶段,难点在于对双方共有的"师生互动"阶段的特征的把握[①]。

| 教学过程的阶段及主体行为表 | 主体/行为/阶段 | 准备 | 师生互动 | | | 反思改善 |
| --- | --- | --- | --- | --- | --- | --- |
| | | | 启动学习 | 指导思维 | 训练结构 | |
| | 教师 | 开发课程资源<br>教学条件的准备<br>设计方案 | 启发学生兴趣动机<br>明确目标任务<br>呈现学习情境 | 方法指导<br>提供学习条件<br>变换教学组织形式<br>过程评价、反馈和激励 | 训练<br>拓展<br>强化巩固 | 总结反思<br>改善设计<br>指导学生课外自为行为 |
| | 学生 | 预习<br>开发学习资源<br>方法训练 | 集中注意<br>知识提取<br>进入学习情境 | 自主探索<br>合作学习<br>接受教师讲解、指导和帮助 | 应用训练<br>实践<br>建构知识网络 | 总结反思<br>课外自为系统启动 |

　　● 师生互动——教师

　　就"教"的子系统所经历的发展阶段看,除了课前的"教学设计"和课后的"总结反思"两个阶段之外,在课堂教学的"师生互动"阶段,不论教师的教学风格如何,大体上必须经历三个环节:呈现刺激(文字、语言、直观形象),启动学习;提供学习条件,指导学生发展思维;训练、强化、巩固、促进学生建构知识。这样,从时间全程上就可以把"教"的子系统的进程划分为五个具体阶段:设计方案、启动学习、指导帮助、训练强化、总结反思。

　　● 师生互动——学生

　　就"学"的子系统所经历的发展阶段看,除了课前的"自能"准备和课后的"自为"两个阶段之外,学生在课堂上"师生互动"阶段的学习是受教师的教学方式制约的。在新课程背景下,随着教师教学方式的转变,在"师生互动"阶段,学生的学习行为与教师的教学行为相呼应,大体上须经历三个环节:集中注意、学习探究和训练建构。这样,从时间全程上就可以把"学"的子系统的进程划分为五个具体阶段:自能、集中注意、学习探究、训练建构、自为。

　　● 师生互动的复合过程

---

① 杨光岐.教学过程"新五段论"[J].教育研究,2006(02):64—68.

当我们从"教"的子系统与"学"的子系统交互作用的角度考察教学过程的阶段时，"师生互动"的过程不是"教"与"学"两个子系统各自阶段的简单重合，而是"教"与"学"两个子系统交互作用的复合过程。这个过程具有如下明显特征：

① 师生互动的每一个阶段，既包含着"教"的行为，又包含着"学"的行为，体现为两种主体行为的交互作用；

② "教"的行为与"学"的行为互相制约，相辅相成；

③ 师生互动的阶段进程，应该体现学生认识发展的阶段性规律，体现学生建构知识的心理过程；

④ "教"的行为只有顺应学生建构知识的心理规律，符合学生认识发展的实际，才能最大限度地促进学生知识的建构。

以新课程理念为立论基础，以过程哲学为指导，借鉴心理学、社会学、教育学的最新研究成果，从新的教学过程系统观出发，以师生交往互动为视角，教学过程可呈现为五个阶段：准备、启动学习、指导思维、训练建构、反思改善。这五个阶段环环相扣，有机相联，循序渐进，构成了复杂的教学过程。①

### 二、过程哲学研究应注意的问题

随着我国教育改革的全面深化，现代教育本身存在的弊端、矛盾和冲突以更频繁、更激烈的方式呈现出来，面对教育中的问题，我们总是期望有一种"良方"能够解救我们的教育，从政府决策人员、各级教育行政人员，到广大一线教师，都为此付出了大量努力，但结果并不如我们所期望的那样。过程哲学尽管对教育改革具有积极意义，但我们应谨慎对待、合理定位它在教育中的应用，不能期待用一种理论就能够解决所有实际问题。而且过程哲学本身也是一个发展的、并不完善的哲学，例如过程哲学的教育目的论——"教育具有一种只属于它自己的方向或目的性冲动，因而不可归结为某个压倒性概念或目的"，这种生成的目的或无目的的目的论，能否作为指导当前教育改革的理论？有学者提出，"教育改革的成果必须抛弃传统的改革假设与方式，寻找教育改革的'阿基米德点'，这种变革性的'点'是决定教育的思维方式，也就是过程哲学所代表的过程思维"，这种不考虑教育改革的连续性、非此即彼的变革思路是值得商榷的。

在把"教学作为过程"的研究中，我们还应该注意民族文化关系问题，怀特海也特别提醒人们注意这样的观点：研究别的民族的东西，"只能统一为他们自己国家的流行术语为他们所提供的东西"。② 因为任何学问都有社会、民族、历史与语言背景。中国有中国的学术，有中国的学术语言。任何西方的思想都需要转化为中国的语言才能被理解，且转化是多次的，从直译到转述，到个人理解。③ 在研究怀特海的过程哲学和教育思想时，能够结合中国的传统哲学和教与学理论研究、结合中国的课程与教学实践，这

① 杨光岐. 教学过程"新五段论"[J]. 教育研究，2006(02)：64—68.
② [英]阿尔弗雷德·诺斯·怀特海. 过程与实在：宇宙论研究[M]. 杨富斌译. 北京：中国城市出版社，2003.
③ 赵鹤龄. 当代过程哲学与中国教育思想及其实践研究——三种哲学观下的课程与教学[J]. 湖南第一师范学院学报，2010(04)：1—8.

也许是最好的选择。①

## 主要参考文献

[1] 王洪席,靳玉乐.课程改革:过程哲学之思[J].全球教育展望,2010.

[2] [美]小约翰·科布,大卫·格里芬.过程哲学,[M],北京:中央编译出版社,1999.

[3] 王俊锋.查尔斯·哈茨霍恩思想研究[D].浙江大学,2013.

[4] 李世雁,曲跃厚.论过程哲学[J].清华大学学报(哲学社会科学版),2004(02).

[5] [英]阿尔弗雷德·诺斯·怀特海.过程与实在:宇宙论研究[M].杨富斌译.北京:中国城市出版社,2003.

## 思考题

请阅读一位教师带领教育学专业本科生展开的《钱币探究》体验活动的记录,分析这一活动如何体现了过程哲学的思想。

活动过程:

(一)导入:启发学生学习兴趣。

教师:对大家来说既熟悉又都想要的东西是什么?

学生:(集中注意)被老师的引子调动起极高的兴趣,纷纷猜测那个既熟悉又都想得到的东西是什么。

(二)计划:明确探究任务

教师:(拿出钱币)钱币有哪些种类,有哪些不同?

学生:回顾原有经验,思考钱币的不同种类和特点。

教师:接下来,就请大家以小组为单位设计出探究钱币的方案,展开探究,最后进行小组分享。

学生:纷纷准备找钱币,进入学习的预备状态。

(三)探究:展开小组探究

学生:进入学习情境。

1. 合作探究:同学们一起凑齐不同额度的钱币,并对钱币进行仔细观察比较,彼此分享钱币的秘密。

2. 接受教师的指导帮助:通过教师的指导,发现很多原来没有发现的问题。

教师:

1. 提供学习条件:接下来教师安排同学们进行自由讨论、探索,并为他们提供一个探索学习的条件。

2. 过程评价、反馈、激励:教师从一个组走到另一个组,通过观察对同学们进行评

---

① 赵鹤龄.当代过程哲学与中国教育思想及其实践研究——三种哲学观下的课程与教学[J].湖南第一师范学院学报,2010(04):1—8.

价和指导。

在这个过程中,教师和同学们积极配合,共同完成课程教学。此时,教师的角色是学习的"指导者"。

（四）分享：总结分享学习成果

教师：让不同的小组进行总结分享；通过不同小组间的分享,大家都拓展了自己对钱币的认识。

学生：

1. 实践：同学们在听不同小组分享时,按照分享者的提示认真地对钱币进行探索。

2. 建构知识网络：在听取完所有小组的分享后,每个同学对于钱币的认识都加深了不少。此时,教师的角色是学习的"评价者"。

（五）反思改善：反思学习经历

教师：

1. 总结反思：回顾钱币探究活动的整个过程,并总结钱币探究活动的经验。

2. 指导学生进行课外学习：通过钱币探究活动总结相关的教与学的理论知识,并让同学们将钱币探究活动和相关的实践结合起来,再对理论作出分析。

学生：

1. 总结反思：在教师的指导下,同学们跟随着教师的思路对整个活动进行回顾,并总结活动开展带给他们的经验。

2. 课外自行学习：在下课后,自行对钱币探究活动所涉及的理论知识进行学习。

此时,老师的角色是学习的"重组者"。[1]

---

① 叶澜.重建课堂教学过程观——"新基础教育"课堂教学改革的理论与实践探究之二[J].教育研究,2002(10)：24—30＋50.

**聆听经典**

"不同他人发生关系的人不是一个现实的人。"

——黑格尔

"世界向来已经总是我和他人共同分有的世界。此在的世界是共同世界。'在之中'就是与他人共同存在,他人的在世界之内的自在存在就是共同存在。"

——海德格尔

"只有主体之间的关系才算得上是相互关系,因为主体和客体的关系是分主动和被动的,是单向的,因此不能成为相互关系。"

——哈贝马斯

"主体间性",又被译为"主体际性"、"交互主体性"、"主观际性"、"主体通性",是西方 20 世纪哲学领域的一个重要话题。主体间性理论针对传统哲学中的主体性所导致的困惑与局限提出,体现了人们的思维方式由传统的认识论思维转化为了人类学思维,标志着人们开始用"人"的方式来理解人了。只有思维方式发生转变,人才能从根本上改变对自己和他人的看法,认识到自己并不是唯一的主体,他人也不是被改造、被利用的客体,而是与"我"一样的主体。主体间性理论不仅在哲学领域影响深远,也对教育学界产生了重大的影响。

## 第一节　主体间性理论的产生与发展

西方教育哲学对主体间性问题的最早论述起源于传统的经验主义者和康德。康德在其认识论中认为人先天具有时间、空间形式和先验的逻辑范畴,就是这点保证了人在认识中对感性材料的普遍有效把握,即客观性。康德把客观世界说成是"被纳入普遍必然的东西"。彭加勒等科学家和哲学家采用"约定"一词表征来自科学家和科学共同体的能动性因素,并用其弥补理论与经验之间日益增大的裂隙。康德和彭加勒都看到了客观性需要从主体间关系方面来说明,但他们不能从社会历史实践的高度来把握这一点,从而把客观性最终变成了主观性。[①]

德国著名的哲学家、现象学的奠基人埃德蒙德·胡塞尔最早在《笛卡尔的沉思》一书中提出了"主体间性",也被译为"交互主体性"。在胡塞尔看来,现象学的任务就是发展"生活世界的纯粹本质学说",而胡塞尔认为,生活的纯粹本质则是"先验的自我",而先验自我在认识上是先于一切客观存在的,是所有对象和一切客观事物产生的源头。他人、世界及一切的知识观念都是自我的建构,"都是由我决定的"。[②]

海德格尔对胡塞尔的主体间性理论进行了继承和发展,其对主体间性的认识和研究则主要集中在"存在论"领域。他认为主体间性是作为主体的"我"与同为主体的"他人"之间,在生存过程中的联系,是"我"与"他人"的共同存在,同时也标示着"我"与"他人"对同一客观对象的理解和认同。[③] 他的主体间性理论是以"此在"为基础的。海德格尔从"此在"中引出他人的存在,他认为世界上的"此在"绝不只有我一个,在这世界中不但有我,还有其他任何非人的事物,我只能和它们并存,他人和我共同处于一个世界中。海德格尔的主体间性理论关注自我的主体存在与其他人、其他事物的"共在",自我作为"此在"不仅与物有关系,而且与他人有关系,与他人"共在"。人是"此在"的人,人也是"共在"的人。

之后的哈贝马斯在对传统哲学中"主体"概念的批判和重建中提出了主体间性理论,其提出的主体间性理论影响最为深远。托马斯·麦卡锡说过:"哈贝马斯几乎影响了人文与社会科学的所有领域。无论就广度还是深度来看,他都是一位建树非凡的

① 孟香云.师幼交往的主体间性特点及实现策略研究[D].东北师范大学,2004.
② 候江陵.胡塞尔先验意识理论下的主体间性问题[D].黑龙江大学,2007.
③ 乔雪艳.基于主体间性理论的思想政治教育研究[D].山东师范大学,2013.

大师。"

　　哈贝马斯认为主体性只有在主体间的相互交往中才能构建出来,交往必须发生在至少两个主体之间,在人的社会化和个性化过程中。"自我"是在与"他人"的相互关系中凸显出来的,这个词的核心意义是主体间性,即与他人的社会关联。唯有在这种关联中,单个的人才能成为与众不同的个体而存在。离开了社会群体,所谓自我和主体都无从谈起。① 在哈贝马斯的研究视阈中,主体间性实际上就是处于现实生活中的个体在个体化基础上的社会化以及在社会化基础上的个体化。不同的主体之间之所以能够发生交流,并最终达成认同和共识,主要是因为这里的主体,都是自由自主的具有理性思维能力和交往能力的人,是已经达到后约定水平的主体,也是超越了自我的主体。②

　　哈贝马斯提出了以主体间性为中心的交往理性,合理的交往包含着普遍语用学和商谈伦理等内容。哈贝马斯曾经说过,"只能从行为主体对自己行为的责任感和行为规范的辩护能力的道德实践方面使交往行为合理化"。③ 因此,哈贝马斯立足于交往行为对主体间性进行论述,他认为合理性主要不是表达的合理性,而是行为的合理性。他把人的行为区分为工具行为和交往行为,并认为这两种行为是截然不同的、独立存在的行为类型。交往行为强调的是一种主体间性、交互主体性,而工具行为强调的是一个人的"独白式"行为。④ 哈贝马斯反对这种工具理性,也反对形而上学理性观和各种非理性和反理性的思潮。⑤ 哈贝马斯认为,交往行为的目的在于达成共识,而共识总是在生活世界的视野中达成的。"生活世界作为资源,分为三个不同的部分:文化、社会、和个性。文化是一种知识储备。社会,就严格意义上的生活世界力量而言,是一种合法的秩序,依靠这种秩序,交往行为者通过建立人际关系而创立一种建立在集体属性基础上的团结。个性是一个用来表示习得力量的术语,有了这些习得的力量,一个主体才会具有言语和行为能力,才能在各种现成的语境中参与沟通过程,并在不同的互动语境中捍卫自己的同一性。"⑥

　　交往合理性是一种批判理性,哈贝马斯认为在主体间的对话中应贯彻理性的批判精神,主体间要真正实现理解,获得共识,就必须坚持批判的解释学立场。交往合理性不在于强行一致地接受某种确定性的规范和原则,而在于首先认同合理交往的形式条件。在他看来,认知的真实性、主观的真诚性、规范的正确性以及语言的可领会性是主体间进行有效交往、寻求共识的基础,是所有交往主体必须首先承认和接受的先在性条件。交往主体必须根据这四个交往的有效性规范对自己的话语进行有效性认定,同时也必须允许别人对这种有效性规范进行认定和质疑。

　　当前对主体间性的争议很多,综合各种观点可以把主体间性理解为:主体间性是在主体与主体的交往中形成的,是在人与人之间的相互作用、相互沟通、相互影响、相互

① 靳运红.主体间性视域下中学师生关系研究[D].河北师范大学,2011.
② 乔雪艳.基于主体间性理论的思想政治教育研究[D].山东师范大学,2013.
③ [德]哈贝马斯.重建历史唯物主义(修订版)[M].郭官义译.社会科学文献出版社,2000:31.
④ 徐震.哈贝马斯主体间性理论评析[J].世纪桥,2007(07):36—37.
⑤ 罗迅.哈贝马斯主体间性思想研究[D].贵州大学,2006.
⑥ [德]哈贝马斯.现代性的哲学话语[M].曹卫东等译.南京:译林出版社,2004:387.

交流的关系中体现出的内在属性。总的来说,主体间性不仅是单纯的主体与客体的关系,也是主体与主体之间的相互性和统一性,还是两个或多个主体的内在联系。主体间性以个体的主体性为基础,产生人与人之间的主体间性。如果人不成为主体,就不会具有主体性,也就没有主体间性。[①]

## 第二节　主体间性理论的基本问题分析

### 一、主体间性理论的相关概念

#### (一) 主体

主体是一个多义词,主要意向包括:哲学名词、法学用语、计算机用语、化学术语、摄影术语、主体纪年等。[②] 在哲学上,根据语境的不同,其代表的含义也不同。不管是什么样的观点,主体都被认为是主要的承担者,是具有主观能动性的承担者,是具有认识和实践能力的人,具有主动性。[③]

#### (二) 间性

间性(Intersexuality)原本是生物学概念,也称雌雄同体性,是指某些雌雄异体的生物兼具了两性特性的现象,后来这个概念被引用到人文社会科学领域,用来描述一般意义上的关系或联系。"间性"指两个主体具有不同的外部特征和属性,但二者在交往关系中,处于"你中有我,我中有你"的状态,[④]是一种共通、共融,但又各自自称主体的关系。

#### (三) 主体性

主体性,是人作为主体时的特殊本质的表现,即人在认识对象、认识客体时所表现出来的自主性、能动性和创新性,是主体的一种自愿和自觉的状态。主体性,体现了主体能够意识到自己想做什么,并在自愿的情况下自觉地付诸行动。主观能动性亦称"自觉能动性",指的是人的主观意识和实践活动对客观世界的反作用或能动作用。主观能动性有两方面的含义:一是人类能动地认识客观世界;二是在认识的指导下能动地改造客观世界。若在实践的基础上将二者统一起来,即表现出人区别于物的主观能动性,[⑤]人能够有意识地以主体的身份去改造客体来满足自身的需要,而不是被动地被改变。而创造性是主观能动性的最高表现,即超越旧事物来创造新事物的能力。[⑥]

#### (四) 主体间性

主体间性,又被译为"主体际性"、"交互主体性"、"主观际性"、"主体通性"。莱西编著的《哲学词典》对主体间性的解释是:"主体间性通常是与主观性而不是与客观性相对

① 翟欢.论主体间性师幼关系的建构[J].高教研究,2012(9):222.
② 百度百科: http://baike.baidu.com/link?url=56 THriRyKzVD7Bu22tGMRXbciqzi4cE5YPUhtmWeO3rm_leyPW3VzRyC5QilhcHHsTCuxTc3BposttgTYAYa5_HI-Ob9pfTV4-vRZdqGCmu2015.4.8.
③ 翟欢.论主体间性师幼关系的建构[J].高教研究,2012(9):222.
④ 乔雪艳.基于主体间性理论的思想政治教育研究[D].山东师范大学,2013.
⑤ 百度百科: http://baike.baidu.com/link?url=Ltl- HaXBXe30xZIXDzHqiMHJYuYTogcl1lONc8gy-btNG-nZPyzyh-yOB4vHwU9m2015.4.8.
⑥ 翟欢.论主体间性师幼关系的建构[J].高教研究,2012(9):222.

比,它可以包括在客观性范围中。"主体间性是主体之间的性质,涉及两个或者更多的主体之间的相互关系,而不是仅限于单一主体,指向于主体与主体之间的相关性、调节性和统一性。主体间性是在个人的基础上发展起来的,是两个或两个以上的作为主体的人之间的内在联系,是主体之间在语言和行为上交往平等、双向互动、主体对话和相互理解并融合的关系,是不同主体取得共识,通过共识表现出的一致性。①

"主体间性"包括两方面的含义:第一,主体间性是主体间的互识,即交往过程中两个或两个以上的主体间相互认识、相互理解;第二,主体间性是主体间的共识,即在交往过程中两个或两个以上的主体对同一事物达到相同的理解,也即主体间的共同性和共通性。主体间性是主体间即"主体——主体"关系中内在的属性,它是使不同主体之间相互理解成为可能的前提,是对不同主体而言的共同有效性和共同存在。主体间性超越单一性主体的限定而达成复数主体的有效性,是人类诞生以来就存在的问题,是不同主体在相互交往过程中共同建构起来的。② 主体间性是人与人的主体与主体之间的本真关系,人的类关系、本体关系。③

## 二、主体间性的特征

### (一) 主体性重构

哈贝马斯对主体性的概念进行了重构,他认为主体性只有在主体间的交互过程中才能建构出来。从主体间性出发可以弥合意识哲学的主体概念中先验自我和经验自我之间的鸿沟。在交往行为中,人与人之间的关系不像在策略行为中那样互为客体,而是互为主体,他人在自我的眼中不是竞争对手,而是相互依赖的平等伙伴。在相互理解的过程中的自我既非先验之我也非经验之我,但同时又包含了经验和先验的成分。他认为要重建主体概念,就必须从话语和互动参与者的角度,通过分析主体间成功交往或遭到扭曲的交往,阐明具有言语能力、行为能力和认知能力的主体所使用的前理论的规则知识。④

### (二) 关系平等

主体间性理论认为:"真正的主体只有在主体间的交往关系中,即在主体与主体相互承认和尊重对方的主体身份时才可能存在。"主体间性意味着不同的主体都是处在交往关系之中的,而且他们之间是在相互尊重的基础上,形成了一种平等的合作关系。平等的师生关系是教育民主的重要体现,杜威曾说过:"只有民主在儿童的心里扎根,社会的民主才有希望。"尽管很多学者提出了师生关系平等,但在教学实践中真正做到这一点却很难。教师与学生之间的天秤天然倾斜,学生很难在一段师生交往中获得平等的地位。当主体间性成为课程中的一种哲思,实现主体与主体共在,教师与学生交往关系的平等就得到了保证。

① 王燕.主体间性视野下的师幼关系及实践策略[J].兵团教育学院学报,2007(6):7.
② 康伟.师生主体间性理论与实践研究[D].陕西师范大学,2007.
③ 康伟.师生主体间性理论与实践研究[D].陕西师范大学,2007.
④ 罗迅.哈贝马斯主体间性思想研究[D].贵州大学,2006.

### (三) 兼容并包

主体间性意味着处于交往之中的不同主体之间的关系是相互包容、相互理解并且和谐融洽的。所有的主体间性都会涉及他者，他者意味着不同于自我本身的一种存在，对于作为主体的人来说，这既是一种界限和区分，同时也是人的个体性和独立性的存在方式。[①] 因而，主体间性必然要求自我与他者，也就是不同的主体之间相互理解，而不是以自我为中心，将自我之外的他者全部边缘化。在相互理解的、和谐融洽的师生关系中，教师自然既是了解自身的，也是了解儿童、接纳儿童多样性的。

### (四) 承认多维与差异

尊重主体间性即承认并尊重主体间的差异性。通常情况下，主体间性更多地强调的是主体之间所存在的共通性以及所能够达成的共识，而忽视了主体之间存在的差异性，这一点即使是在交往的过程中也是客观存在的。作为主体的人并不是存在于一个单向度的世界之中的，而是在多维世界中，被多重生活决定着多重需要和多重关系的存在；正是基于这一点，主体之间在许多方面会存在着巨大的差异。这种差异性与主体之间相互理解、达成共识的可能性是相互渗透、交互存在的。而且，这里的主体间性所一再强调的不同主体之间的同一性和统一性以及二者达成共识的可能性，恰恰是在承认并尊重差异性的基础上生成和发展出来的。当然，也正是基于主体间性，主体之间的沟通才会成为现实的和可能的，从而使差异融合相通，最终使主体成为具有丰满的和完整的人性的人，而不再是被异化了的"单面人"。[②]

### (五) 视域融合

主体与主体之间的理解，是一个视域融合的过程。一个主体与另一个主体的互动、交流使得主体间相互进入，使得主体得以超越自己视野中有限的世界，进入到对方的世界中，理解与自己截然不同的主体。同时，当主体间的理解进入历史时，就构成了一个更为广阔的整体世界，达到了一个视域的融合。

### (六) 真我的共在

此在主体在面对他人存在时，不仅要与物打交道，与人打交道，还要与其他主体共在。共在是一种把自我与他人同时显现出来的存在方式。[③] 世界一直是主体共在的，共在分为本真和非本真两类。非本真的共在方式有两种：一种是将自己与他人混同，迷失自我，认不清自己；另一种是越俎代庖，以自我去代替他人，过分干涉，让其他主体失去自我。而真我的共在是：认清自我，保持自我，同时超然于他人的繁忙与操心，让他人自由自在地呈现。构建一种真我的共在对儿童发展来说至关重要，儿童需要自己的成长空间，成人过多的干预会使幼儿失去自己成长的机会。

---

① Murphy, M. & Brown, T. Learning as Relational: Intersubjectivity and Pedagogy in Higher Education [J]. International Journal Of Lifelong Education, 2012,31(5):643-654.

② 乔雪艳.基于主体间性理论的思想政治教育研究[D].山东师范大学,2013.

③ Trevarthen, C. Communication and cooperation in early infancy: A description of primary intersubjectivity [A]. Bullowa, M. Before speech: The beginning of interpersonal communication [M]. Cambridge, New York: Cambridge University Press, 1979: 321-347.

## 第三节　主体间性理论的教育主张

### 一、对教育目的的重定义——培养人性丰富的新人

主体间性理论对教育目的的影响在于它可以使教育从塑造一种外在的占有式主体转为培养人性丰富的主体。主体间性理论的提出是对现代教育主体性的反思,现代主体性教育虽然起源于弥补学生主体性的缺失,并在塑造学生的自主性、能动性等方面取得了成就,但主体性教育的思想仍来源于主客体的传统哲学。也就是说虽然重视学生的主体性,但在教育中,学生的主体性是外在的主体性,表现为学生能占有更多的知识、进行更有效的学习,但缺乏对自己内部世界的反思与改造,这样的学生虽然以知识的数量和知识的使用为目的而占有了大量知识,可是这些知识却没有成为智慧,他们没有理解知识对人格生成的作用,因此,许多学生在处理问题时以自我为中心,可以说这种外在的主体性是不健全的,以塑造这种主体为目的的教育也是不完整的。因此,主体间性教育不仅仅要培养学生改造外部世界的能力,更要引导学生自觉地完善内在的主观世界,从而找到内心世界和外部世界的联系,和谐地存在与生存。主体间性理论启发教育工作从单向度的主体培养到重视主体间性人格养成,这是人能诗意地栖息在大地上的必然取向,也就是西方所强调的"人的革命"。

### 二、对教育过程的新认识——交往、对话与理解
#### (一) 交往的教育过程

交往是影响人的发展的决定性因素,是教育的重要基础,交往本身就是教育过程的表现形式。在主体间性论者看来,交往和教育过程是同一的。交往的教育过程不再是主体和客体的两极摆动,交往的教育过程是建立在教育主体之间经验与意义共享上的过程。交往的教育过程表现在:首先,师生双方都是教育活动中具有主观能动性的存在,双方都具有完整的生命意义,教育活动是人对人的活动,因此教育中的关系是一种人和人的关系,而不是人和物的关系。教育不是一种主体对客体进行改造的活动,而是主体与主体之间进行交流、对话的活动。教育活动中师生各自拥有自己独特的精神世界,不管是教师还是学生都是作为一个"人"而存在着的。师生之间是一种布伯所说的"我——你"的平等关系,但平等并不意味着相同,因为教师和学生在交往过程中并不具有相同的地位,教师一方面要置身于交往的教育情境,另一方面,又要超越一定的教育情境,以引导教育交往的进行。再次,主体间性的交往过程涵盖了教育的所有可能关系:过去、现在与将来,你、我和他,科学、人文与生活世界,交往的教育过程为学生提供了全面发展完善人格的条件,在交往过程中生成的人就不再是孤立的、割裂的,而是具有完整人格、和谐内心的人。

#### (二) 对话的教育过程

主体间性教育是一个对话的教育过程,伽达默尔认为:"对话就是对话双方在一起相互参与以获得真理。"①对话的前提是必须进行交往,必须把参与对话的"他者"看作

---

① [德]伽达默尔.赞美理论[M].夏镇平译.上海:三联书店,1988:69.

是与"我"一样的人。但在传统的教育活动中,学生被认为是教师作用的对象,因此在教育的过程中强调的是教师对学生的改造。而在主体间性的视野下,教育过程则是主体与主体在平等的地位上人格平等地进行交往和对话的过程。这种对话既包含教师与学生的对话,也包含了学生与学生的对话。主体间性用"对话"这种活动过程取代了"改造"这种对象化的活动过程,教育中的人在真诚的对话过程中进行着完整人格上的交流,也是在对话过程中成为人的。

### (三) 理解的教育过程

"自然界需要解释说明,而人则必须去理解"。伽达默尔认为,理解是此在的存在方式。理解不是一种复制行为,而是一种创造性的行为。[①] 理解是创造意义的过程,教育的过程不是为了让学生获得"客观知识"而是转向意义生成,教师的最终目的是实现对儿童的理解与"视域融合",正如狄尔泰说的,"教育从本质上讲,是一种完美的理解生命意义的精神活动,是通过心灵体验而达到人的心灵相通、精神相通。在精神相遇的过程中,双方都把对方当作知己,充分地理解对方,也理解了自我。教育通过对他人与自我的真正理解,达到了对生存意义的领悟"。在主体间性视野下,教育的本质在于师生之间灵魂的交流,思想的对话、情感的融通,而不是单纯的知识技能的授受和灌输。

### 三、对教育研究的定位——走向人文关怀的研究范式

正如哈贝马斯对自然科学和人文社会科学所作的区分那样,自然科学是一种因果解释的科学,它强调的是对物体的分析和探究。因此在自然科学中显现出来的是"人——物"的关系。而教育作为一种人文社会科学,是人与人的交流、沟通活动,是包含着价值意蕴的,因此显现出来的是"人与人"的关系。然而,长期以来,人们却将自然科学的研究范式用来研究教育活动,这在主体间性论者看来甚是不妥。在主体间性的视野下,由于教育所包含的是一种人与人的关系,而人作为一种具有主观能动性的存在,有其独特的思想、灵魂,因此应该用人文的方式来对其进行把握,譬如注重交流、沟通、对话等。主体间性关注人的生命体验,促使教育研究由冰冷的自然研究范式向人文关怀研究范式转变。

## 第四节　主体间性理论对我国教育改革的启示

西方哲学从主体性研究转向主体间性研究是从 20 世纪上半叶开始的,到 20 世纪 80 年代,这种转向已基本完成,而此时我国的主体哲学一方面受到马克思主义人文思想的影响,另一方面受西方主体哲学思想与观念的冲击,相关研究开始从主体转向主体间、由主体性转向主体间性。20 世纪 90 年代末以来,主体间性哲学在我国逐渐受到关注并渗透到教育领域,我国教育受其影响,开始利用主体间性哲学理论来指导教育;在进入 21 世纪以后,对于教育主体问题的研究逐渐摆脱了非此即彼的局面,进入到共存互存的新局面——从师生孰为主体开始转向师生如何共为主体,即主体间性,相关人士

---

① [德]伽达默尔.哲学解释学[M].夏镇平译.上海:上海译文出版社,2004:289.

也对教育观念、教育内容、教育方法等多个方面进行了深层反思。

## 一、建构主体间性的师生关系

在以往对师生关系的研究中,大致存在教师单主体说、学生单主体说、主导主体说三种观点,这三种观点都把主体和客体严格区分开,把教师和学生认为是单一的主客体关系。教师单主体说认为,教师是教学过程的唯一主体,学生是教师加工塑造的对象,是教学的客体。而学生单主体说与教师单主体说刚好相反,认为学生才是教学活动中的唯一主体,认为不管教师教学如何,只有学生才能起主要作用,否定了教师的作用。[①]主导主体说主张在教学过程中教师是教学的主导,学生是教学的主体。认为学生获得的知识、技能、思想不是主观自生的,而是教师教育影响、干预的结果,因此教师在教学中的主导作用有其客观必然性,教师决定着教学的方向、内容、方法、进程和结果。[②] 主体间性理论强调:教育活动是主体间的一种交往活动,教育不属于工具性行为,而应归属于主体间的交往行为。师生之间是相互平等、彼此影响的主体间性关系,是双向互动、主体对话和相互理解、融合的关系。

主体间性理论弥合了主体与主体之间的鸿沟,不再强调学生或教师谁是课堂的主体,而将教师与学生视为交往中的两个主体,他们在师生互动中建构主体性。加强教学过程中的交流互动是实现教与学主体间性的主要途径。教师唱独角戏,或是对学生进行知识灌输和单纯的技能培养,难以促进学生知识内化,也就难以使学生做到学以致用。教育所要培养的是完整的人——拥有独立的思想、批判的意识和健全的人格。只有建立主体间性的师生关系,充分尊重个体独特的需要,才能教学相长,并最终促进学生的健康成长,真正实现学生的主体性。

## 二、教育的内容应该体现整合性

主体间性教育理论从本质上是对"完整性"的人、大写的人的追求,要培养具有完整人格的人,在课程上、教育内容上也需要有所转向,"向完整的人及其完整的生活转向"。我国基础教育中,学科化课程仍然是教育的基本载体,"课程即学科"或"课程即各种教学科目的综合"等观念仍然根深蒂固,学科课程的功利化倾向比较严重,尤其是在高考指挥棒的导向下,教育"将知识限制在专业、实用和功利的维度上,缺乏对知识体系的完整把握和对知识的融会贯通",这也导致了许多学生拥有较高分数、占有大量知识技能,其精神世界却相对贫乏,这是现代教育不得不面对的一个重大问题。

主体间性理论启发我们,要培养人格完善的人,必须对课程内容进行整合,这种整合应该体现综合性、生活性、现实性、实践性、探究性和建构性的特点,使学生学会处理与自然世界、社会世界和主观世界的关系;形成尊重、理解与关爱他人的社会情感;拥有对自我的接纳、反思与批判精神。虽然新一轮课程改革的目标是改变课程结构过于强

---

① 潘洪建,徐继存.教学过程主客体关系研究之透视[J].四川师范大学学报(社会科学版),1997(04):86—90.

② 潘洪建,徐继存.教学过程主客体关系研究之透视[J].四川师范大学学报(社会科学版),1997(04):86—90.

调学科本位、科目过多和缺乏整合的现状……设置综合课,以适应不同地区和学生发展的需求,体现课程结构的均衡性、综合性和选择性;课程改革的一个重要方面就是重视综合实践活动课程的开展,力求通过综合实践活动让学生丰富情感、端正态度并完善价值观,学会面对与处理复杂的社会问题,如环境危机、国际理解、技术变革等,促使学生养成实践能力、创造能力与社会责任感,促使教育回归现实世界,促使学生走向完整的人生;但我国基础教育如何更有效地推进综合活动课程、如何在教育内容的丰富性与教育评价的单一性之间取得平衡仍然存在诸多挑战。

### 三、教育的方法应该体现交往性

在现代教育体系中,教育方法的"有效性"着眼于如何让受教育者更快、更有效率地占有大量知识,对教师来说,他们要在教育活动中充分发挥主体能动性,寻找多种方法,力图在学生身上增加某些社会或成人认为重要的特性,这是"主体——客体"的教育思维,是教育将学生看作是可以塑造的"物",并用外力促使学生接受教育的过程和结果,"从物的逻辑无论怎样强调人不同于物,但到头来仍免不了把人理解成非人",这也是现代教育的真实写照,尽管现代主体性教育倡导让学生成为主体,但其实学生只是在课堂上看起来参与更多、看起来成为了主体,实际上学生仍然由教师塑造,这主要是因为教师的教育理念是以传统的认识论哲学为基础的,所以思维范式仍然是对象性思维、物化思维,跳不出"主体—客体"二元的分析框架。① 一方面,教师仍以对待"物"的方式来对待学生,把教育当作"生产工具",生产出一个个他们所期望看到的学生。另一方面,教师把学生当成了自我实现的工具和手段。比如有的教师为了完成一次出色的示范教学活动,提前几天就要对学生进行训练、规范,教师宁愿牺牲学生的学习体验,把教育变成为一种事先谋划好的表演活动,这种方式控制了学生的心智和身体,成为了一种学生必须服从的训练机制。

主体间性理论对教育的影响在于,它令我们认识到,对主体间性人的培养,不能依靠外部塑造,主体间性就是要使人在教育者与受教育者作为平等的主体进行交往、对话与理解的过程中自然地生成知识、情感与人格。教师要平等地对待儿童,尊重儿童的兴趣,基于儿童的兴趣组织教学活动,展开与儿童的对话,从而真正地实现师生之间的交往。教育无法用非人性的方法把人塑造成人性丰富的主体,因为人性只有在人际关系中才能够得到陶冶和提升,因此在这种民主平等自由的交往环境中所培养的教育主体才是健全的人。

## 主要参考文献

[1] [德]哈贝马斯. 交往与社会进化[M]. 张博树译. 重庆:重庆出版社,1989.
[2] [德]哈贝马斯. 现代性的哲学话语[M]. 曹卫东等译. 南京:译林出版社,2004.
[3] 王晓东. 西方哲学主体间性批判[M]. 北京:中国社会科学出版社,2004.

---

① [美]弗莱德·R·多迈尔. 主体性的黄昏[M]. 万俊人译. 桂林:广西师范大学出版社,2001:1.

［4］陈桂生.教育学原理［M］.上海：华东师范大学出版社,1993：13.

［5］冯建军.教育现代性反思与批判［J］南京师范大学学报（社会科学学报）,2004(4).

［6］冯建军.主体教育理论：从主体性到主体间性［J］.华中师范大学学报（人文科学版）,2006(1).

**思考题**

1. 简述主体、主体性与主体间性的含义。

2. 请阅读下面两则材料,结合主体间性理论,谈一谈你对师生关系的认识。

材料一：

据报道,三门峡市一名九岁的学生在上课期间用铅笔在教室的墙壁上画了个方框,老师听说后,就在这名学生的脸上画了个方框,当家长指出老师的这种做法欠妥,对孩子人格造成伤害时,老师当着众多学生的面说:"我就是要这样惩罚学生。"当记者前去采访时,这位教师对记者说:"我就是用这支笔在学生脸上画框的,我就是要这样惩罚学生,我还愁着自己出不了名呢,替我宣传宣传吧。"

你如何看待材料中该教师的做法?

材料二：幼儿园常见的一次语言教学活动

老师拿来一个小兔玩偶,一边举着小兔做给小朋友打招呼的动作,一边面带笑容地说:"我是你们的朋友小兔子,你们好啊!"

——"小兔子好!"幼儿齐声回答。

老师:"你们喜不喜欢小兔子啊?"

——"喜欢!"有幼儿回答。

老师:"声音太小了,小兔子没有听见。"

——"喜欢!"幼儿一起大声回答。

老师:"好,今天老师要讲一个小白兔的故事,小朋友想不想听啊?"

——"想!"幼儿齐声回答。

结合主体间性理论,请你分析该活动中的师幼关系。

**聆听经典**

"我的教育信条——在教师与学生的反思性关系中,教师不要求学生接受教师的权威;相反,教师要求学生延缓对那一权威的不信任,与教师共同参与探究,探究那些学生所正在体验的一切。教师帮助学生理解所给建议的意义,乐于面对学生提出的质疑,并与学生一起共同反思每个人所获得的心照不宣的理解。"

"这个王国充满了创造性、新意和智慧。我相信这样一种共同体不仅在宇宙层面上运作,而且必须在社会层面上运作,这样,我们才可以说,我们的课程和社会是'没有人拥有真理,但每个人都有被理解的权利的场所'。"

——小威廉姆·E·多尔

小说是"没有人拥有真理,任何人都拥有被理解的权利的领域。"
——米兰·昆德拉

"让我们在海边建造学校,开展课程,这里儿童可以与阳光散步,与海浪交谈;让我们打开一个新的世界,这里有梦想、游戏、低语、笑声,甚至也有风暴;让我们创造一个,如多尔所言,'充满灵性的'空间,这里儿童能够在异乡人的陪伴中冒险步入生活的神奇。一个不断的、永远演变的、没有终点的旅程:与儿童一起,我们永远在征途上……"
——王红宇

后现代主义是西方 20 世纪 60 年代以来兴起的一股文化思潮,后现代主义并不特指某一理论对象,而是指一种文化现象。这种文化现象被人们用"后现代主义"这一名称来统一称呼。它并不像"现代"这一词语那样指某一历史时期或一个类型的社会,"后现代"不是对历史时期或社会的称呼。当我们面对后现代主义的时候,我们面对的是一组观念,而非一个社会实体。后现代主义所提出的问题都与今日人类的生存和命运息息相关,因此不可避免地影响到教育领域,为教育理论的发展提供了新的视野。

## 第一节　后现代主义理论产生的背景

"后现代"一词早在 1870 年前后就出现了。当时,英国画家查普曼(John. W. Chapman)用"后现代绘画"来指代那些前卫的绘画作品,但直到 20 世纪 60 年代后,后现代思想才广泛地被应用在艺术、文学、建筑、管理等各个领域。在课程领域,后现代思潮带来的影响也是深远的,后现代课程观早在概念重建主义学派思想中就有了萌芽,可以说后现代课程就是从概念重建主义开始的,概念重建主义在现代课程与后现代课程之间起着承上启下的作用。它最早是由施瓦布在 1969 年提出的,他在《实践 1:课程的语言》一文中宣告了课程领域处于垂死状态:课程领域已步入穷途末路之时,依照现在的方法和原理已经不能维持其研究,也难以对教育进展作出重大贡献,课程领域需要新的原理,以便我们对课程领域中问题的特点和多样性形成一种新的观点。为此,施瓦布提出的解决方案是:追求实践模式。他的这一实践理论激起了课程领域激烈的讨论和深入的思考,启发着研究者去探索全新的道路,从此课程领域从死气沉沉的状态进入百家争鸣的氛围。概念重建主义作为一个学派,内部仍有不同的观点分歧,但众多观点都体现了后现代的思想。所以,后现代课程并不是一蹴而就的,顺着历史的脉络,我们便可以找到它的源头。可以说,没有概念重建主义建立的课程话语,就不会有现在精彩纷呈的后现代课程观。

后现代课程理论的丰富多彩,促成了课程范式的转换。20 世纪 70 年代,西方教育科学领域发生了重要的范式转换,从课程开发范式走向了课程理解范式,被誉为"课程领域圣经"的泰勒的《课程编制的基本原理》受到了前所未有的挑战。后现代课程试图从不同的视角去理解课程,政治学、种族学、性别、后结构主义、解构主义、美学、自传、女性主义等都是其研究的切入口。其中,影响较大的是从后结构主义、生态观和女性主义视角所进行的研究。后结构主义课程研究始于 20 世纪 50 年代,当时,结构主义被广泛应用于政治、经济、文化等领域,课程领域也深受其影响。到 70 年代以后,后结构主义在批判结构主义弊端的基础上发展起来,成为后现代主义中一支重要的力量。

后结构主义极力反对二元对立的思维模式,认为不存在绝对的、静态的两极对立;消解了结构主义所倡导的总体性,认为总体性会忽视差异性。后结构主义认为不存在一个内在的中心或结构,没有普遍的真理,知识结构总是处在不断的变化中,需要不断地被重新建构。20 世纪早期,科学至上的思想统治着整个世界,科学技术这把"双刃剑"在造福地球的同时,也使这个世界蒙受了巨大的损失。过度的资源开发造成了严重的环境污染,引起了生态危机,而这种危机慢慢渗透到人类生活的各个领域。20 世纪

80 年代中期,陆续有越来越多的学者开始从生态观的视角研究后现代课程。不少学者都认为:教育有责任为改变这一现状作出努力。其代表人物有高夫、斯拉特瑞、约翰·米勒等。他们都强调课程的整体性,认为世界是相互联系的,应该加强教育与环境的联系。①

## 第二节 后现代主义理论的主要代表

20 世纪 80 年代中期,陆续有越来越多的学者开始从生态观的视角研究后现代课程。后现代课程理论的代表有车里霍尔姆斯的结构性后现代课程论、多尔的建构性后现代课程论、奥地弗的批判性后现代课程论等。其中以多尔的建构性后现代课程论最有特色及代表性。

### 一、张扬的课程愿景——小威廉姆·E·多尔

小威廉姆·E·多尔(William. E. Doll, Jr.),生于波士顿。是路易斯安那州立大学课程与教学系的教授,课程理论项目主任,维拉·富兰克林与 J. R. 伊格斯(Vira. Franklin & J. R. Eagles)捐赠基金荣誉教授。曾在波士顿、丹佛和巴尔的摩教过书,并于约翰斯·霍普金斯大学获得博士学位。历任纽约州立大学澳斯威戈分校(SUNY-Oswego)初等教育系主任,加州雷德兰兹大学(University of Redlands)师范教育项目主任。小威廉姆·E·多尔教授的专业著述甚丰,其中 1993 年出版的《后现代课程观》(*A Post-Modern Perspective on Curriculum*)是他的第一本也是最经典的专业代表著作。由他主编的《课程愿景》一书也给予读者相当的启迪。

小威廉姆·E·多尔教授是以后现代主义视角剖析课程问题的重要代表。他提出:后现代一词中的破折号(Post-Modern)旨在将后现代与现代联系起来。后现代超越了,实际上是转化了现代而非完全拒绝它。他从科学——神学——生态学——文学——政治学的维度对现代范式封闭观的局限性进行了剖析;考察了后现代范式的开放观,分析了后现代范式生物学、化学、模糊数学、认知革命和过程思想领域的发展及形成的特点;他运用生物学的组织或等级性理论重新考察了皮亚杰的课程建议及其平衡——不平衡——再平衡的发展模式。结合这些,多尔构建了他眼中的后现代课程模体。

多尔在构建自己的后现代课程观时经常借鉴杜威和怀特海的过程思想。他指出,杜威和怀特海的思想中都体现出了学生的心灵是成长着的有机体。学生正是在追求的过程中不断成长起来的,并在思想的不断碰撞中提升自己。多尔认为,要为个体创造表达自己观点的机会。在教学中,教师的任务不是再现和传递知识,而是引导学生去发现和创新,让他们在过程中成长。后现代课程应具有丰富的多样性、疑问性和启发性。

总的来说,多尔提出的后现代课程观,是一种超越现代科技理性的课程观。他的课程理念创造性地运用了混沌学、过程哲学等思潮,提出了以丰富性(Richness)、回归性(Recursion)、关联性(Relationality)、严密性(Rigor)为标准的后现代课程设计方案,是对

---

① 国晓华.浅析后现代课程[J].西安文理学院学报,2008(5).

具有工具理性性格的"泰勒原理"的超越。在这之后,多尔又提出了课程的 5C 特性,即过程性(currere)、复杂性(complexity)、开放性(cosmology)、会话性(conversation)与共同体(community),及课程的 3S 特性,即科学性(science)、故事性(story)与精神性(spirit)。

**(一) 课程是什么: 5C 特性**

过程性(currere)、复杂性(complexity)、开放性(cosmology)、会话性(conversation)与共同体(community)构成了课程的 5C 特性。

1. 课程是过程性的

从拉莫斯和夸美纽斯开始,人们一直把课程看成是跑道,而不是个人的奔跑经验。多尔提出课程是"在跑道上跑"(currere)(动态课程),currere 意为"奔跑",指的是在封闭的跑道上像四轮马车在跑马场上那样奔跑。谈到课程时,"跑道"侧重于具体目标,而在跑道上跑则侧重于个人体验。[①] 在他的眼中,课程是一种过程,是师生共同探索知识的过程,而不是传递绝对知识的过程。在这样的课程中,学习和理解来自对话和反思。学习和反思是被创造出来的,而不是被传递下来的。

2. 课程是复杂的

多尔认为"课程是复杂系统"。他认为:课程不是一个个等待执行的线性任务,而是一个复杂的、动态的、相互作用的网络,并不断向各种不同的、相互联系的形式分化。他强调后现代课程有建构性和非线性的特点。后现代的课程模式是非序列型的,它有各种交叉点,是充满相关意义的网络。课程越丰富,交叉点越多,构建的联系性越多,随之意义也就愈加深化。[②]

3. 课程是开放的

多尔认为后现代课程是一种转变性课程,应是一种开放的系统,课程组织需要考虑到发展、变化等动态因素的存在和影响,构建一种"形成性的"而不是预先界定的、"不确定的"但是却有界限的课程。现在不能创造过去(尽管它受过去的影响),也不能决定未来(尽管它是一个影响因素)。因此课程的框架在课程运行的一开始就不可避免地与运行结束时有所不同。问题不在于不同,而在于不同的程度或性质。[③]

4. 课程是对话的

多尔心中的课程还是对话的。首先,多尔在《课程与幽灵》一文中提出,在拉丁语中,conversare 这个词指"使某人朝某个方向"。在最初的印欧语系中,converge 这个词根也有相同的含义。因此会话(conversation)与融合之间存在着一种历史的联系,即通过个人与人之间的会话,我们改变我们自己并且会集合在一起。在会话中,蕴含着我们融合与转变的希望:不同的观点碰撞、融合,超越我们原有的观点从而改变我们,在不

① [美]小威廉姆·E·多尔,[澳]诺尔·高夫.课程愿景[M].张文军、张华、余洁、王红宇译.北京: 教育科学出版社,2004: 48.
② [美]小威廉姆·E·多尔.后现代课程观[M].王红宇译.北京: 教育科学出版社,2000: 230.
③ [美]小威廉姆·E·多尔.后现代课程观[M].王红宇译.北京: 教育科学出版社,2000: 255.

断融合的过程中情况本身也会不断变化并成为转变性的。①

多尔认为,"对话"不仅存在于师生之间,教师同时要鼓励学生与语言艺术、数学、科学、社会科学的文本及内容对话。在课堂教学中,要用隐喻或描叙性的方式与逻辑相结合,并将之引入到课程的师生对话中。当教师通过要求学生"注意"、"仔细听"、"认真观察"等来实现精确性的时候,其理论基础是假设学生与知识之间是旁观,而不是建构的关系。"最好的"学生是按照传递的方式接受知识的人,同时,学生接受知识的程度还可通过其获得分数的多少来评定。多尔赞成布鲁纳的观点:除了逻辑的、分析的、科学的思想方法,隐喻的、描叙的、诠释的方式可与之互为补充。② 多尔认为:就激发对话而言,隐喻比逻辑更有效。隐喻是生产性的:帮助我们看到我们所没有看到的。隐喻是开放性的、启发性的、启发对话的。逻辑是界定性的:帮助我们更清晰地看到我们已经看到的。它旨在结束和排除。通过隐喻和逻辑的相互作用,生活成为活生生的、被体验的和被发展的。作为教师,我们需要将这种相互作用引入到课堂建构之中,用一定的描叙性方式去讲解课程,从而鼓励学生与教师共同探究,通过与文本对话探讨各种可能性。同时,他认为:好的故事应该具有足够的不确定性以诱使读者参与到对话中来。这里"好的故事"直指我们所用的教学材料。

5. 课程是共同体

在多尔眼中,课程是共同体(Community)。后现代主义框架中的课程不仅需要关注人与人之间的关系,而且要关注人与生态、人与宇宙的关系。我们认为,人类的特性(种族、教派、性别)与我们所处的生态、全球、全宇宙的问题相比是微不足道的。

**(二) 课程目标: 课程目标并非预设**

多尔认为课程的目的、规划及目标不仅仅单纯地先于行动而且产生于行动之中,编写课程大纲或教学计划应该采用一种一般的、宽松的、多少带有一定不确定性的方式。随着课程的进行,课程的目标会变得更加明确,并通过教师、学生与课本的交互作用显现出来。多尔认为这种合作性规划不仅因为意外事件的发生而具有了灵活性,而且要求规划者以一定的深度理解自身和学科。③

他列举了一个关于合作性规划的例子,主要讲述了他协助一名教师更好地设计了六年级数学课中应用题的教学形式的事。一名教师突然想到让学生自己设计题目。教师提供一些数据和运算公式,然后学生根据这些数据和运算公式设计一系列不同的应用题,鼓励学生分组研究,将数据和运算公式进行"尽可能多的组合",也建议学生设计一些因数据不充足而无法解决的问题,以及一些需要在给出的数据中进行选择的问题等。每个小组共同设计并修改(回归的反思)各种问题,然后将问题交给另一组。可以开展竞争看哪一组最先解决其他组的问题;也可以组织创意性的讨论,讨论问题的特点、结构以及解决问题的多种方法。在进行自己编题练习不久之后,学生不仅能解决一

① [美]小威廉姆·E·多尔,[澳]诺尔·高夫.课程愿景[M].张文军、张华、余洁、王红宇译.北京:教育科学出版社,2004: 54
② [美]小威廉姆·E·多尔.后现代课程观[M].王红宇译.北京:教育科学出版社,2000: 240.
③ [美]小威廉姆·E·多尔.后现代课程观[M].王红宇译.北京:教育科学出版社,2000: 243.

般的六年级应用题,而且能轻易地掌握问题的结构,标准化测试分数很高。①

**（三）课程设计: 4R 方案**

多尔认为,课程必须始于个体。其含义为: 课程与学生处于同一个过程中,这个过程是具有整体性、变革性的。他把课程看作是一个教师和文本、教师与学生以及三者之间的"协商"过程。4R 课程能帮助我们调和这些交流及协商的过程。为了达到这一目的,多尔提出新的课程应当用丰富性、回归性、关联性、严密性,即 4R 来作为评价后现代课程质量的标准。这已经与 19 世纪末 20 世纪初的 3R 标准——"读"、"写"、"算"有了很大的不同。

1. 丰富性（Richness）

多尔笔下的"丰富性"指的是课程应该具有一定程度的不确定性、异常性、无效性、模糊性、不平衡性、耗散性与生动的经验。为了在激发创造性的同时不失去形式或形态的"适量",我们需要在学生、教师和文本之间进行协调。但课程需要干扰因素,就这一点来说是不必协调的。因为课程内在的疑问性、干扰性、可能性赋予课程以丰富性及其最终存在的意义。②

他认为学校中的每一门学科应该以自己的方式解释丰富性。比如阅读、写作、文学课等应通过隐喻、神话和记叙来发展其丰富性,将语言放在诠释的框架之中,将语言与文化融合起来;学习数学时,从幼儿园到研究生院都可以通过"模式游戏"发展其课程的丰富性,比如图形间富有想象力的组合、分解等;在社会学科的学习中,如人类学、经济学、历史学、心理学及社会学,可以从对解释社会问题的对话或协调中获得其课程的丰富性。

总之,根据多尔的观点,课程的"丰富性"可以通过对话、解释、假设形成,以及模式游戏等手段得到实现。

2. 回归性（Recursion）

多尔认为: 在提倡、支持、利用"回归性"的课程中,没有固定的起点和终点。课程的片断、组成部分和序列是任意的组合,不应视其为孤立的单元,而应该把它当作反思的机会。③ 在这样的理念下,完成每一次考试、作业、日志就不仅是完成一项任务,而是对有质疑之处进行探索、讨论与探究的另一个开端。

回归的目标是发展学生组织、组合、探究、启发性地运用某物的能力。在回归中,反思发挥着积极的作用。另外,多尔说: 在回归中有必要让同伴、教师进行相应的考查、批评并对自己的行为作出反应。因此,"对话"对于"回归性"来说是必须的。对话能够引起反思,使回归有深度并具有转变性。

3. 关联性（Relationality）

多尔所提及的"关联性"之于教育和文化两方面都有重要意义。其中,教育联系即课程中的联系,它使课程有丰富的模体或网络。文化联系指课程以外的文化或宇宙观

---

① ［美］小威廉姆·E·多尔.后现代课程观[M].王红宇译.北京: 教育科学出版社,2000: 244.
② ［美］小威廉姆·E·多尔.后现代课程观[M].王红宇译.北京: 教育科学出版社,2000: 251.
③ ［美］小威廉姆·E·多尔.后现代课程观[M].王红宇译.北京: 教育科学出版社,2000: 253.

的联系,这些联系形成了课程赖以生存的大环境。教育联系与文化联系相互补充,两者都很重要。多尔在这里同意怀特海的看法:我们的学校充满了僵死的、无用的、"无活力"的观点以及无情的、孤立的、无生命的事实。教育者的任务是"使知识保持活力",如果那些知识已经僵死,我们需要把逻辑科学知识与美学、故事性知识结合起来,使其焕发出活力。多尔认为必须筹划一种把科学的严密性、故事的想象力以及精神的活力和创造力结合起来的课程。① 即课程应具有前文提及的科学性(science)、故事性(story)和精神性(spirit)。

教育联系聚焦于课程结构内在的联系,这些联系通过"回归性"发展课程的深度。比如,在本科生和研究生的课程中,多尔运用的一种教学方法是提供一种教学大纲,列出占课程三分之二的共同阅读材料,其余的三分之一由各组从选择书目中自行选读。课上的时间不用于概括这些材料,而是将选读材料和共同阅读材料以及各种材料联系起来,不断地进行讨论,再让学生利用所获得的洞察力改写和重新组织学期开始时写的文章,文章的质量得到了很大的改善。总之,多尔的这一"关联性"的观点,主要表达的是"不必教太多的学科"而是要"完全地教"所教的一切,以便让主要的观点"形成尽可能多的组合"。②

文化联系的观念产生于诠释的宇宙学,它强调描述和对话是解释的主要工具。对话将为我们提供一种源于地方但联系全球的文化感。而所有的解释都与地方文化相关,且文化之间会通过全球模体进行相互联系。也就是说,教学要考虑到文化的背景性,例如有关历史的、语言的和地域的情境,因为只有这样才能协调彼此间的思维成果,教学才能真正起到作用,脱离文化情境的教学是无效的。同时,教师应认识到:我们所持的观点应统一在更广阔的文化、生态、宇宙模体之中。

4. 严密性(Rigor)

多尔认为,从某种角度上来说,"严密性"是四个标准中最重要的,它防止课程落入"蔓延的相对主义"或感情用事的唯我论中。他所提出的"严密性"指的是不要过早或最终只因一种观点的正确就结束课程,而是要将所有的观点投入各种组合之中,"严密性"意味着有目的地寻找不同的选择方案、关系和联系;严密地对待各种假设,以及假设之间的协调通道,促使对话成为有意义的和转变性的对话。③ 也就是说,后现代范式下的严密性与不确定性及解释性互相联系,严密性要求我们在与文本、他人的交互过程中发展、寻找尽可能多的可能性以及这些可能性之间的联系,并用具有丰富性的解释去完善和发展这些可能性。

**(四) 课程中的教师:平等者中的首席**

多尔认为:在后现代课程中,教师应成为"平等者中的首席"。作为平等者中的首席,教师的作用没有被抛弃,而是得以重新构建——从外在于学生情境转化为与这一情境共存。也就是说,教师是情境的领导者,而不是外在的专制者。教师本来的角色定位

---

① [美]小威廉姆·E·多尔,[澳]诺尔·高夫.课程愿景[M].张文军、张华、余洁、王红宇译.北京:教育科学出版社,2004:53.

② [美]小威廉姆·E·多尔.后现代课程观[M].王红宇译.北京:教育科学出版社,2000:256.

③ [美]小威廉姆·E·多尔.后现代课程观[M].王红宇译.北京:教育科学出版社,2000:261.

是与学生相割裂的,"教师是他人价值的强加者,最多是解释者",①而现在应将两者统一起来;现代主义是超越地方性的,因此现代主义背景下的教师更倾向于以权威者的姿态出现在学生面前,他们极少开展有意义的、相互作用的、参与性的对话。而后现代主义的课程观认为,只有当教师在促成师生思维成果的相互协调时,教师的教学行为才发生作用。

另外,后现代课程观下的教师们的主要职能不再是传授知识,而是协助学生去发现、组织及管理知识。也就是说,后现代的教师应越来越多地激励思考而非传授知识,教师更多地是一名顾问,一位帮助发现矛盾而指出真理的人。他们必须用更多的时间和精力去从事相互影响、讨论、激励、鼓励等创造性的活动。

正如多尔在自己的教育信条里所说的:"教师不要求学生接受教师的权威;相反,教师要求学生延缓对那一权威的不信任,与教师共同参与探究,探究那些学生所正在体验的一切。"②

### 二、万花筒合成的教育观——斯拉特瑞

斯拉特瑞(Patrick Slattery)是美国德克萨斯农业与机械大学的教授,著名的后现代课程学者。作为一个课程学者,他曾做过中小学的教师和校长,具有深厚的基层教育与管理经验。他的基层教育经验使得他的理论相比他人更具有可操作性。他利用后现代理论的不确定性、自传、直觉、神话等不同的镜头构建学校教育,因此他曾用万花筒来比喻后现代课程发展,万花筒创造了纷繁复杂、不断变化的形象,但是背景通常是对称的。

#### (一)教育概念重建

斯拉特瑞认为教育要重视个体的独特发展并认识到所有经验的互相作用,这一过程应该引起全世界对教育本质和经验的概念重建。他还认为,这一概念的重建是以反对等级制度、独裁和家长制等霸权意识形态为背景的课程模式。

#### (二)强调现代行为主义

教师必须是终身学习者,而学生才是教学的领导者。斯拉特瑞认为,解释学的循环必须在课堂上形成,在课程中,话语是共享的、赋权的、新兴的和尝试性的。教育者要去唤醒学生对真理的渴望而不是去强制学习。

#### (三)加强理解过程

他提倡在课程中融入解释学、现象学、社会心理分析、女权主义等问题以加强理解,让人们深入了解后现代课程。并且教育者还要注重语言,尤其当语言被植入政治性、社会性和历史性的时候,要使语言具有包容性。

## 第三节　　后现代主义理论的教育主张

### 一、课程主张——多元的课程观

后现代主义课程观是在后现代理论下,为了构建一种新的课程而提出来的理论和

---

① [美]小威廉姆·E·多尔.后现代课程观[M].王红宇译.北京:教育科学出版社,2000:238.
② [美]小威廉姆·E·多尔.后现代课程观[M].王红宇译.北京:教育科学出版社,2000:6.

观点。随着后现代主义的蓬勃发展,后现代主义教育学者从不同的角度提出了多种后现代课程观。其中比较有影响力且具有代表性的有三种。

第一种是针对现代主义(尤其是其科学至上主义倾向)对自然采取的对立态度所导致的生态环境的严重恶化和整个人类的生存危机的现状提出来的,以注重相互依存和维持生态为主题的课程观。这种课程观关注各种因素的相互关系、深层的问题、整体性的互动关系,以及自然而然的发生过程。它要求教育者将全球性的相互依存关系和生态的调节、保护问题作为课程和教学的重点。

第二种是针对注重物质生产、意识形态价值观、阶级关系、社会权力关系中的种族、性别和政治经济关系,以及这些问题对人的意识形成的影响而提出的以平等、民主、自由等思想为主题的课程观。

第三种是以后现代科学理论为背景提出的以混沌学和无限宇宙观为基础的课程观,这种课程观即所谓"真正的"后现代课程观,代表了西方后现代课程研究的最新成就。其倡导者主要有多尔、格里芬等人。[①]

### 二、师生关系——师生建立平等对话

后现代主义课程观者认为在信息技术影响下,传统的由教师传授知识的方法已经落伍。他们鼓励教师和学生发展一种平等的对话关系,在对话中,教师和学生的身份是不存在的,教师和学生一样在发生变化,有时是教导者,有时只是聆听者,教师和学生共同追求知识。在这样的过程中,师生之间通过沟通达成共识。

不过,后现代主义者对教师的身份与作用的看法也存在分歧:从文化及身份、政治差异的角度,吉鲁认为教师的任务不在于传授知识,而在于"转化智慧",协助学生认清各种意识形态、权力与知识之间的关系,借以培养学生的批判能力,最终解放自己。多尔则认为,教师无疑是一个领导者,但仅仅是作为学习者团体的一个平等的成员,是"平等中的首席"。包华士则从教育生态学的意义来理解师生关系。他认为,在学校教育领域,教室是一个观念的生态圈,也是一个权力的生态圈,教师是看守这个生态圈的管理员。学生在这个生态圈中接受教师提供的信息,同时在与教师对话的过程中增强其沟通能力及文化读写能力。理查德·罗蒂作为激进的后现代主义的代表,强调教师的作用不在于传授真理,而在于激发学生的想象力,教师必须能够使学生产生对话:不仅仅是相互之间,还要求通过效仿知识英雄的"伟绩"与知识英雄产生对话。因此,罗蒂非但不认为后现代时期要敲响"教授时代"的丧钟,反而认为在后现代时期教授大有所为。后现代主义者并不认为在后现代时期教师的作用和地位会完全消失,只不过其作用的方式将发生变化而已。[②]

### 三、教育内容——否定绝对真理

后现代教育思想否定传统教育方法的唯一性和普遍性,他们提倡多元,崇尚差异、

---

① 韩立福.浅论后现代主义教育观[J].新课程研究(教育管理),2007(2):20—25.
② 韩立福.浅论后现代主义教育观[J].新课程研究(教育管理),2007(2):20—25.

第九章    **175**

开放、平等,并且否定绝对真理的存在。他们认为真理的类型是多样的,研究教育问题所揭示的规律可以被称为真理,也可以被称为某种程度上的准确性。后现代教育思想主张容纳一切规则、方案和标准的客观存在。这种转变,使得教育研究从一元转向多元,一个新的视角指出了教育研究的发展方向。

此外,后现代主义多元化方法论的倡导者费耶阿本德指出,从认识论上看,我们所探索的世界在很大程度上还是未知的,因此我们不能保守、封闭,而必须保持我们选择的开放性,必须坚持什么都行的无政府主义的方法论原则;从人道主义角度看,人只有摆脱唯科学主义,摆脱形式理性的限制,才可能最终摆脱思想被奴役的状态而获得做人的尊严。

### 四、教育评价——评价是以转变为目的的协调过程

多尔认为:在现代主义框架中,评价基本用于区别胜利者和失败者。教师很少就学生的作业与学生进行交流,更少有教师重申或利用测试作为未来学习的基础。① 多尔提出"评价"的概念,并称之为"转变性协调"。在后现代框架中,评价仍可服务于现代主义框架中"区别胜负"的功能,可以通过各方面人员的共同判断来开展评价,如博士委员会、入学委员会、社论、评论等。但从本质上说,评价应成为共同背景之中以转变为目的的协调过程。教师在这一过程中应发挥核心作用,但不应该是排外的评价者;评价应是共同进行、相互作用的。应将其作为一种反馈,作为"做——批评——做——批评"这一循环过程的组成部分,作为一种个人做、公众批评的回归过程。多尔提出必须建立动态的评价共同体(community)以促使这一过程的发生,同时还应通过建设新的批评帮助个体。这是课堂可以发挥并且应当发挥的作用,但为了实现这一作用,必然要改变以教师为中心的课堂,而去建立旨在帮助个体的共同体,通过批评和对话发展个体的智力和社会能力。

总之,后现代主义教育者主张在评价者和被评价者之间建立一个平等、互信的对话世界,评价双方互相沟通、理解,使评价成为一种活生生的"人"的交流。他们同时提出,评价者的结论是通过进入现场,加入到评价对象之中,获得其信任,利用参与观察、行动研究等方法收集信息资料而得出的,更加切合被评价者的需要,更容易被评价者接受。他们认为教师在这个协调过程中依旧发挥着主要作用,但是学生评价将成为多元评价主体和客体、主体与主体之间的相互作用的一种反馈手段。

## 第四节    对后现代主义教育理论的评价

后现代主义教育观是在对教育"现代性"进行深刻反思的基础上建立起的,适应"后工业社会"的教育思想,它认为学生的心灵是成长着的有机体,学生是在追求知识的过程中不断成长起来的,并在思想的不断碰撞中提升自己。这种新型教育观给世界带来了深刻的变革,我国的课程改革也必然受其影响,且在我国的基础教育课程改革中,后

---

① [美]小威廉姆·E·多尔.后现代课程观[M].王红宇译.北京:教育科学出版社,2000:246.

现代主义哲学作为重要的理论,对改革过程产生了不可磨灭的影响。

　　针对拓宽课程丰富性及容纳性问题,我国采取三级课程开发模式,即由原来单一的国家课程模式走向国家、地方、学校三级课程开发模式,从而实现开发主体多元化,给课程调整以更大的空间和丰富的可能性,同时注重课程的开放性、对话性与复杂性。基础教育课程改革在课程内容上也更加开放,提出了开设综合实践活动课程、进行研究性学习与探究学习等活动的主张。对多门学科进行创造性整合,提倡课程内容的开放性,加强课程与自然、社会的联系,给学生足够的选择空间。这些对学生的发展有着非常积极的意义。但同时,我们也要注意存在的问题,课程内容所具有的疑问性、干扰性对学生进行对话反思有积极的引导作用,但太多的疑问与干扰可能会造成课堂的混乱,如何在这之间寻找平衡点,是我们必须面对的问题。

　　原来的绝对权威——教师不再是教学过程中的单一主体,学生成为独立的社会个体,教师和学生共同参与探究、体验,共同解决问题,并且在讨论中交换意见,相互批评,处于平等的地位。用后现代的观点来说,教师对学生施教的过程,实际上是学生独特的成长过程,我们现在的基础教育课程改革理念是和这一观点一脉相承的。这一过程不是教师直接对学生产生作用的过程,它更多的是师生、生生、生本之间进行对话交流的过程,更注重学生与教师的个人反思。每个学生所学到的也是在个人经验基础上的独特感受。需要注意的是,对话教学和反思性教学并不一定适合所有的课程,也不一定所有的课堂都必须采用这样的教学方式,要根据具体的情况进行选择。

　　过去我们习惯于外在的、静态的、封闭的评价,注重甄别与选拔,忽视了学生自身的发展。后现代评价观强调建立促进学生全面发展、教师不断提高和课程不断发展的评价体系,在综合评价的基础上,更关注个体的进步和多方面的发展潜能。我们倡导建立成长记录袋、学习日记、情境测验等质性的评价体系,强调建立多元主体共同参与的评价制度,重视评价的激励与改进功能,这些都体现了后现代课程论的思想。

### 主要参考文献

[1] [美]小威廉姆·E·多尔. 后现代课程观[M]. 王红宇译. 北京: 教育科学出版社,2000.

[2] [美]小威廉姆·E·多尔,[澳]诺尔·高夫. 课程愿景[M]. 张文军、张华、余洁、王红宇译. 北京: 教育科学出版社,2004.

[3] [美]小威廉姆·E·多尔. 后现代课程观在中国的际遇[J]. 余洁译. 全球课程展望,2008(11).

[4] 国晓华. 浅析后现代课程[J]. 西安文理学院学报,2008(5).

[5] 胡冬群. 浅论后现代课程观与幼儿园课程本土化[J]. 教育探究. 2008(9).

### 思考题

　　请阅读下列文字,思考为什么有人会将"后现代主义"视为"洪水猛兽",分析后现代主义对教育的影响。

有人甚至把"后现代主义"视为洪水猛兽。但它作为一种世界性文化思潮,其理论建树是不容忽视的。它通过揭示世界的复杂性、事物的不确定性而强有力地挑战在现代占主导地位的"划一思维",有助于我们重新审视人与世界的关系、人与人的关系。有人嘲笑说我们还处于"现代化"时代,何谈"后现代"? 后现代主义尽管是一个跟时代相关的词汇,但它实际上代表了一种思维方式。我们不能简单化地、线形地理解"前现代——现代——后现代"的实践系列关系,而应将其理解为一种"扬弃"和"超越"的关系,后现代的思想不过是对现代的缺陷加以弥补而已。"现代"与"后现代"并不是一种非此即彼的关系。我们为什么不能从后现代主义的思想资源中吸取"尊重他人、倾听他人"的"后现代意识"和"开放心态"呢? 我想,后现代主义批判归根结底只能促进而不会阻碍中国的现代化。(钟启泉)

**聆听经典**

"我们所说的终身教育是一系列很具体的思想、实验和成就,换言之,是完全意义上的教育,它包括了教育的所有各个方面,各项内容,从一个人出生的那一刻起一直到生命终结时为止的不间断的发展,包括了教育各个发展阶段各个关头之间的有机联系。"

——保尔·朗格朗

"终身教育显然并不是对传统教育的简单衍生。它包括着对每个人生活的基本问题采取新的态度、新的观点、新的方法,首先表现在对人的生存意义问题上。终身教育使我们能够理解和认识个人在其中显示出新的意义的整整一系列基本情况;它为影响着个人和社会命运的某些重大问题带来了新的答案。"

——保尔·朗格朗

　　终身教育理论产生于 20 世纪 60 年代,在联合国教科文组织的大力推行下和世界各国学者的积极倡导下,终身教育思想很快在世界范围内得到迅速传播,它是人类教育观念的一个重大转变。正如查尔斯·赫梅尔指出的:"终身教育概念的提出可以与哥白尼式的革命相比,它是教育史上最引人注目的事件……终身教育孕育着真正的教育复兴。"终身教育是正在促使整个世界的教育制度发生变革的一种新观念,对教育改革和发展有着深远的影响。

## 第一节　终身教育理论产生的背景

　　终身教育的思想观点虽然很早就已存在,但它发展成为一种影响广泛而深远的教育思潮则是从 20 世纪 60 年代才开始的,究其原因主要有以下三个方面。

### 一、新的社会变化赋予教育新的使命

　　历经两次世界大战,包括法国在内的世界各国都处于社会发展的一个新的转折点。世界和平与稳定、社会可持续发展、人类幸福成为人们普遍关注的社会主题。自 20 世纪以来,"在人类生存的基本因素之上",人们又开始面临一系列新的挑战,"这些挑战在很大程度上改变了决定个人和社会命运的条件,使人的行为变得更加复杂和难以理解,同时危及了人们对外部世界和自身行为的传统解释方式"。① 这些新的挑战,正如朗格朗所总结的,包括:世界变革速度加快、人口急剧增长、科学知识和技术不断更新、政治基础和经济结构的变革、信息爆炸、闲暇时间的增多、生活模式和思想意识形态出现危机等等。在这一背景下,教育开始被人们赋予应对挑战的重任,对变革的适应成为人们终身学习的最大驱动力。

　　"不断变革的世界要求实行灵活的教育制度。教育必须保持不断的运动和不停顿地进行变革。重要的不是知识本身,而是获取知识的过程,这已成为决定性的了,所以,决定性因素既非'现有的东西',也非'现存的状态',而是'正在变成的东西'。在这方面,学校的责任不是作好继续接受教育的准备。学校的主要作用是让学生为了进一步学习而学习,或者为了变得更完美而学习。"②

　　基于此,保尔·朗格朗指出,我们需要教育"从智力、情感和想象各方面调动生命的每种能力和手段",从而使自身具备驾驭复杂局面的能力;我们需要一种新的教育理念来改革或重组现有的教育结构,对教育范畴内的"一切都必须重新加以审查和思考:教育结构、课程的内容、作用与地位、初等教育的目的、各个年龄段(童年期、青春期、成人期和老年期)各种教育类型之间的关系及相互联系、教师的招聘、作用及培训等等"。③正如作家迪依·哈迪所言:"鼓励终身学习、开发个体无限创造潜能的思想、制度和方式呼之欲出。这些思想、制度和方式能够帮助我们重建与自然、与人类自身、与灵魂的和

---

① [法]保尔·朗格朗.终身教育引论[M].周南照,陈树清译.北京:中国对外翻译出版公司,1985:21.
② [瑞士]赫梅尔.今日的教育为了明日的世界[M].王静,赵穗生译.北京:中国对外翻译出版公司,1983:26.
③ [法]保尔·朗格朗.终身教育引论[M].周南照,陈树清译.北京:中国对外翻译出版公司,1985:32,138.

谐(不管我们如何定义这种'和谐')。"①

## 二、传统教育存在诸多弊端,变革阻碍与动力并存

当教育开始肩负起应对上述诸多挑战的重任时,它自身也开始面临新的挑战,终身教育思想的产生直接源于当时的教育状况。为了满足新科技革命、职业更替、民主政治的要求、应对传统文化危机等社会问题,各国纷纷扩大学校规模以满足巨大的教育需求,但这种"直线发展策略"造成了巨大的教育错误。"就教育产出的废品、没有就业能力、失业和就业不当来计算,错误教育的代价已经达到每年教育经费的50%—60%"。②错误教育付出的巨大代价,使人们开始反思学校垄断教育、学校作为人们唯一的受教育场所的弊端。

另一方面,学校教育本身的问题很多——弊端重重,教育体制僵硬、课程内容陈旧、教育方法落后,学校教育日益成为人们指责的对象。学校在人们心目中的权威地位受到了威胁。朗格朗就在其所著的《终身教育引论》一书中这样分析了学校教育的问题:"社会用以教育和训练未来公民的工具,即学校和大学,却世世代代表现出同样的特点:与生活缺少联系,脱离具体的现实,教育与娱乐割裂,不存在对话和参与。"③在谈论当前的正规教育时,他指出,当前教育在促进职业发展、闲暇教育、民主进步、个性全面发展等方面的作用远未达成;在与职业发展的联系方面,教育培养的专业人员和社会需求之间存在很大的差距,教学大纲与农村发展之间也存在矛盾;在培养个人积极的闲暇文化价值取向方面,学校的"帮助人们不管在工作还是闲暇时间里都能过充实和有意义的生活"这一目的也未达成;而就"为民主而教"方面,"多数学生直到成人时期还从未有人指导或鼓励他们去考虑他们社会与私人生活中最重要的问题——和平、战争、正义、社会各阶级与阶级关系、公会主义、发展,以及更为重要的如国家性质、地位、职能和结构等";就促进个性发展方面而言,"教育所强调的总方针和学校活动方式与人民实际需要之间的距离是越来越大了","不管是中小学还是大学……它们也不再是生活在现在世界的人们的个性发展的手段了"。④正如库姆斯1968年在《世界教育危机:系统分析》中所言:教育体制适应周围环境变化的速度过于缓慢,由此产生了教育体制与周围环境之间的各种不平衡。⑤在这种情况下,人们需要一种新的教育原理作为支持,"在目前人们日常及普遍的教育和训练中考虑引入新的教育理论",来突破和超越传统教育的束缚。

在此基础上,教育变革已势在必行。而在主张教育变革的同时,朗格朗也清晰地认识到教育变革的阻碍与动力并存。就教育变革可能遇到的阻碍,他认为主要有以下几个方面:①教育事业自身的特点。一方面,"教育关系到个人、团体、民族生活的无数方

① 转引自[英]诺曼·朗沃斯.终身学习在行动——21世纪的教育变革[M].沈若慧等译.北京:中国人民大学出版社,2006:3.
② 转引自黄志成.西方教育思想的轨迹——国际教育思潮纵览[M].上海:华东师范大学出版社,2008:499.
③ [法]保尔·朗格朗.终身教育引论[M].周南照,陈树清译.北京:中国对外翻译出版公司,1985:34.
④ [法]保尔·朗格朗.终身教育引论[M].周南照,陈树清译.北京:中国对外翻译出版公司,1985:118,118—119,121.
⑤ [美]库姆斯.世界教育危机——八十年代的观点[M].赵宝恒等译.北京:人民教育出版社,1990:3.

面",极为复杂,确保教育完全成功几乎是不可能的。另一方,教育的成效要在多年后才能够显现出来,从而降低了教育工作成功的把握。因而,"教育事业本身的困难就是一种障碍"。②人们力图保证学校体制的稳固性,即"不存在支配进步的供求规律"。③教师的招聘和培养模式不能使教师认识到教育革新的意义,他们"总在自觉或不自觉地巩固自己的绝对权威地位,使学校成为一个自我封闭的世界,而不愿打破这一局面"。④"法定的或机构的权威人士"对变革缺乏热情。因为,"作为家庭或国家的代表,学校的目标是教育培养顺从的品质"。①

面对这些巨大阻力,朗格朗认为,"只用通过强大到足以战胜阻力和克服障碍的力量的影响,才可能实现必要的变革和适应变化"。这些革新要素是:

(一)政治革命。"教育是一种极好的武器,可用以战胜传统的各种影响,并用以创立有利于新的历史趋势的意识形态、观念、态度和行为方式"。

(二)受教育者的争论。即学生公开发表对于教育的各种意见。

(三)发展及其问题。即把教育视为社会发展的重要工具的发展中国家正在努力克服"数量发展和质量落后之间的这种脱节",从文化模式、体制、目标、课程、方法等多个方面对教育进行重新评价,从而寻找出足以"影响整个教育制度的方案"。

(四)成人教育的发展。当然,成人教育逐渐发展为与传统教育不同的教育方式和"一种新型的教育关系"。成人教育的发展所带来的变革对整个教育体系都产生了影响,诸如"小组活动的产生、视听教学法的使用、对闲暇的研究"等,都为整体教育系统的变革注入了新的元素和动力,从而在很大程度上推动了终身教育理念的形成和实践发展。②

### 三、成人教育的发展为教育变革带来新的契机

如果说上面提到的各种变革因素构成了教育变革的动力,那么成人教育的发展则为教育变革带来了一次难得的契机。在西方,成人教育的思想可以追溯到文艺复兴时期,但其真正开始被社会和公众接受是在工业革命时期。而随着时代的变迁,成人教育从早期注重功利且受经济利益驱动,逐步发展到和各种社会化运动合流,并由此进入到一个新的发展时期。③正因为如此,朗格朗指出,"未来的教育就其整体和自我更新的能力来看将取决于成人教育的发展"。④具体来说,成人教育的主要作用体现在以下几个方面。

(一)作为直接面临当代社会诸多挑战的成人,与其紧密相关的成人教育的发展和存在的问题在很大程度上使终身教育的理论得以被证实。可以说,"正是由于人们在成人教育方面首先对这一领域所进行的工作的性质、环境、进展以及遇到的障碍作出了一系列的分析,学界才提出和制定了终身教育的理论"。

(二)成人教育引发了新的教育形式,为终身教育的实践注入了新的活力和动力支

① [法]保尔·朗格朗.终身教育引论[M].周南照,陈树清译.北京:中国对外翻译出版公司,1985:48.
② [法]保尔·朗格朗.终身教育引论[M].周南照,陈树清译.北京:中国对外翻译出版公司,1985:36—40.
③ 单中惠主编.西方教育思想史[M].北京:教育科学出版社,2007:672.
④ [法]保尔·朗格朗.终身教育引论[M].周南照,陈树清译.北京:中国对外翻译出版公司,1985:48.

持。朗格朗认为,成人教育在发展诸如小组学习和讨论等新的教学形成的同时,也在试图消除传统教育可能带来的弊端。正如朗格朗所言,成人教育的对象是有自由意志的成年人,而诸如成人教育、校外教育这类"非强迫性的教育"为教育"提供了有力的革新舞台",它促使了一些新的教育形式的出现,从而为"最终决定一种不拘泥于传统形式的教育结构和方法提供了独特的实验室"。因此,成人教育无疑是终身教育的重要组成部分。

(三)成人教育不仅对家长直接产生影响,而且促使各代人之间得以建立建设性的关系。作为教育过程的"正常顶点",家长、教师和其他从业人员获得教育质量的水平与儿童教育的质量紧密相关。因此,"从最广意义上来讲,它是为共同的教育目标服务的"。[1]

可以说,成人教育促成了终身教育理论的产生,并使终身教育的实践得到了发展。正如有学者指出的,成人教育已"成为最重要的人类文化现象和教育创新的重要使命",[2]它"代表了从传统学校教育制度向现代教育制度发展的方向,成为构建终身教育体系、建设学习型社会的一支重要力量"。[3] 而各种成人教育活动的萌芽,如企业内教育、社区教育、更加灵活的开放大学、广播电视学校、群众性的扫盲运动等一些新的教育实践形式也为终身教育思想的产生提供了有益的启示。

## 第二节　终身教育理论的主要代表

保尔·朗格朗(Paul Lengrand,1910—2003)是法国当代著名的成人教育家,终身教育理论的积极倡导者和理论实践者。朗格朗于1910年出生在法国加来的康普兰。在其所处时代,法国经历了两次世界大战,在参与反法西斯抵抗运动和其他社会运动的过程中,朗格朗逐步形成了自己的政治观和社会观,也由此坚定了教育在促进个人和社会发展中具有重要作用这一信念,并逐步形成了自己的教育理念。从巴黎大学毕业后,朗格朗先后在小学、中学任教多年,积累了丰富的教学经验。20世纪30—40年代,法国成人教育运动蓬勃开展。在这一背景下,朗格朗建立并领导了格勒诺布尔市(Grenoble)工人教育中心的工作。1948年,从国外回国的朗格朗开始在联合国教科文组织(UNESCO)工作,任职于其下属的成人教育局,并于1962年成为该局的负责人。与此同时,朗格朗还负责了经济合作与发展组织(OECD)中与成人教育有关的项目,并任法国文化和发展协会的秘书长以及教育发展委员会秘书处的成员。[4] 1965年,在联合国教科文组织召开的"第三届促进成人教育国际委员会"的会议上,朗格朗作了题为"永恒教育"(education permanente)的学术报告,该报告引起与会者的极大反响以及世

① [法]保尔·朗格朗.终身教育引论[M].周南照,陈树清译.北京:中国对外翻译出版公司,1985:48.
② 张竺鹏.发展成人教育构建学习型社会——"2006年国际成人教育研讨会"综述[A].朱小曼主编.对策与建议——2006—2007年度教育特点、难点问题分析[M].北京:教育科学出版社,2007:391.
③ 王湛.从教育大国迈向教育强国:二十一世纪初中国教育若干重点工作[M].北京:人民教育出版社,2008:809.
④ 张斌贤,刘冬青主编.历史上最具影响力的教育学名著19种[M].西安:陕西人民出版社,2007:191.

界各国的广泛关注。后来,联合国教科文组织将"education permanente"改为"lifelong education",也即我们今天所翻译的终身教育。1971 年,朗格朗从联合国教科文组织解任后,继续从事有关终身教育的理论研究和实践工作。[①]

朗格朗的主要学术成果包括《关于终身教育》(On Lifelong Education,1965)、《成人教育与终身教育》(Adult Education and Lifelong Education,1969)、《终身教育引论》(An Introduction to Lifelong Education,1970)、《终身教育的前景》(Prospects of Lifelong Education,1979)、《以终身教育为基础的学习领域》(Areas of Learning Basic to Lifelong Education,1986)、《终身教育:概念的发展》(Lifelong Education:Growth of the Concept,1989)等。其中,《终身教育引论》被认为是朗格朗终身教育理论的代表作,不少学者也将该书的问世视作现代终身教育思想产生的正式标志。《终身教育引论》出版后先后被译成英、德、日、法等 20 多种文字,对世界各国的教育改革与发展产生了深刻而广泛的影响。联合国教科文组织也在此基础上于 1972 年出版了《学会生存——教育的今天和明天》,对终身教育理论进行了进一步论述和深入探讨,从而促使这一理念更加深入人心。

就我国而言,以朗格朗为代表的现代终身教育思想在改革开放后开始全面引入我国,其代表作《终身教育引论》于 1985 在我国翻译出版,成为我国学者了解和研究现代终身教育理论的重要资料,而由其大力倡导的终身教育理念也逐渐成为我国教育教学改革的重要指导思想和实践理念,并成为我国构建终身教育体系和建设学习型社会的重要指导思想。

## 第三节　终身教育理论的教育主张

### 一、终身教育的内涵

朗格朗对于终身教育的思考在很大程度上受到了成人教育的启发。他由成人教育联系到整个教育范畴,从而生发了对"教育各阶段的联系性和相互关系"的思考。具体来说,朗格朗所提倡的终身教育的内涵可以概括为以下几个方面。

(一)统一性和整体性的教育过程。朗格朗指出:"当我们说到终身教育的时候,我们脑子中始终考虑的就是教育过程的统一性和整体性。"他解释道:"我们所说的终身教育是一系列很具体的思想、实验和成就,换言之,是完全意义上的教育,它包括了教育的所有各个方面,各项内容,从一个人出生的那一刻一直到生命终结时为止的不间断的发展,包括了教育各个发展阶段各个关头之间的有机联系。"[②]朗格朗的这一理解无疑扩展了传统教育的内涵,即"突破教育时间的阶段性、教育空间的封闭性、教育对象的局限性"。[③] 在教育时间上,终身教育要跨越传统的教育限时性,涵盖包括学前教育、基础教育、高等教育、成人教育等在内的整个教育范畴,也即"必须把教育看作是贯穿于人的整

---

① 赵祥麟主编.外国教育家评传[M].上海:上海教育出版社,2002:343.

② [法]保尔·朗格朗.终身教育引论[M].周南照,陈树清译.北京:中国对外翻译出版公司,1985:15—16.

③ 杨德广.教育新视野新理念[M].上海:上海教育出版社,2007:259—260.

个一生与人的发展各个阶段的持续不断的过程"①;在教育空间上,终身教育超越了传统的校内教育,将其延伸至企业、单位、家庭、朋友及整个社会,强调将职业教育和一般教育、正规教育同非正规教育、学校教育同校外教育等各种教育活动有机联系统一起来;而在教育对象上,终身教育将不对受教育者的年龄、职业等加以限制,儿童、青少年、成人、老年人都将是终身教育的参与者和获益者。

(二)培养受教育者的教育自觉性,使之成为"自我教育者",学会学习。在谈及"对于个人来说,什么是终身教育"时,朗格朗明确指出,它"是个人的觉醒,就是说通过觉醒获得自由和独立"。② 朗格朗强调教育要重视培养个人的主观能动性和创造性,重视"自我教育"和"自我发展",从而使教育成为个人应对生活各种挑战的自觉选择,达到一种"我选择,我快乐"的自由境界。

因此,朗格朗所理解的终身教育是一项集体的事业。一方面,学校要肩负起更重要的职责,它将更加关注作为整体的人的发展,在完成其具体教育目标的同时,学校要努力培养学生成为"终身学习者"和"自我教育者"。正如朗格朗所言,"学校教育将成为充分的、完整的教育过程中相当重要的、具有决定意义的序曲"。③ 另一方面,它也赋予整个社会承担起终身教育的历史使命,为每个人不断持续地获得教育创造更多的机会,提供更多的资源,从而推动整个社会不断向"学习型社会"迈进。政府各部门、企业、社区、家庭等都将在终身教育体系的建设中发挥不可替代的作用,即充分利用学历教育、非学历教育、岗位培训、知识讲座等多元形式,促进学校资源和社会资源的整合与互补,推动终身教育体系的形成。

## 二、终身教育的意义和目标

朗格朗根据当代社会变革所带来的诸多社会挑战以及人类迎接挑战的需要,在充分吸收现代生理学、心理学、社会学等众多学科新研究成果的基础上提出了自己的终身教育思想。毫无疑问,他赋予了终身教育重要的意义和目标。

### (一)终身教育的意义

当代社会正在发生着剧烈的变革,作为社会中的一员,人们在适应社会的同时又在改变自己,从而以一种更为积极的状态应对来自生活的挑战。而教育作为促使现代人更好应对社会诸多挑战的重要途径,它的意义"不在于获得一堆知识,而在于个人的发展,在于作为连续经验的结果得到越来越充分的自我实现"。④ 因此,当前教育所应发挥的作用:"首先,组织适当的结构和方法,帮助人在一生中保持学习和联系的连续性。其次,培养每个人通过多种形式的自我教育在真正的意义上和充分的程度上成为自己发展的对象的手段。"⑤因此,终身教育要倡导建立"一种统一的、具有一体化构造的终身教育体系",为个人成为终身学习者创造条件;在此基础上,使每个人成为自我教育

---

① [法]保尔·朗格朗.终身教育引论[M].周南照,陈树清译.北京:中国对外翻译出版公司,1985:138.
② [法]保尔·朗格朗.终身教育引论[M].周南照,陈树清译.北京:中国对外翻译出版公司,1985:138.
③ [法]保尔·朗格朗.终身教育引论[M].周南照,陈树清译.北京:中国对外翻译出版公司,1985:128.
④ [法]保尔·朗格朗.终身教育引论[M].周南照,陈树清译.北京:中国对外翻译出版公司,1985:44.
⑤ [法]保尔·朗格朗.终身教育引论[M].周南照,陈树清译.北京:中国对外翻译出版公司,1985:44.

者,学会"自发、自主、不断地发展"。

就社会层面而言,朗格朗把终身教育作为社会民主发展的一个必备条件。他认为,终身教育是实现平等的手段。"在终身教育中,每个人都能找到自己的发展道路,因为它提供了一系列不同种类的适合个人个性、独创性和职业的教育和训练"。在物质生活条件逐步改善的前提下,"终身教育可以被看作是实现真正平等的手段"。① 因此,朗格朗将终身教育看作是"解决当代社会的一个重要问题的一种合理方法",是促进社会发展的动力。正如我国教育行政官员所指出的,"当终身教育从供给驱动力为主转向需求驱动力为主时,终身教育的公平供给保证了教育中的社会公平和凝聚力"。②

值得一提的是,尽管朗格朗充分肯定了终身教育的重要意义。但是,他也明确指出,终身教育仍处于概念阶段。它无疑会与具体的成就长期地保持相当的距离。但"只要终身教育的分析基础不是参考和研究一系列涉及形势、结构、计划,简言之,涉及所有被人们恰当地称为'具体事务'的内容,那么,要取得群众支持,其基础到现在还大体上是理论性的论点,就将是十分困难的"。但同时,他又坚信,由于多种促进教育变革的因素的推动,"终身教育不仅已经变成人们所向往的,而且已成为可以实现的了,并且今后终身教育必将大有希望"。③

**(二) 终身教育的目标**

那么,终身教育的目标是什么呢? 在论述终身教育的发展战略时,朗格朗提出了终身教育发展的短期目标和长远目标。其中,他将成人教育的发展作为短期目标。他认为,成人教育在整个终身教育体制中是"火车头",是"促成整个过程趋于成熟的决定性因素"。④ 作为最为有选择能力和判断能力的成人,他们在表达其需求和建议的同时,会为教育注入新的活力和改革动力。就长远目标来看,他指出:"终身教育是以按前面各章阐述的思想与行动全面而彻底地改造教育制度为先决条件的","其最终目的就是建成一个对于人性和人的愿望更加尊重的更有效和更开放的社会"。⑤ 可以说,终身教育的最终目标在于促进个人和社会的共同进步,即"使人们过上更美好的生活,度过有意义的人生,同时创造一个更美好的世界"。⑥

在《终身教育引论》一书的"与终身教育相联系的各项目标"一章中,朗格朗具体论述了与终身教育相联系的各项具体目标。这些目标包括:1. 将教育对象看作是"全面的人",即"处在各种环境中的人,是担负着各种责任"的"具体的人",⑦教育就要适应"个人成为一种物质的、理智的、有感情的、有性别的、社会的、精神的存在"⑧,促进其个性全面和谐发展;2. 培养学生建立一种新的时间观,以一种积极的心态和"对生活的热

① [法]保尔·朗格朗.终身教育引论[M].周南照,陈树清译.北京:中国对外翻译出版公司,1985:144.
② 转引自教育部副部长章新胜在2008年亚欧会议终身学习论坛上的发言(英文).魏易译.世界教育信息,2009(2):29.
③ [法]保尔·朗格朗.终身教育引论[M].周南照,陈树清译.北京:中国对外翻译出版公司,1985:82.
④ [法]保尔·朗格朗.终身教育引论[M].周南照,陈树清译.北京:中国对外翻译出版公司,1985:140.
⑤ [法]保尔·朗格朗.终身教育引论[M].周南照,陈树清译.北京:中国对外翻译出版公司,1985:74.
⑥ 赵祥麟主编.外国教育家评传[M].上海:上海教育出版社,2002:359.
⑦ [法]保尔·朗格朗.终身教育引论[M].周南照,陈树清译.北京:中国对外翻译出版公司,1985:87.
⑧ [法]保尔·朗格朗.终身教育引论[M].周南照,陈树清译.北京:中国对外翻译出版公司,1985:88.

爱"来应对变化和挑战,并为进一步的学习和发展作好知识和精神上的准备;3.创造一种愉悦的生活;4.改善生活质量;5.促进和平与国际理解。

### 三、终身教育的方法和手段

如前所述,包括教育理念在内的教育革新正成为应对社会挑战的重要途径。心理学和社会学的发展、成人教育的经验与大胆尝试以及学校教育实践所"遭遇"的教学方法挑战,都促使教育方法成为人们关注的焦点,并日益成为一种重要的"足以冲破教育界普遍存在的阻力与惰性的"变革力量。[1] 正如朗格朗所言,"一种新的教育方法论正在逐步发展"。

朗格朗指出,"在终身教育的条件下,这也就是要用一种方法来武装人民,使他们能在自己的整个求知道路上和文化生涯中得心应手地运用这种方法。这意味着教育活动,无论是严格意义上的讲授还是更广意义上的教学和训练,其要旨必须是使学生养成习惯、形成条件反射,获得多种能力",学会学习。[2] 基于此,朗格朗将这一方法论的首要原则表述为重视作为教育主要动因的"处于教育过程之中的个人",而课程则处于相对次要的地位。他认为,"自我教育是培训的主要目的"。教育必须要"深入到人的心灵",充分体现其功能和作用,成为个人自我教育的"最大的动力"。[3]

可以说,终身教育方法论的基本实质即以人为中心,通过发掘人的内在驱动力,达到使人进行"自我教育"的目的。从这一方法论出发,朗格朗具体探讨了教育方法和手段的选择标准,分析了包括小组学习、非指导性方法、课堂讲授、大众媒介等在内的具体的学习方法,对传统的和新出现的教育方法及手段进行了比较分析。

在实践终身教育理念的过程中,科学有效的方法和手段无疑是重要保障,而变革方法将是实现终身教育目标的重要媒介。

### 四、终身教育的战略

在提出终身教育理论框架的同时,朗格朗提出了有关终身教育实施战略的建议。在提出建议之前,朗格朗首先指出,"要提出一种固定的、标准的终身教育模式是不可能的。每个国家都有自己的体制结构,自己的传统,自己的禁忌,自己的便利条件"。[4] 他们可以依据自己国家的具体条件以及下述终身教育原则,来形成自己的终身教育战略。这些原则是:[5]

(一)要保证教育的连续性以防止知识过时;

(二)使教育计划和方法适应每个社会的具体要求和创新目标;

(三)在各个教育阶段都要努力培养新人,使之能适应持续进步、充满变化和不断改革的生活;

---

[1] [法]保尔·朗格朗.终身教育引论[M].周南照,陈树清译.北京:中国对外翻译出版公司,1985:100.
[2] [法]保尔·朗格朗.终身教育引论[M].周南照,陈树清译.北京:中国对外翻译出版公司,1985:49.
[3] [法]保尔·朗格朗.终身教育引论[M].周南照,陈树清译.北京:中国对外翻译出版公司,1985:103—104.
[4] [法]保尔·朗格朗.终身教育引论[M].周南照,陈树清译.北京:中国对外翻译出版公司,1985:65.
[5] [法]保尔·朗格朗.终身教育引论[M].周南照,陈树清译.北京:中国对外翻译出版公司,1985:65.

（四）大规模地调动和利用各种训练手段和信息，这种训练和信息超出了对教育的传统定义和组织形式上的限制；

（五）在各种形式的行动（技术的、政治的、工业的、商业的行动等）和教育的目标之间建立密切的联系。

朗格朗同时强调，依据上述原则建立的各类不同的终身教育模式"都要服从同一个条件，这就是使教育成为生活的工具，成为使人成功地履行生活职责的工具"。① 为了更清晰地体现终身教育的实施战略，朗格朗分别以成人教育和儿童、青少年教育为例，从构建终身教育模式这一背景出发，对其发展提出了具体的实施建议。例如，在面向成人时，终身教育者认为国家政府必须承担责任，积极干预和支持成人教育，在立法和行政方面，劳动者参加企业管理，调整作业时间，企业应为员工的知识和技能更新负担教育费用开支，在设施设备方面要尽可能多地设置为各阶层、多种学习目的所需要的新的教育设施，也应鼓励中小学等机构将现有教育设施向成人开放；在面向儿童、青少年时，学校教育必须进行改革，终身教育反对将学校变成筛选人才的工具，学校应适应儿童、青少年的个性和能力，因材施教，为儿童的终身学习奠定基础；学校教育也应加强与社会生活的联系，使学生能够为其将来承担生活义务和社会责任作好准备。

值得一提的是，朗格朗特别强调集体的力量。他指出，人们生活的环境、包括"体制、法律、经济、物质各个范畴"，都对终身教育的发展产生影响，这就需要教育工作者同其他领域的工作者合作，建立一种"有力的充满生气的联盟"。② 而这也无疑是建构终身教育体系所必须的。

综上所述，我们不难发现，朗格朗所建构的终身教育"并不是指一个实体，而是泛指某种思想或原则，或是说是指某种关注及研究方法"，是"人的一生的教育及社会生活全面的教育的结合"。③ 可以说，朗格朗的终身教育理论明显含有"原理性或理念性的特征"、"具有高度的抽象性"且"理想主义色彩浓厚"。④ 正因为如此，朗格朗的思想也被认为是理念型终身教育理论的代表。《富尔报告书》也曾指出："终身教育并不是一种教育制度，而是构成教育制度的组织全体的基础原理。"

## 第四节　终身教育理论对我国教育的影响

自20世纪60年代以来，在联合国教科文组织和其他国际机构的大力提倡、推广和普及下，终身教育成为一个重要的教育概念在全世界范围内广泛传播。实际上，我国一直强调"活到老，学到老"这一朴素的终身教育思想，随着终身教育思潮在改革开放以后传入我国，它在我国获得了广泛传播和快速发展。终身教育思想"伴随着政府的推进、社会各界的重视而一步一步地朝政策化、本土化和体系化的方向迈进"，在整体目标定

① ［法］保尔·朗格朗.终身教育引论[M].周南照，陈树清译.北京：中国对外翻译出版公司，1985：65.
② ［法］保尔·朗格朗.终身教育引论[M].周南照，陈树清译.北京：中国对外翻译出版公司，1985：139.
③ ［法］保尔·朗格朗.关于终身教育.此文出自1965年教科文组织的第三届成人教育国际促进会上的提案。转引自吴遵民.新版现代国际终身教育论[M].北京：中国人民大学出版社，2007：21.
④ 吴遵民.新版现代国际终身教育论[M].北京：中国人民大学出版社，2007：47.

位、理论研究和实践领域取得了实质性进展。可以说,终身教育思想在我国经历了"从思想理念到社会实践、从学术探讨到国家教育政策吸纳、从教育概念到制度架构的发展历程"。[①]

### 一、终身教育理论研究蓬勃兴起

以朗格朗为代表的现代终身教育思潮自 20 世纪 70 年代末 80 年代初被引入我国以来,便吸引了一大批研究者,终身教育理论研究蓬勃兴起。

20 世纪 70 年代末 80 年代初,我国开始有学者对终身教育思想进行初步介绍。1979 年,我国翻译出版了联合国教科文组织的《学会生存——教育的今天和明天》一书,该书对终身教育理念进行了深入探讨。1985 年,周南照和陈树清翻译了朗格朗的代表作《终身教育引论》,朗格朗的现代终身教育理论由此被引入我国。自 80 年代起,我国学者和刊物也开始对终身教育思想进行理论探讨和实践探索。目前,从中国知网可以搜索到的相关文章就有数千篇,而涉及终身教育理论的著作、学术论文更是数不胜数。除了对终身教育理论进行专门研究外,我国学者也开始在此基础上,将研究视域扩展到学前教育、成人教育、职业技术教育、社区教育等诸多方面,并将上述研究置于终身教育理论的框架下。90 年代后期开始出版的《外国教育史教程》(1999)、《外国教育家评传》(2002)、《外国教育经典解读》(2004)、《西方教育思想史》(2007)等涉及外国教育思想研究和外国教育史研究的著作也开始将终身教育思想纳入其中,并将朗格朗的终身教育思想作为其主要代表进行了详细的介绍和评析。终身教育思想的传播、研读和探索无疑有助于丰富和深化我国的教育理论研究,推动教育理论的创新和发展,从而为我国的终身教育实践提供充分的理论架构。值得一提的是,2007 年,中国教育发展战略研究委员会建立了终身教育委员会。作为一个全国性的学术联合会,终身教育委员会积极推动着终身学习的研究和实施。

另外,在翻译朗格朗《终身教育引论》的基础上,我国学者也翻译、主编了一批有重要影响力的终身教育著作,如持田荣一的《终身教育大全》(1987 年翻译出版),泰特缪斯的《培格曼国际终身教育百科全书》(1990 年翻译出版),诺曼·朗沃斯的《终身学习在行动——21 世纪的教育变革》(2006 年翻译出版),郝克明、周满生主编的《终身教育经典文献》(2006 年翻译出版)等。而除了翻译引进国外终身教育理论著作和进行本土化研究外,我国也开始逐渐加强同国外学者的讨论和交流。1999 年,北京召开了"世界终身教育政策趋势研讨会"。2004 年 12 月 28 日,上海举办了"建设终身学习体系与学习型社会国际论坛"。2008 年 11 月,"亚欧会议终身学习论坛"在北京召开,各国与会代表交流终身学习教育经验,分享成果。可以说,国外著作的翻译引入和国际论坛的召开使我国研究者可以及时接触并了解世界当前最新的终身教育理念,掌握基本的研究话语,在研究方面力争与世界同步。

值得一提的是,作为现代终身教育思想重要代表的朗格朗,他的思想不仅引发了我国学者的研究兴趣,而且为终身教育思想的可持续研究提出了宝贵的意见。他指出:"倘

---

① 蒋华,何光全.终身教育思潮及其在我国的传播与实践[J].四川师范大学学报(社会科学版).2008(1):31.

若我们想把终身教育建立在可靠的基础上,那我们就不能回避超越意见的范围和建立一种科学的必要性。"开展"终身教育"的科学研究,将其置于可靠的研究基础之上,是朗格朗给我们提出的又一宝贵建议。他强调心理学、社会学、政治学对教育工作的重要作用,提出要"动员各种力量,智力的、情感的、合实际的以及所有的支撑整个社会大厦的力量"。①

与此同时,我们也应清楚地认识到,我国终身教育思想在理论和实践层面都需要继续向前发展。一方面,我们对终身教育经典文献的研读不够深入,仍处在相对初步的认识阶段,甚至存在一些误读;另一方面,对于终身教育理论的本土化研究尚未同实践建立"友好的关系",两者之间的互动有待加强。

### 二、逐步确立"建设终身教育体系"的发展目标

终身教育是一个体系化的建构。正如朗格朗在《终身教育引论》一书中所言,"终身教育是以个人不再与自身相冲突的方式努力统一和协调这些不同阶段的训练。它注重个体发展的统一性、全面性和连续性,由此提出的课程和教育手段就能在职业生活、文化形式、一般发展和个人为了自己的完善、实现自己的抱负等等外部环境方面的需要及学习内容之间造成连续不断的交流"。② 而这无疑需要"实现体系化的工作",且是"使相互连接的结构和从整体上来看互相依赖的教育过程的不同方面和不同阶段具有连续性、统一性和明确性的一种探索"。③ 这也意味着在一种新的教育观念指导下,进行结构化的变革和整体规划。

改革开放以来,以朗格朗为代表的终身教育思潮开始全面引入中国。在这一教育思潮的影响下,我国开始了探索和实践终身教育理念的进程,并在这一过程中,逐步确立了"建设终身教育体系"这一目标。20世纪80年代,邓小平同志提出,"发展教育要两条腿走路",大专院校是一条腿,各种半工半读的学校和业余大学是另一条腿;同时,他还提出了职后教育和继续教育的发展问题。1993年中共中央国务院颁布的《中国教育改革和发展纲要》指出:"成人教育是传统学校教育向终身教育发展的一种新型教育制度。"1995年通过并开始实施的《中华人民共和国教育法》规定:"国家适应社会主义市场经济和社会进步的需要,推进教育改革,促进各级各类学校协调发展,建立和完善终身教育体系。""国家实行成人教育制度,国家鼓励发展多种形式的成人教育,使公民接受适当的政治、经济、文化、科学、技术、业余教育和终身教育。"1999年,国务院批转的教育部《面向21世纪教育振兴计划》进一步提出了开展社区教育实验工作、构建终身教育和终身学习教育体系、努力提高全民素质等问题。2001年5月,江泽民同志在亚太经济合作与发展组织人力资源建设高峰会议上明确提出了"构建终身教育体系,创建学习型社会"这一议题。2002年10月,党的十六大报告正式提出了"形成全民学习、终身学习的学习型社会,促进人的发展"这一发展目标。2004年,中国教育部颁布的《2003—2007年教育振兴计划》也指出,"中国特色社会主义现代化教育体系是现代国民教育体

① [法]保尔·朗格朗.终身教育引论[M].周南照,陈树清译.北京:中国对外翻译出版公司,1985:32
② [法]保尔·朗格朗.终身教育引论[M].周南照,陈树清译.北京:中国对外翻译出版公司,1985:51.
③ [法]保尔·朗格朗.终身教育引论[M].周南照,陈树清译.北京:中国对外翻译出版公司,1985:51.

系和终身教育体系有机组成的整体"。2007年党的十七大报告中,胡锦涛同志也重申了"发展远程教育和继续教育,建设全面学习、终身学习的学习型社会"的发展目标,这一精神最终写在了2010年的《国家中长期教育规划与纲要》中。

如何建构终身教育体系?我国政府对此提出了具体的发展战略:(一)改革学校教育体系和学校教育制度,完善现行学制,增强国民教育的开放性、灵活性,构建布局合理、机构优化、开放多元、均衡发展的现代国民教育体系,为公民提供更加良好和公平的教育机会;(二)加强职业教育和培训,发展继续教育,形成正规教育、非正规教育、非正式教育相互补充,共同发展的格局;(三)积极发展各种学习型组织,形成覆盖全国城乡的开放教育体系和终身学习系统;(四)加快教育信息化进程,积极发展现代远程教育,为建设学习型社会提供现代技术保证;(五)建设政府与市场相结合的,统筹协调各种社会教育资源的有效机制,实现终身学习的制度化和社会化。[1]

在将终身教育体系确定为我国全面建设小康社会的重要目标时,终身教育的法制化进程也悄然开始。2005年《福建省终身教育促进条例》正式颁布实施,成为我国内地第一部关于终身教育的地方立法。与此同时,不少省市的终身教育立法工作也正在进行中。而2007年《全国教育科学研究"十一五计划"规划纲要》也明确了终身教育立法的重要性。在中央一级,相关部门也正在加快推动终身教育立法工作,着手起草《终身学习法》,为构建终身教育体系、建设学习型社会提供法律保障。

当前,各国都面临着可持续发展、信息全球化和经济全球化的挑战,在这一背景下,构建终身教育体系,建设"全民、终身学习的学习型社会",是各国社会发展的必然选择,也是我国建设和谐社会的重要基石。

**拓展阅读**

　　进入21世纪,中国政府把巩固、提高"两基"作为基础性工作,使成人教育和继续教育的相关工作取得了明显进展:①进一步完善了普遍城乡的成人教育和继续教育网络;②积极开展社会教育试验工作,大力发展社区教育;③开展了多种形式的农村成人教育培训,有力地提高了农村劳动者的素质,为帮助农民脱贫致富发挥了重要的作用;④推行行业企业职工教育培训工作,促进学习型企业的建设。今后一个时期,中国政府将继续采取一系列有关政策措施,推动学习型社会建设:第一,加快推动终身教育立法工作,着手起草《终身学习法》,为全民学习、终身学习、构建学习型社会提供法律保障;第二,进一步完善成人教育和继续教育网络,探索开放式的成人教育和继续教育新模式、新途径,为社区全体人员的继续学习、终身学习提供灵活便利的条件;第三,进一步强化农村成人教育和农村技能培训,努力扩大培训规模,提高培训质量,继续推进农科教结合和三教统筹,共同推进社会主义新农村建设;第四,进一步加快发展社区教育,更大范围地开展面向社区全体成员的教育培训活动,积极创建学习型家庭、学习型街道,使社区教育在推进和谐社会建设的过程中发挥更大的作用;第五,继续深入开展职工教育培训,要以创建学习型企业为抓手,推

---

① 袁贵仁.构建终身教育体系,建设全面学习、终身学习的学习型社会——在第四届中国教育国际论坛上的讲话[A].郝克明主编.终身教育国际论坛报告集萃[M].北京:高等教育出版社,2006:3—5.

动新时期职工教育工作的深入发展;第六,加强成人教育和继续教育的统筹管理,把大力发展成人教育和继续教育纳入到社会经济和教育发展的总体规划中,因地制宜地制定和推动成人教育和继续教育发展的政策举措。要加大成人教育的经费投入,为成人教育和继续教育的持续健康发展提供必要的条件保证。①

### 三、终身教育实践领域取得实质性进展

在终身教育思想的指导下,终身教育实践正在各国蓬勃开展。正如欧洲成人教育协会代表所指出的,学校教育、职业教育和培训、高等教育以及成人教育是构成终身教育和终身学习系统的四大支柱。基于这一认识,欧盟在终身教育和终身学习的框架内实施了4大项目:夸美纽斯项目——中小学教育项目、达·芬奇项目——职业教育和培训项目、伊拉斯莫项目——大学教育项目以及格朗德维奇项目——成人教育项目,并以此作为终身学习系统的4大支柱。② 在我国,在以朗格朗的思想为代表的现代终身教育理论的指导下,我国的学前教育、基础教育、高等教育、成人教育都获得了较大的发展,并取得了实质性的成果。

#### (一)学前教育

朗格朗强调教育过程的统一性和连贯性,他认为终身教育是一个圆周式的概念,③因此各个教育阶段在教育过程中都是无可取代的。这对于提高学前教育的地位、开拓学前教育的发展路径和深化学前教育变革起到了重要的推动作用。

首先,终身教育理念明确了学前教育新的发展方向,即学前教育要以推动幼儿的可持续发展为核心目标,并成为终身教育链条上的最基础的一环。学前教育是人的终身发展的起点。④ 与此同时,脑科学、发展心理学等学科对学前儿童发展的深入研究以及有关学前教育对未来学习影响收益的实证研究发现,都有证实了这一观点。正如朗格朗在《终身教育引论》一书中所言,最富有洞察力的专家和最富革新经验的人已经发现,如果人的早期教育即儿童和青少年时期的教育还保持现状的话,成人教育在发展过程中必然会受到挫折。⑤ 基于此,各国在将学前教育纳入基础教育范畴的同时,也将其置于终身教育体系这一框架中加以考虑和发展。在我国,学前教育已成为终身教育体系的一个重要组成部分,学前教育与其他教育阶段的统整性及其独特价值得到了人们的肯定,这无疑赋予了学前教育新的使命,为其发展注入了新的活力。中华人民共和国成立60多年来,在政府、研究团队和一线教职员工的共同努力下,我国学前教育事业取得

① 张竺鹏.发展成人教育构建学习型社会——"2006年国际成人教育研讨会"综述[A].朱小曼主编.对策与建议——2006—2007年度教育特点、难点问题分析[M].北京:教育科学出版社,2007:393—394.
② 张竺鹏.发展成人教育构建学习型社会——"2006年国际成人教育研讨会"综述[A].朱小曼主编.对策与建议——2006—2007年度教育特点、难点问题分析[M].北京:教育科学出版社,2007:393.
③ 赵祥麟主编.外国教育家评传[M].上海:上海教育出版社,2002:343.
④ 朱文佳,赵振国.现代城市:学前教育———人的终身发展的起点——2006年上海教育论坛会议综述[J].学前教育研究,2006(7—8):124.
⑤ [法]保尔·朗格朗.终身教育引论[M].周南照,陈树清译.北京:中国对外翻译出版公司,1985:43.

了长足发展,越来越多的学龄前儿童接受了不同形式的学前教育。

朗格朗的终身教育思想在促使人们以一种全新的视角看待学前教育的同时,也在无形中推动了包括内容和形式在内的学前教育课程的变革。正如朗格朗所言,"为不断促进成人教育而开展的任何运动的广度和深度,只有在采取了同样坚决的行动来改进为儿童和青少年设计的普通教育的结构、课程和方法后,才能得出结论"。① 在我国幼儿园课程改革方面,活动型、探究型、实践型课程模式在幼儿教育理论和实践领域取得了较大的发展。"为理解而教、为理解而学的多元探究","让孩子运用百种语言进行的项目探究","以主动学习为基石的关键经验探究","让幼儿在有准备的环境中进行工作材料探究","做中教、做中学,做中求进步","让幼儿从行动中获得真知、从行动中发现问题,从行动中获得成功,从而具有真正驾驭环境的能力"等课程理念已融入到我国的幼儿园课程改革与教育教学实践之中。而以儿童为中心、服务于儿童的发展、密切联系生活等终身教育思潮所强调的诸多理念已成为我国学前教育发展的核心价值诉求。

**(二) 学校教育**

终身教育思想在扩展教育范畴的同时,对学校教育提出了新的要求。对于传统的学校教育来说,尽管它已经不是教育的全部内容,但却肩负着更重要的使命,即促使个体成为"终身学习者",成为精神丰富的个体存在和社会存在。正如朗格朗所言,"学校教育将成为充分的、完整的教育过程中相当重要的、具有决定意义的序曲"。②

作为终身教育中"承上启下"的重要一环,学校教育要"立足于形成知识、理性、人格的辩证法观点","进行智育、情绪、审美、职业、政治、身体等多方面的教育",③不仅要向学生传授基本的知识和技能,更要教会学生如何学习、培养学生乐于学习的品质,重视学生的个性发展和对其主动性的培养,重视学生生活品质与意义的全面提升。这就要求学校要从教育目标、教学方法、教学内容等诸多方面进行变革,使终身教育理念真正扎根于学校的教育教学之中,融入实践。变革学校教育无疑成为我国实践终身教育思想的关键一环。我国正在实施的基础教育课程改革正在成为学校教育变革的核心。2001 年,我国颁布了《基础教育课程改革纲要(试行)》,将培养主动的学习者作为重要的价值诉求。《纲要》明确提出了"改变课程实施过于强调接受学习、死记硬背、机械训练的现状,倡导学生主动参与、乐于探究、勤于动手,培养学生搜集和处理信息的能力、获取新知识的能力、分析和解决问题的能力以及交流与合作的能力"④的要求。与此同时,涵盖初等教育、中等教育和高等教育的倡导"人文素养"和"科学素养"并重的素质教育同样将学校变革全面置于终身教育的框架之下,旨在促进学生知、情、意、行的全面发展。正如叶澜所说:"在终身教育的框架下,学校的基本功能不再满足于人类已有文化知识的传递与继承,更要求唤醒和逐渐提升学生的学习需求和能力,逐渐完成从受教育者向主动学习、自主抉择、健康发展的转变,即学生

---

① [法]保尔·朗格朗.终身教育引论[M].周南照,陈树清译.北京:中国对外翻译出版公司,1985:43.
② [法]保尔·朗格朗.终身教育引论[M].周南照,陈树清译.北京:中国对外翻译出版公司,1985:128.
③ [法]保尔·朗格朗.终身教育引论[M].周南照,陈树清译.北京:中国对外翻译出版公司,1985:138.
④ 中华人民共和国教育部文件教基(2001)《基础教育课程改革纲要(试行)》.

自我教育与自我超越能力的提升。在这样的学校教育中,知识教育最重要的价值不在于适应今后的人生,而在于成为促进学生发展的教育资源。学校教育指向更为根本的价值,为人的终身学习和终身发展奠定基础的价值,为当代人在一个不断发展变化的社会中实现社会价值和幸福人生奠定基础的价值。"①

**（三）成人教育**

现代终身教育理论有利支持了成人教育的发展。朗格朗认为,成人教育不仅是终身教育的重要组成部分,而且在教育方式、师生关系等多个维度为教育革新注入了新的活力。与此同时,成人教育也正同全民教育、减少贫困、促进多民族多文化融合等主题密切联系。这些积极因素无疑有力地推动了终身教育的发展及其目标的实现。朗格朗也因此将成人教育作为终身教育发展的短期目标。

在终身教育理念的框架下,我国包括扫盲工作、农村成人教育、职工教育、社区教育等在内的成人教育工作取得了明显的进展。1987年,国务院批转国家教育部《关于改革和发展成人教育的决定》,明确指出成人教育是我国教育事业的重要组成部分,我国成人教育也随之进入了大发展时期,学历教育与非学历教育并行发展。自1983年我国开始全面实行高等教育自学考试制度以来,根据教育部"全国各级自学考试基本情况"的统计信息,在2006年上半年和下半年,通过自考考试获得本科学历的毕业生人数分别为22 1993人和190 127人,远远超出了1983—2001年合计人数的总和。② 而在非学历教育领域,涵盖高等教育和中等职业教育的各类进修班、资格证书培训和岗位证书培训等也正蓬勃发展。与此同时,自2000年起,我国开始进行社区建设实验,2001年以后,全国多地确定了社区教育实验区。当前,我国已有61个实验区,省级实验区达300多个。③ 在农村成人教育领域,在职业技术院校快速发展的同时,中央在2004年初责成农业部、教育部等,共同组织和实施了"农村培训规划"(简称"阳光工程"),计划培训农村劳动力500万人,以确保农村劳动力向工业和服务业转移。④ 在职工教育领域,近年来企业员工培训参与比率有了明显的提高。

当前,我国正处于经济体制转型和社会转型的关键阶段,面临着产业结构优化升级、城市化进程加速、人口老龄化等诸多问题。包括职业教育、农村成人教育和老年教育等在内的成人教育,其责任无疑是重大的。

## 主要参考文献

[1]〔瑞士〕赫梅尔.今日的教育为了明日的世界[M].王静,赵穗生译.北京:中国对外

---

① 叶澜.终身教育框架下基础教育学校功能的变化[A].郝克明主编.终身教育国际论坛报告集萃[M].北京:高等教育出版社,2006:234

② 中华人民共和国教育部.全国各级自学考试基本情况.http://www.moe.edu.cn/edoas/website18/97/info33497.htm.2009-3-25.

③ 季明明.中国学习型社区建设现状和展望[A].郝克明主编.终身教育国际论坛报告集萃[M].北京:高等教育出版社,2006:139.

④ 程序.中国农村终身教育的历史使命[A].郝克明主编.终身教育国际论坛报告集萃[M].北京:高等教育出版社,2006:251.

　　　　翻译出版公司,1983.

[ 2 ]〔英〕诺曼·朗沃斯.终身学习在行动——21世纪的教育变革[M].沈若慧等译.北京:中国人民大学出版社,2006.

[ 3 ]〔法〕保尔·朗格朗.终身教育引论[M].周南照,陈树清译.北京:中国对外翻译出版公司,1985.

[ 4 ]〔日〕持田荣一等编.终身教育大全[M].龚同等译.北京:中国妇女出版社,1987.

[ 5 ] 单中惠主编.西方教育思想史[M].北京:教育科学出版社,2007.

[ 6 ] 郝克明主编.终身教育国际论坛报告集萃[M].北京:高等教育出版社,2006.

[ 7 ] 庞丽娟主编.中国教育改革30年[M].北京:北京师范大学出版社,2009.

[ 8 ] 王湛.从教育大国迈向教育强国:二十一世纪初中国教育若干重点工作[M].北京:人民教育出版社,2008.

[ 9 ] 吴遵民.新版现代国际终身教育论[M].北京:中国人民大学出版社,2007.

[10] 杨德广.教育新视野新理念[M].上海:上海教育出版社,2007.

[11] 张斌贤,刘冬青主编.历史上最具影响力的教育学名著19种[M].西安:陕西人民出版社,2007.

[12] 张竺鹏.发展成人教育构建学习型社会——"2006年国际成人教育研讨会"综述[A].朱小曼主编.对策与建议——2006—2007年度教育特点、难点问题分析[M].北京:教育科学出版社,2007.

[13] 赵祥麟主编.外国教育家评传[M].上海:上海教育出版社,2002.

## 思考题

　　请阅读材料就终身教育对老年群体及社会的意义进行分析。

　　据凤凰资讯报道,27年来,上海老年教育取得显著成绩,已建成了市、区、街道、居(村)委四级老年教育网络;形成了老年学校教育、老年远程教育、老年社会教育的三种教育形式;老年人参与老年教育的人数日益增多。据统计,参加老年学校教育的老年人有近61.5万,约占老年人总数的10%,参加老年远程教育的老年人有35.3万,约占60岁以上老年人总数的8.73%。老年大学最初的价值定位为丰富老年人的文化生活,绝大多数老年人是来求"乐"、交友、解闷的。随着时代的发展进步,以及老年人整体文化水平的提高,老年教育领域的课程发生了变化:一是扩展性变化,如电脑系,原来只能开设"办公自动化",现在增设了"影视制作";文史系原只有"古诗词",后增开了"中外文化比较"。二是提高性变化,随着学习成绩的取得,老年人要求有所作为,如钢琴系、书画系开设了初级班、提高班、研究班,还根据部分老年人的要求创办了老年教育学历班。学员在学成之后,可开办展览会,在社区活动中担当老师,争取进入更高的艺术殿堂。三是规范性变化,为了适应老年学员不断提高的学习要求,上海老年大学的教学管理工作也不断创新和规范,开始对开设的课程制定教学大纲,对教师教学质量进行评估,让广大老年学员享受教学的全过程。

**图书在版编目(CIP)数据**

当代西方教育学理论/霍力岩,高宏钰编著.—上海:华东师范大学出版社,2017

(全国"新标准"学前教育专业系列)

ISBN 978 - 7 - 5675 - 6525 - 8

Ⅰ.①当… Ⅱ.①霍…②高… Ⅲ.①教育学-西方国家-幼儿师范学校-教材 Ⅳ.①G40

中国版本图书馆 CIP 数据核字(2017)第 121448 号

**当代西方教育学理论**

编　　著　霍力岩　高宏钰
策划编辑　蒋　将
责任编辑　袁子微
责任校对　陈　易
装帧设计　俞　越

出版发行　华东师范大学出版社
社　　址　上海市中山北路 3663 号　邮编 200062
网　　址　www. ecnupress. com. cn
电　　话　021 - 60821666　行政传真 021 - 62572105
客服电话　021 - 62865537　门市(邮购)电话 021 - 62869887
地　　址　上海市中山北路 3663 号华东师范大学校内先锋路口
网　　店　http://hdsdcbs. tmall. com

印刷者　上海市崇明县裕安印刷厂
开　　本　787×1092　16 开
印　　张　13
字　　数　264 千字
版　　次　2017 年 12 月第 1 版
印　　次　2017 年 12 月第 1 次
书　　号　ISBN 978 - 7 - 5675 - 6525 - 8/G · 10391
定　　价　40.00 元

出版人　王　焰